Löwen – Herrscher der Savanne

Inhalt

Im Löwenland in Kenia
Das Reich des Königs der Tiere 8
Mähnenträger und ihre Gattinnen 16
Geadelt und gefährdet 22

Meine Löwen – mein Leben
Ein Tag in Kora 28
Die Zeit vor meinem Leben mit den Löwen 36
Der Erste der Freien 48
Über das Spielen mit Löwen 61
Aufbruch in die Freiheit 74
Unfälle 84
Am Naivashasee 97
Ein Löwe aus London 105
Schatten des Todes 112
Christians Pyramide. 122
Daniels Rudel 128
Die letzte Wanderung 138
Sieben Gebote 144
Epilog: Abend in Kora. 153

Über den Autor 157

Sonderthemen

Erste Nationalparks in Ostafrika 39
Joy Adamson und ihre Tiere 45
„Frei geboren" macht Elsa zum Medienstar .62
Pfeilschnelle Jäger der Savanne – Geparden 80
George Schaller: Einstein der Biologie 89
Riesige Hornträger: Nashörner 116
George Adamsons Vermächtnis: seine Tierschutzstiftung 154

Register/Bildnachweis 158
Impressum 160

Im Löwenland in Kenia

Der Löwe ist das bei Menschen vielleicht angesehenste Tier – nicht von ungefähr haben wir ihm den Ehrentitel „König der Tiere" verliehen. Tatsächlich sorgt das größte Landraubtier Afrikas aber nicht nur durch die Jagd für sein Auskommen, sondern auch durch wenig „edlen" Beuteraub. Im Unterschied zu anderen Katzen leben Löwen in Rudeln, deren Kern die Löwinnen bilden. Sie sind für die Jagd und den Nachwuchs zuständig, während die Männchen im Rudel ein eher bequemes Leben führen – allerdings meist nur für kurze Zeit.

Das Reich des Königs der Tiere

Der König der Tiere hat schon bessere Zeiten gesehen. Denn sein Reich ist in den letzten Jahrtausenden massiv geschrumpft. Noch während der letzten Eiszeit, die vor etwa 10 000 Jahren zu Ende ging, streiften verschiedene Unterarten des Löwen *Panthera leo* durch riesige Gebiete in Eurasien, Afrika und Amerika. Vom heutigen Peru bis nach Alaska waren die großen Katzen ebenso zu Hause wie in Sibirien und Indien, Nordasien und Südeuropa. Und mit Ausnahme der dichten Regenwälder und wasserlosen Wüsten war auch fast ganz Afrika Löwenland.

Verlorene Jagdgründe

Zwar sind die großen Katzen vielerorts schon am Ende der Eiszeit ausgestorben. Doch auch in historischer Zeit besiedelten sie noch Regionen, in denen heute niemand mehr erwartet, einem Löwen in freier Natur zu begegnen. Etliche antike Schriftsteller berichteten beispielsweise von durchaus reichen Löwenvorkommen in Griechenland. Dort soll der Löwe erst um das Jahr 100 n. Chr. verschwunden sein.

Im Mittelalter war es dann auch mit den einst zahlreichen Löwen Palästinas vorbei und die Scharen von Jägern mit Feuerwaffen, die es seit dem 18. Jahrhundert auf prestigeträchtige Löwentrophäen abgesehen haben, rotteten die Tiere in fast ganz Asien aus. Auf dem gesamten Kontinent ist nur noch ein kleiner Bestand von Asiatischen Löwen übrig, der im Gir-Nationalpark und einigen benachbarten Schutzgebieten im Nordwesten Indiens lebt.

Die Erhaltung dieser auch Persischer oder Indischer Löwe genannten Unterart mit dem wissenschaftlichen Namen *Panthera leo persica* gilt als eine der Erfolgsgeschichten des asiatischen Naturschutzes. Zu Beginn des 20. Jahrhunderts war der gesamte Löwenbestand im Gir-Gebiet auf wenige Dutzend Tiere geschrumpft. Doch nachdem 1965 ein erstes Wildschutzgebiet eingerichtet worden war,

Die Löwenterrasse auf der griechischen Insel Delos ist ein Beleg dafür, dass Löwen in der Antike im gesamten Mittelmeerraum bekannt waren.

Das Reich des Königs der Tiere

dessen Kernzone 1975 als Nationalpark ausgewiesen wurde, erholten sich die Löwenbestände langsam wieder. Eine Zählung im Jahr 1974 kam auf rund 180 Löwen, im Jahr 2010 streiften wieder mehr als 400 Artgenossen durch die hügelige Landschaft mit ihren trockenen Wäldern und Savannen.

Trotz dieses Erfolgs wird der Asiatische Löwe aber wohl auch in Zukunft keine nennenswerten Teile seines ehemaligen Verbreitungsgebiets zurückerobern können. Als letzte Löwenhochburg der Welt ist also nur Afrika geblieben. Die Tiere mussten zwar dort ebenfalls

Antike Sagen wie die von Androkles, der einem Löwen die Tatze heilte und ihn als Freund gewann, bezeugen den Respekt, den das Tier damals genoss.

einen guten Teil ihrer ehemaligen Lebensräume aufgeben – nördlich der Sahara kommt die Art heute nicht mehr vor. Südlich der großen Wüste aber gibt es etliche Gebiete, in denen die großen Katzen auch heute noch auf Beutefang gehen.

Löwen im Busch: der Kora-Nationalpark

Was ihren Lebensraum angeht, sind Löwen durchaus anpassungsfähig. In lichten Trockenwäldern kommen sie ebenso gut zurecht wie in den kargen Halbwüstenlandschaften der Kalahari oder im Hochgebirge Äthiopiens. Im Kora-Nationalpark in Kenia haben sie sich für ein Leben im Buschland entschieden. Das gut 1700 km² große Reservat etwa 125 km östlich des Mount Kenia wurde 1973 zunächst als Naturschutzgebiet ausgewiesen. Erst nach der Ermordung des britischen Naturforschers George Adamson, der dort fast 20 Jahre lang gelebt und Löwen erforscht hatte, bekam es 1989 den Nationalparkstatus verliehen. Gemeinsam mit dem benachbarten Meru-Nationalpark gilt Kora heute als abgelegenes und wenig besuchtes Schmuckstück unter den kenianischen Schutzgebieten.

Die nördliche Grenze des Nationalparks bildet Kenias längster Fluss, der 700 km lange Tana River. Ihn kennzeichnen einerseits mehrere eindrucksvolle Wasserfälle und Stromschnellen, andererseits üppige Wälder aus Palmen und Pappeln, die seine Ufer säumen. Eine weitere auffällige Landschaftsform des Schutzgebiets sind die sogenannten Inselberge – schroffe, teils mehr als 400 m hohe Erhebungen aus hartem Gestein, welche die sanft gewellte Umgebung überragen. In den Spalten dieser Felsformationen hat sich Erdreich angesammelt, sodass dort eine ganz eigene Flora aus Kräutern, Büschen und kleinen Bäumen wächst.

Die typische Vegetation des Parks aber ist ein dürres, staubiges Buschland voller dorniger

Starke Regenfälle haben den Tana River – hier die nach George Adamson benannten Stromschnellen – anschwellen lassen.

Das Reich des Königs der Tiere

Typisch Savanne: eine schier endlose Graslandschaft mit einsamer Akazie. In diesem wichtigsten Lebensraum der Löwen fällt nur während weniger Monate des Jahres Regen.

Akazien. Auch wenn das nicht unbedingt nach einem Schlaraffenland für Pflanzenfresser aussieht, sind in Kora neben Elefanten noch zahlreiche Büffel und Antilopen zu Hause. Für die Löwen ist damit der Tisch reich gedeckt.

Ein Meer aus Gras: die Savanne

Das typischste aller Löwendomizile ist jedoch die afrikanische Savanne. Die immerfeuchten Tropen beiderseits des Äquators sind das ganze Jahr über von drückender Schwüle und kräftigen Regenfälle geprägt – einem Klima also, für das Löwen nichts übrighaben. Nördlich und südlich der üppigen Regenwälder dieser Region aber schließt sich bis etwa zum 30. Breitengrad eine Zone mit unterschiedlichen Jahreszeiten an. In den warmen Monaten regnet es dort ausgiebig, in den kühleren dagegen kann es extrem trocken sein. Geografen nennen diese Klimazone daher die „sommerfeuchten Tropen".

In dieser Region gibt es zwar durchaus Wälder, die sich an die Herausforderung der wechselnden Niederschläge angepasst haben. Den größten Teil der sommerfeuchten Tropen aber nehmen die Savannen ein: endlose Graslandschaften, die mit ihren einzelnen Bäumen und Baumgruppen ein wenig an überdimensionale Parks erinnern. Schon lange rätseln Wissenschaftler darüber, wieso Bäume und Büsche diese wogenden Grasmeere nicht überwuchern und in einen Wald verwandeln. Schuld daran ist offenbar eine ganze Palette von Faktoren, die je nach Region unterschiedlich wichtig sein können.

Entscheidend ist dabei oft die Beschaffenheit des Bodens. Speichert dieser während der Dürrezeit nur wenig Wasser, haben Gräser damit kein Problem. Wenn es ihnen zu trocken wird, sterben ihre oberirdischen Teile einfach ab und treiben dann in der Regenzeit wieder aus. Bäume aber beherrschen dieses Kunststück nicht, sie sind auch während der Trockenzeit auf ein Minimum an Wasser angewiesen. Andererseits vertragen sie genauso wenig Stau-

Im Löwenland in Kenia

Durch „das endlose Land" – so die Übersetzung des Massai-Wortes „Serengeti" – ziehen ebenso endlos scheinende Herden wie diese Steppenzebras.

nässe. Die jedoch tritt auf Savannenböden in der Regenzeit häufig auf, weil dicht unter der Oberfläche wasserundurchlässige Schichten liegen. Zudem fehlt es dem Boden vielerorts an Nährstoffen, die Bäume zum Wachsen brauchen. Auch Feuer und grasende Wild- und Viehherden drängen die Gehölze oft zurück.

Die so entstehenden Grasländer, die etwa 15 % des Festlands der Erde einnehmen, gibt es in ganz verschiedenen Regionen der Erde. In Indien und Australien finden sie sich ebenso wie in Südamerika. Doch wer das Wort „Savanne" hört, denkt meist unwillkürlich an Afrika. Vor seinem geistigen Auge sieht er fahlgelbes Gras und schirmförmige Akazien – und natürlich Tiere. Zunächst sind da die berühmten „Big Five" zu nennen, die jeder Safaritourist sehen will: Elefanten, Nashörner, Büffel, Leoparden und Löwen. Aber neben den weiteren großen Huftieren wie Antilopen, Gazellen, Gnus und Giraffen sowie vielen Vogelarten zählen vor allem Insekten, etwa Termiten und zahlreiche Ameisenarten, zu den wichtigsten Bewohnern der Savanne.

Die Serengeti lebt

Die wohl berühmteste aller afrikanischen Savannen ist die Serengeti. Seit der Zoologe und Tierfilmer Bernhard Grzimek 1959 seinen Oscar-gekrönten Dokumentarfilm „Serengeti darf nicht sterben" auf die Kinoleinwand brachte, haben sich Generationen von Fernsehzuschauern, Touristen und Wissenschaftlern von dieser rund 26 000 km² großen Region im Osten Afrikas fesseln lassen. Denn das Gebiet von der Größe Brandenburgs, das vom Norden Tansanias bis in den Süden Kenias reicht, bietet ein einmaliges Schauspiel. Wie vor Jahrtausen-

Das Reich des Königs der Tiere

den wandern hier riesige Tierherden im Rhythmus von Regen- und Trockenzeit zwischen verschiedenen Regionen hin und her. An kaum einem anderen Ort der Erde findet man eine größere Artenvielfalt und dichtere Bestände von großen Säugetieren.

Dabei sind es nicht unbedingt immer die großen und auffälligen Arten, die dieses Ökosystem intakt halten. Mistkäfer beispielsweise spielen hier eine erstaunlich wichtige Rolle. Millionen der fleißigen Insekten rollen den Kot der großen Savannenbewohner zu Kugeln und vergraben ihn im Erdreich. Etwa 4000 t Dung arbeiten sie jeden Tag in den Boden ein - eine Menge, die 200 Güterwaggons füllen würde. Dieser natürliche Düngerschub lässt das Gras gedeihen, von dem die berühmten Tierherden der Region leben. Das sprießende Grün ernährt nicht nur gut 2000 Elefanten und 7000 Giraffen, sondern auch mehr als 300 000 Zebras und gut 400 000 kleinere Antilopenarten wie Impalas, Grant- und Thompsongazellen. Die häufigsten Huftiere sind jedoch die mehr als 1 Mio. Gnus, deren Wanderungen das Grasland in ein wogendes Meer aus dunkelgrauen Rücken, trampelnden Hufen und Staubwolken verwandeln. Während der Regenzeit im Oktober und November ziehen sie gemeinsam mit den

Als „wahrer Herrscher der Serengeti" wird gelegentlich der Klippschliefer bezeichnet, der die Granitsteinformationen in der Savanne besiedelt.

Im Löwenland in Kenia

Pech für die Tüpfelhyänen: Bei so geringer zahlenmäßiger Überlegenheit werden sie ihre Beute wohl an die heranstürmenden Löwinnen abtreten müssen.

Zebras von den Hügeln im Norden in die Ebenen des Südens, um dann nach der nächsten Regenzeit im April, Mai und Juni zurückzukehren. Bei einem so üppigen Angebot finden Raubtiere natürlich reichlich Beute. Und so streifen auch rund 3000 Löwen durch die Serengeti.

Beutestreit: Löwen, Hyänen und Leoparden

Allerdings sind Löwen nicht die einzigen Savannenbewohner, die sich für Fleisch interessieren. Wenn ein Rudel von seiner Beute abgelassen hat, werden die Überreste beispielsweise zu einem gefundenen Fressen für verschiedene Geierarten. Doch nicht immer trennt sich ein Löwenrudel ganz freiwillig von seiner Mahlzeit. Das zweitgrößte Raubtier der Savanne, die Tüpfelhyäne, wird mitunter zur ernsthaften Konkurrenz. Diese geselligen Fleischfresser leben vielerorts in den gleichen Regionen wie Löwen. Und da beide Arten sowohl selbst jagen, als auch Aas fressen, kommt es mitunter zu Streitigkeiten um eine Mahlzeit. Normalerweise sind dabei die Löwen im Vorteil – und nutzen das dann rigoros aus. Sie sparen sich die Mühen eines eigenen Jagdausflugs, vertreiben die Hyänen von deren Beute und schlagen sich selbst den Bauch voll. Manchmal aber sind die Hyänen deutlich in der Überzahl. Und dann haben sie eine Chance. Wenn auf jede Löwin in der Jagdgesellschaft etwa vier Hyänen kommen, kann der Futterdiebstahl gelingen. Sobald allerdings ein männlicher Löwe ins Spiel kommt, ziehen normalerweise immer die Hyänen den Kürzeren.

Auch Leoparden haben in der Regel nur geringe Chancen, ihre Beute gegen die größere Konkurrenz zu verteidigen – zumal sie als Einzelgänger allein gegen viele stehen. Immer wieder büßen die gefleckten Jäger ihre Beute ein, wenn ein Löwenrudel durch kreisende Geier auf die lockende Mahlzeit aufmerksam geworden ist. Daher schleppen Leoparden ihre Beute gern auf einen Baum, wo sie vor unliebsamen Mundräubern sicher ist.

Wildhunde: Konkurrenten und Opfer

Noch schlechtere Karten haben die nur etwa 25 kg leichten Afrikanischen Wildhunde. Wenn diese einem Löwenrudel in die Quere kommen, droht nicht nur der Verlust einer Mahlzeit. Die größeren Raubtiere schnappen sich auch gern mal ein Wildhundjunges. Deshalb bleibt immer ein erwachsenes Tier als Babysitter bei den Welpen, während der Rest des Wildhundrudels auf die Jagd geht. Diese Strategie ist zwar eigentlich recht Erfolg versprechend. Allerdings haben Menschen die Zahl der Wildhunde vielerorts so stark dezimiert, dass etliche Rudel für diese Aufgabenteilung zu klein geworden sind. Computermodelle zeigen, dass eine solche Gruppe mindestens sechs erwachsene Tiere umfassen muss, um erfolgreich jagen, die Beute gegen Löwen und Hyänen verteidigen und auch noch einen Wächter für den Nachwuchs abstellen zu können. Besteht die Jagdgesellschaft nur aus vier oder weniger Tieren, erlegt sie einerseits zu wenig Beute, andererseits ist das Risiko groß, diese rasch wieder an kräftigere Konkurrenten zu verlieren. Gehen aber alle Erwachsenen gemeinsam auf Beutefang, bleiben die Welpen allein zurück und fallen rasch Hyänen oder Löwen zum Opfer. Unterschreitet ein Rudel einmal die kritische Größe von sechs Erwachsenen, gerät es in diesen tödlichen Kreislauf, dem es am Ende zum Opfer fällt. Gerade in löwenreichen Regionen wie der Serengeti ist diese Gefahr groß.

Diese Afrikanischen Wildhundwelpen sind etwa zehn Wochen alt. Sie gehören zum Beutespektrum der Löwen und sind daher auf den ständigen Schutz durch ausgewachsene Tiere angewiesen.

Mähnenträger und ihre Gattinnen

Gar nicht so weit von der Serengeti entfernt liegt auch die Region, in der die bisher ältesten Überreste eines Tieres gefunden wurden, das vermutlich ein Löwe war. Im unmittelbar südöstlich anschließenden Ngorongoro-Schutzgebiet strömt der Fluss Garusi durch ein flaches Tal, in dem seit den 1930er-Jahren etliche Fossilien von Frühmenschen gefunden wurden. In diesem Laetoli genannten Gebiet entdeckten Forscher auch eine Reihe von Bruchstücken des 3,5 Mio. Jahre alten Kiefers einer Großkatze, die nach Meinung einiger Forscher ein Löwe war. Da nur wenige Bruchstücke erhalten geblieben sind, steht diese Zuordnung aber auf tönernen Füßen.

Die ältesten nicht umstrittenen Löwenfossilien sind dagegen 1,75 Mio. Jahre alt und wurden in der nur 45 km nördlich von Laetoli gelegenen Olduvaischlucht gefunden. Dieses Gebiet ist als eine der „Wiegen der Menschheit" bekannt, weil Wissenschaftler dort sehr viele Knochen von Frühmenschen entdeckt haben. Die Evolution des Menschen und die Entwicklung der Löwen scheint also Parallelen zu haben. So breiteten sich beide Arten rasch über große Teile der Welt aus.

Die größten ihrer Art

Vor 600 000 Jahren streiften Löwen sogar durch das heutige Deutschland. Weil viele Fossilien dieser Tiere in den „Mosbacher Sanden" im Gebiet der heutigen Stadt Wiesbaden gefunden wurden, nennt man diese Großkatzen auch „Mosbacher Löwen". Mit einer Kopf-Rumpf-

Blick in die etwa 50 km lange Olduvaischlucht, die für ihre Fossilien bekannt ist. Sie wurden von ablaufendem Regenwasser freigelegt.

Länge von 2,4 m waren die Mosbacher Löwen erheblich größer als ihre heutigen Verwandten in Afrika, bei denen die Männchen im Durchschnitt etwa 50 cm kürzer sind. Auch der Höhlenlöwe, der sich aus dem Mosbacher Löwen entwickelte, war mit 2,1 m größer und brachte rund ein Viertel mehr Gewicht auf die Waage als die heutige Verwandtschaft. Vor rund 300 000 Jahren jagte diese Unterart auf dem Höhepunkt der Kaltzeiten in den stürmischen Steppen am Rand der Eiskappen im nördlichen Europa und Asien. Am Ende der Eiszeit verschwanden die Höhlenlöwen. Vielleicht aber hat diese Unterart doch noch länger überlebt. Denn vor 2000 Jahren wurden auf dem Balkan und in Griechenland noch Löwen gejagt, die entweder zur asiatischen Unterart oder zu den Höhlenlöwen gehörten.

Schon lange vorher streiften die Höhlenlöwen über die damals trockengefallene Beringstraße aus dem Osten Sibiriens bis ins heutige Alaska hinüber und wanderten von dort weiter bis in die Gegend des heutigen Peru in Südamerika. Als dann in der vorletzten Eiszeit vor rund 200 000 Jahren ein gewaltiger Eisschild den hohen Norden Nordamerikas von den weiter südlich liegenden Regionen abschnitt, entwickelte sich dort mit dem Amerikanischen Löwen eine weitere Unterart. Mit seinem Vorvorfahren, dem Mosbacher Löwen, streitet dieses Tier um den Titel der größten Löwen aller Zeiten. 2,5 m war ein solches Prachtexemplar lang, mit durchschnittlich 256 kg Gewicht konnte es diese Unterart selbst mit Bisons und Mammuts aufnehmen. Am Ende der Eiszeit starben auch diese Riesen aus, die jüngsten Überreste sind jedenfalls älter als 11 000 Jahre.

Drei oder acht Unterarten?

Bei den heutigen Löwen kennen Zoologen noch mehrere Unterarten, die sich mehr oder weniger stark voneinander unterscheiden. Wie

viele das genau sind, gehört allerdings zu den umstrittenen Fragen der Systematik.

Klar ist, dass die Art Löwe oder *Panthera leo* zur Unterfamilie der Großkatzen gehört, in die Zoologen beispielsweise auch den Nebelparder und den Sunda-Nebelparder in Südostasien einordnen. Weitere Mitglieder in dieser Unterfamilie sind Tiger, Jaguar, Leopard und Schneeleopard, die gemeinsam mit den Löwen die Gattung *Panthera* bilden. Pumas und die nach neuen Analysen des Erbguts relativ nahe mit ihnen verwandten Geparden dagegen gehören trotz ihrer Körpergröße zur Unterfamilie der Kleinkatzen.

Bei den Löwen wiederum zeigen Analysen des Erbguts, dass man diese Art in drei Unterarten aufteilen könnte: In Indien überleben die letzten Tiere des Asiatischen Löwen, mit denen die Unterart im Westen und im Herzen Afrikas näher verwandt ist als mit der dritten Unterart im Süden und Osten des Kontinents.

Viele Zoologen aber ignorieren solche genetischen Untersuchungen und halten an einer älteren Aufteilung der Art *Panthera leo* in acht heute und in jüngerer Vergangenheit lebende Unterarten fest. Darüber hinaus zählen sie die

Wie der Löwe gehört der Jaguar zur Unterfamilie der Großkatzen. Die drittgrößte Raubkatze der Welt ist in Süd- und Mittelamerika vor allem in tropischen Regenwäldern beheimatet.

Im Löwenland in Kenia

Einst war der Berberlöwe in Nordafrika beheimatet. Heute gibt es nur noch in Gefangenschaft lebende Tiere dieser Löwenunterart. Dieses Exemplar ist in einem Wildpark in den USA zu Hause und trotzt dort Kälte und Schnee.

bereits vor vielen Jahrtausenden ausgestorbenen Amerikanischen und Mosbacher Löwen sowie die Höhlenlöwen mit.

Von den überlebenden Unterarten streifte der Asiatische Löwe einst zwischen der heutigen Türkei und Bangladesch durch große Teile des Kontinents. Vor ungefähr 50 000 bis 100 000 Jahren hatten sich diese Löwen von ihrer afrikanischen Verwandtschaft getrennt. Mit dieser Unterart soll der Berberlöwe nahe verwandt sein, der nördlich der Sahara zu Hause war, bevor 1922 in Marokko das letzte Tier geschossen wurde. Möglicherweise aber haben bis zu 90 Berberlöwen in verschiedenen Zoos bis heute überlebt. Es ist jedoch völlig unklar, wie viel Berberlöwenblut tatsächlich in den Adern dieser Großkatzen fließt, weil sie eventuell mit anderen Unterarten gekreuzt wurden.

Der Kaplöwe Südafrikas dagegen wurde bereits im 19. Jahrhundert ausgerottet, während der Transvaallöwe des nordöstlichen Afrika noch heute beispielsweise durch den Krüger-Nationalpark streift. Der Massailöwe ist zwischen Mosambik, Tansania, Kenia und Äthiopien unterwegs. Ebenfalls noch recht häufig sehen Einheimische und Safaritouristen zwischen Sambia und Angola den Angolalöwen. Im Nordosten der Demokratischen Republik Kongo jagen noch wenige Exemplare des Kongolöwen. Auch vom Senegallöwen, der einst in den Regionen Westafrikas zwischen dem Senegal und der Zentralafrikanischen Republik lebte, sind heute nur noch wenige Hundert Tiere in verstreuten Restpopulationen übrig. Wie lange diese Unterart noch überleben kann, ist derzeit kaum abzuschätzen.

Imposante Mähnen

So eifrig Zoologen über die Einteilung in Unterarten diskutieren, so einig sind sich Nichtbiologen darin, wie ein Löwenmännchen auszusehen hat: Ausgewachsene Tiere haben eine wallende dunkle Mähne, die sich auf dem sandfarbenen bis ockerbraun gefärbten Fell von den Wangen bis zu den Schultern zieht. Diese Haarpracht benötigt der König der Tiere

Mähnenträger und ihre Gattinnen

im Zusammenhang der Fortpflanzung. Denn Löwinnen scheinen vor allem die dunkelhaarigen Männchen mit möglichst üppiger Mähne als Väter für ihren Nachwuchs zu bevorzugen. Das fanden jedenfalls US-amerikanische Forscher bei Experimenten im Serengeti-Nationalpark in Tansania heraus. Die Weibchen haben gute Gründe für ihre Vorliebe: Bei Tieren mit dunkler Mähne strömen offenbar besonders hohe Konzentrationen des männlichen Sexualhormons Testosteron durch die Adern. Das macht die Männchen aggressiver und länger zeugungsfähig. Mit diesen Attributen hat auch der Nachwuchs bessere Chancen auf ein langes Leben und viele eigene Nachkommen.

Allerdings zahlen die scheinbar privilegierten Siegertypen einen hohen Preis für ihr haariges Statussymbol. Ihr Problem ist die brennende afrikanische Sonne, die es unter einer Mähne rasch unerträglich heiß werden lässt. In den wärmeren Regionen des Kontinents trägt der König der Tiere daher lieber hellere und zum Teil auch kürzere Mähnen. Die Forscher vermuten, dass der Klimawandel diesen Trend zur blonden Kurzhaarfrisur verstärken könnte. In manchen Regionen wie im Tsavo-Nationalpark in Kenia haben die Männchen ihre Haarpracht schon heute weitgehend eingebüßt.

Stattlicher Körperbau

Aber auch ohne Mähnen unterscheiden sich Löwen und Löwinnen deutlich. So sind die Weibchen erheblich leichter und bringen mit durchschnittlich 126 kg nur zwei Drittel des Gewichts eines Männchens auf die Waage, das laut Statistik ungefähr 180 kg wiegt. Zootiere können erheblich schwerer werden. Im Vergleich mit den Tigern in der näheren Verwandtschaft wirken Löwen gedrungener und kräftiger. Tatsächlich sind Männchen nur selten länger als 2 m, Weibchen bleiben deutlich unter dieser Größe. Der Schwanz ist dabei nicht eingerechnet, an dessen Ende beide Geschlechter eine Quaste haben, in der ein zurückgebildeter Wirbel steckt.

In den Augen eines Menschen kommt dieser stattliche Löwe mit seiner wallenden Mähne der Idealvorstellung vom „König der Tiere" sicher sehr nahe. Eine Löwin dagegen könnte an der hellen Haarfarbe Anstoß nehmen ...

Abgesehen von der Mähne der Männchen haben Löwen ein sehr kurzes Fell, dessen Farbe zwischen einem hellen Sandton und dunklem Ocker liegen kann. Es gibt aber auch Löwen mit weißem Fell, was auf einem kleinen Fehler im Erbgut beruht. Diese Tiere sind jedoch keine Albinos und haben auch keine roten Augen. In Gefangenschaft züchten die Halter solche hellen Tiere aufgrund ihrer außergewöhnlichen Färbung häufig weiter. Daher leben viele weiße Löwen nicht in der Natur, sondern unter menschlicher Obhut.

Im Löwenland in Kenia

Im südafrikanischen Timbavati-Safaripark werden weiße Löwen gezüchtet und innerhalb des Parks „ausgewildert". Dort leben sie dann in Rudeln mit anderen Löwen zusammen.

In der Savanne dagegen fallen die Tiere mit ihrem hellen Fell viel stärker auf als normal gefärbte Artgenossen. Eine mögliche Beute kann sie deshalb leichter und früher entdecken. Genau wie weiße Tiger haben daher auch weiße Löwen viel weniger Jagdglück als Artgenossen in Tarnfarbe und überleben in freier Natur meist nicht lange. Da Löwen in der Regel in Gruppen jagen, bringen auffällige weiße Tiere obendrein der ganzen Jagdgenossenschaft Pech, entsprechend gering ist ihre Beliebtheit.

Alltag in der Savanne

So eine Jagdgesellschaft besteht meist aus Löwinnen, die gemeinsam eine Tierherde einkreisen. Da Löwen zwar fantastische Sprinter, aber keine Dauerläufer sind, pirschen sie sich möglichst nahe an ihr Opfer heran. Da das Anschleichen in der Nacht oft besser gelingt, jagt die Gruppe oft erst nach Sonnenuntergang. Dann stürzen sich die Löwen oft auf das nächste Tier der umzingelten Herde oder suchen sich ein möglichst schwaches Opfer aus, um das Risiko einer Verletzung gering zu halten. Gejagt wird normalerweise die Beute, die am einfachsten zu erreichen ist. Meist handelt es sich um große Säugetiere, die zwischen 190 und 550 kg wiegen. Gnus und Zebras sind daher in der Serengeti die häufigsten Opfer. In manchen Regionen spezialisieren sich Löwen auf noch größere Tiere bis hin zu ausgewachsenen Elefanten. Aber auch kleinere Antilopen verschmähen die Großkatzen nicht. Vor allem in der Trockenzeit verlegen sich die Löwen gern darauf, andere Beutejäger zu berauben. Etwa 40 % ihres Fleischbedarfs nehmen sie den Hyänen ab – weil diese die verbreitetsten Raubtiere in der afrikanischen Steppe sind, wohl aber auch, weil nur wenige andere Beutejäger Gnus oder Zebras zur Strecke bringen.

Das Gruppenleben gefällt Löwen nicht nur bei der Jagd, sondern auch in den meisten anderen Lebenslagen. Ein Rudel besteht oft aus fünf oder sechs ausgewachsenen Löwinnen, die fast immer miteinander verwandt sind. Dazu kommen der Nachwuchs sowie bis zu vier geschlechtsreife Männchen.

Bis zu 40 Mal am Tag paart sich der Löwe mit seiner Auserwählten, der einzelne Akt dauert ungefähr eine halbe Minute. Nach ungefähr

Mähnenträger und ihre Gattinnen

110 Tagen Tragezeit zieht sich die Löwin an einen versteckten Platz zurück und wirft ein bis vier Junge, die anfangs blind und völlig hilflos sind. Die Löwin jagt dann in der Regel nur in der Nähe des Verstecks. Erst wenn der Nachwuchs mindestens sechs Wochen alt ist, kehrt die Mutter mit den Jungen zum Rudel zurück. Da die Löwinnen Paarung und Geburt häufig mit den anderen Gruppenmitgliedern synchronisieren, bildet sich bald eine Art Kindergarten, der von allen Müttern gemeinsam versorgt wird.

Männliche Einzelgänger

Sobald der männliche Nachwuchs im Alter von etwa drei Jahren geschlechtsreif wird, muss er das Rudel verlassen. Oft lebt ein junges Männchen dann wenige Jahre als Einzelgänger oder in einer Zweiergruppe mit seinem Bruder, bis es stark genug ist, ein Männchen eines fremden Rudels zu besiegen. Die Blüte seiner Manneskraft dauert dann allerdings nur zwei oder drei Jahre, bevor seine Kräfte nachlassen und er von Jüngeren vertrieben wird. Eine zweite Chance bekommt der alternde Löwe danach normalerweise nicht mehr. Schließlich leben Löwen in der Natur meist nur sieben bis zwölf Jahre, Löwinnen werden dagegen mit 14 bis 20 Jahren erheblich älter. Im Zoo erreichen manche Löwen sogar mehr als 30 Lebensjahre.

Gelegentlich wagen sich Löwen bei der Jagd auch an Afrikanische Kaffernbüffel heran – gegenüber einer Herde haben sie jedoch kaum eine Chance.

Bei der Aufzucht kümmern sich die Löwinnen nicht nur um den eigenen Nachwuchs, sondern auch um den ihrer Gefährtinnen. Nach etwa sechs Monaten werden die Jungtiere entwöhnt.

Geadelt und gefährdet

Diese in Baden-Württemberg gefundene Skulptur eines Mischwesens aus Höhlenlöwe und Mensch gehört zu den ältesten Kunstwerken der Menschheit.

Mit ihrer Kraft und ihrem faszinierenden Sozialleben beeindrucken Löwen ihre menschlichen Nachbarn wohl schon sehr lange. So hat der Geologe Otto Völzing im Jahr 1939 ein erstaunliches Kunstwerk entdeckt. In einer Höhle auf der Schwäbischen Alb fand er eine etwa 30 cm große Figur aus Mammutelfenbein, die etwa 32 000 Jahre alt sein muss. In dieser kleinen Statue hat der steinzeitliche Schnitzer einen Menschenkörper mit dem Kopf und den Beinen eines Höhlenlöwen kombiniert, dem größten und gefährlichsten Raubtier der letzten Eiszeit. Ob dieser Löwenmensch ein Fabelwesen ist, eine Gottheit oder ein Schamane im Raubtierfell, kann heute niemand sagen. Jedenfalls waren die kräftigen Großkatzen offenbar schon für die Steinzeitmenschen interessant genug, um sie in Kunstwerken zu verewigen.

Daran hat sich auch in späteren Jahrtausenden nichts geändert. Beispielsweise sind aus dem Ägypten der Pharaonen zahlreiche Statuen der Sphinx erhalten, einer Figur mit Löwenkörper und Menschenkopf. Am berühmten Löwentor der alten griechischen Stadt Mykene prangt seit dem 13. Jahrhundert v. Chr. ein riesiges Relief mit zwei einander gegenüberste-

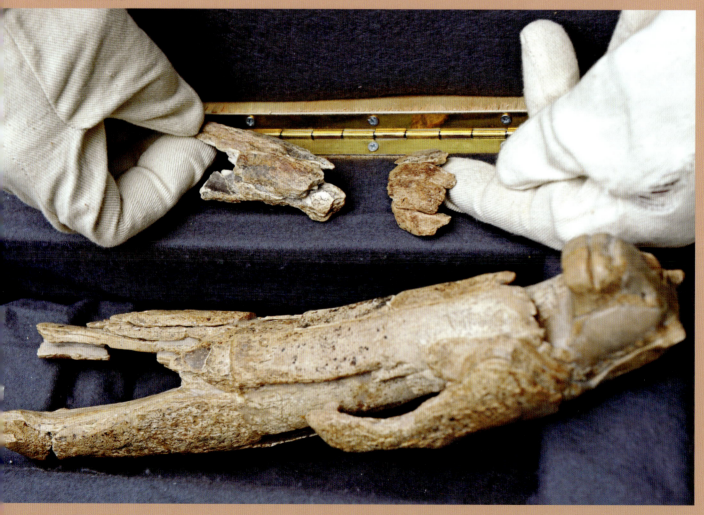

Geadelt und gefährdet

henden Löwen. Sogar in China bewachen steinerne Löwenpaare Paläste, obwohl es dort zu keiner Zeit frei lebende Löwen gab. Deshalb sind die Statuen nicht sehr naturgetreu.

Menschenfresser?

Allerdings hatten Löwen im antiken Griechenland nicht immer einen guten Ruf. In der Mythologie gibt es beispielsweise die Geschichte des Halbgottes Herakles, der zwölf schwierige Aufgaben zu meistern hatte. Eine davon bestand darin, den Nemëischen Löwen zur Strecke zu bringen – ein wahrhaft furchterregendes Ungetüm, das in einem Wald auf der Halbinsel Peloponnes sein Unwesen trieb. Dieser Löwe war nicht nur unverwundbar, sodass Pfeile an seinem Fell einfach abprallten. Er entführte auch Frauen, tötete die tapfersten Krieger und verschlang mit ungezügeltem Appetit Mensch und Tier.

Gruselgeschichten von menschenfressenden Löwen haben mit der Realität allerdings nicht viel zu tun. Auch wenn ein solches Raubtier einen Menschen problemlos töten kann, gehört *Homo sapiens* nicht zu seinem normalen Beutespektrum. In Afrika gehen wesentlich mehr Tote und verletzte Menschen auf das Konto von Flusspferden als auf das von Löwen. Trotzdem hat es Fälle gegeben, in denen die großen Katzen Geschmack an Menschenfleisch gefunden haben. So töteten im heutigen Kenia im Jahr 1898 zwei Männchen etliche Bauarbeiter, die eine Brücke über den Tsavo-Fluss errichten sollten. Erst nach Monaten gelang es, die beiden Tiere zu erlegen.

Wie viele Menschen dieses Duo tatsächlich getötet hat, ist bis heute unklar – die Angaben schwanken zwischen 14 und 135. Vor allem aber rätseln Wissenschaftler noch immer darüber, was diese Löwen zu Menschenfressern gemacht hat. Einer Theorie zufolge sind sie auf den Geschmack gekommen, weil große Sklavenkarawanen damals immer wieder Tote und Verletze als leichte Beute für die Raubtiere zurückließen. Dazu kamen noch die nachlässig bestatteten Opfer einer Pockenepidemie. Einmal an diese Beute gewöhnt, könnten die Tiere dann immer häufiger zugeschlagen haben – zumal Büffel und andere Huftiere damals durch einen Ausbruch der Rinderpest knapp geworden waren.

Wappentier und Filmstar

In den meisten Kulturen jedoch hatten Löwen weniger das Image von reißenden Bestien, sondern standen eher für Mut, Stärke und Macht. Daher zählen sie zu den am häufigsten verwendeten Wappentieren überhaupt. In den Wappen von England, Schottland und Wales finden sie sich ebenso wie in denen von Tsche-

Das Wappen der Niederlande zieren gleich drei Löwen. Es wurde aus dem Wappen des niederländischen Königshauses abgeleitet.

Im Löwenland in Kenia

Für europäische Großwildjäger (Foto um 1900) war der „König der Tiere" auch die Königstrophäe.

chien, Estland oder Dänemark. Sie zieren die Flaggen von Sri Lanka und dem Iran ebenso wie das Stadtemblem von Jerusalem und die Wappen etlicher deutscher Bundesländer. Im Lauf der Geschichte schmückten sich zahlreiche Herrscher und Kämpfer mit der Bezeichnung „Löwe" – von Heinrich dem Löwen, der im 12. Jahrhundert Herzog von Sachsen und Bayern war, bis zu Ahmad Schah Massoud, der im 20. Jahrhundert in Afghanistan gegen die sowjetischen Truppen und die Taliban kämpfte und als „Löwe von Panjshir" bekannt wurde.

Auch auf der Leinwand haben die großen Katzen Karriere gemacht – allerdings vor allem in stark vermenschlichten Rollen. Clarence, der schielende Löwe, war nicht nur im gleichnamigen Hollywoodfilm von 1965 ein wichtiger Charakter, sondern ebenfalls in der populären US-Fernsehserie „Daktari". Der Walt-Disney-Streifen „Der König der Löwen" von 1994 brachte es sogar zum kommerziell erfolgreichsten Zeichentrickfilm aller Zeiten. Die Geschichte vom Junglöwen Simba, der nach vielen Abenteuern zu Königswürden aufsteigt, spielte weltweit mehr als 780 Mio. US-Dollar ein und lockte allein in Deutschland mehr als 11 Mio. Besucher in die Kinos. Auch das gleichnamige Musical wurde ein großer Erfolg.

Geadelt und gefährdet

Doch auch die echten Großkatzen haben nichts von ihrer Faszination verloren. Obwohl Tierschützer immer wieder die Haltungsbedingungen kritisieren, gehören Löwen noch immer zu den Stars in vielen Zoos und in so manchem Zirkus.

Ein König in Gefahr

Die Löwen in freier Wildbahn hat allerdings gerade ihr königliches Image in ernste Schwierigkeiten gebracht. Zu Kolonialzeiten wurden unzählige Tiere von europäischen Jägern erlegt. Es mit dem „König der Tiere" aufzunehmen, war damals eine Art Sport, bei dem man seinen Mut und sein Jagdgeschick unter Beweis stellen konnte. Bis heute gehören Löwen zu den begehrtesten Jagdtrophäen Afrikas. Für viel Geld können Jäger eine Lizenz für den Abschuss eines Tieres erwerben. Zwar legen die einzelnen Länder Abschussquoten fest, die ein zu starkes Dezimieren der Bestände verhindern sollen; außerdem kommen die Einnahmen aus der regulierten Jagd teilweise dem Naturschutz zugute. Trotzdem beklagen Naturschutzorganisationen wie der WWF, dass viele Jagdquoten zu hoch angesetzt seien und in etlichen Ländern zu wenig kontrolliert werde, ob die Bestimmungen eingehalten werden.

Nicht jeder getötete Löwe fällt jedoch einem Trophäenjäger zum Opfer. So haben Menschen im Lauf der Zeit immer mehr Lebensräume der Löwen in landwirtschaftlich genutzte Flächen umgewandelt, sodass es nun häufiger zu Konfrontationen zwischen Viehhaltern und Raubtieren kommt. Mancher erboste Landwirt greift da zum Gewehr, um seine Herden gegen hungrige Löwen zu verteidigen.

Außerdem hat der König der Tiere mit Krankheiten zu kämpfen. So befiel 1996 in der Serengeti ein von Haushunden übertragenes Staupevirus die großen Raubtiere, deren Immunsystem auf diesen Gegner nicht vorbereitet war. Mehr als 1000 Löwen starben. Die Tuberkulose, die von Hausrindern über Büffel auf die Raubtiere übertragen wird, kostete seit 1995 zahlreiche Löwen in Südafrika das Leben. Und dann droht noch das Feline Immundefizienz-Virus FIV, das bei den großen Katzen zu einer gefährlichen, Aids-ähnlichen Immunschwäche führt.

All diese Probleme haben die Löwenpopulationen in den letzten Jahrzehnten schrumpfen lassen. Schätzungen zufolge leben in ganz Afrika noch zwischen 16000 und 30000 Tiere in freier Wildbahn. Die Weltnaturschutzunion IUCN nimmt an, dass sich der Bestand allein in den letzten beiden Jahrzehnten um 30 % verringert hat. Deshalb steht der Löwe als „gefährdet" auf der Roten Liste der bedrohten Arten.

Im folgenden zweiten Teil dieses Buches erzählt der Löwenforscher George Adamson bewegend und anschaulich von seiner Arbeit und seiner beispiellosen Vertrautheit mit Löwen.

In manchen gesellschaftlichen Kreisen sind Löwentrophäen noch heute beliebt. Das Foto stammt aus dem Jahr 2007.

George Adamson

Meine Löwen – mein Leben

Ein Tag in Kora

Jeden Tag, während ich meine Shorts anziehe oder zum Frühstück gehe, schwebt ein amerikanischer Satellit am Himmel entlang und fotografiert diese entlegene Ecke Kenias am Tana-Fluss. Man sagt, dass die Fotos so deutlich sind, dass Experten unterscheiden können, ob ein Ei oder ein Golfball auf dem Tisch liegt.

Der afrikanische Busch schwindet schnell. Als ich zum ersten Mal nach Kenia kam, bot der graue Busch, der von einer glühenden Sonne in blauem Himmel verbrannt wurde, nur wenige Verheißungen. Doch diese – Einsamkeit, wilde Tiere in einer Vielfalt, die Noah entzückt hätte, und eine Prise Gefahr – wurden stets respektiert. Heute wird man von diesen dreien wohl nur noch die Gefahr antreffen. Als wir vor fünfzehn Jahren den Kora-Hügel erreichen wollten, diesen rosafarbenen Felsen, an dessen Fuß wir unser Camp errichteten, mussten wir erst tagelang unseren Weg durch knorrigen Dornbusch hacken; es dauerte Wochen, ehe wir von hier einen Weg zur nächsten Straße geschaffen hatten und nochmals eine Woche, bis zweiunddreißig Kilometer entfernt ein primitiver Landestreifen fertiggestellt war.

Heute wage ich aus Angst vor unerwarteten Besuchern nicht, mich zu einer Siesta hinzulegen. Müde und enttäuscht, weil sie unterwegs nicht von Elefanten angegriffen und von wütenden Nashörnern gejagt worden sind, sehen Besucher mit Entzücken das Rudel Löwen, das sich in der Dämmerung beim Camp einfindet.

Wir vier haben ein gemeinsames Merkmal: Jeder von uns ist von einem Löwen oder Krokodil angefallen worden und trägt die Narben auf der Haut.

Um herauszufinden, welche Löwen zum Camp gekommen sind, gehe ich hinaus, begrüße sie und werfe ihnen etwas Fleisch hin. Wenn ich nicht da bin, heißt mein Mitarbeiter Tony Fitzjohn sie willkommen. Tony ist in den Dreißigern, groß und sonnenverbrannt. Er wird von den Löwen wie einer der ihren behandelt. Er ist halb so alt wie ich und hat die anstrengenderen Aufgaben bei der Betreuung der wilden Löwen übernommen.

Mein jüngerer Bruder Terence, jetzt Ende siebzig, teilt unseren dürftigen Käfig mit uns. Als erfahrener Ingenieur eigener Schule baut und erhält er unsere Hütten, unseren Zaun, unsere Landepiste und unsere Straße. Als begabter Amateurbotaniker kennt er jeden Baum, Strauch und jede Pflanze im Umkreis von 160 Kilometern. Doch obwohl er aufseiten der Tiere steht, hat er einen unerklärlichen Makel – er zieht Elefanten den Löwen vor.

Der andere langjährige menschliche Mitbewohner ist Hamisi, ein grauhaariger Somali, der uns täglich mit drei guten Mahlzeiten versorgt. Wie auch Terence scheint er meine Schwäche für Löwen mit melancholischer Nachsicht zu dulden.

Wir vier haben jedoch ein gemeinsames Merkmal: Jeder von uns ist von einem Lö-

Ein Tag in Kora

wen oder Krokodil angefallen worden und trägt die Narben auf der Haut.

Maschendraht ist wirksam, um Löwen fernzuhalten, jedoch kein Hindernis für Perlhühner, die darauf aus sind, unsere Hirse zu erwischen oder für die Helmhornvögel, die unsere Nüsse fordern oder stehlen. Baumratten benutzen die Bäume als Brücke ins Camp. Mungos und Zibetkatzen klettern mühelos über den Zaun, während emsige Erdhörnchen Tunnel darunterhergraben. Moskitos, Hornissen und Ameisen, große schwarze Skorpione, fleischfressende Tausendfüßer und Giftschlangen – Baumschlangen, Puffottern und Kobras – schlüpfen mit Leichtigkeit durch die Maschen. Und sie alle scheinen unsere Gegenwart unwiderstehlich zu finden – wir freunden uns mit den angenehmen an und arrangieren uns mit den anderen. Doch unser Leben dreht sich um die Löwen.

Seit ich 1956 eine angreifende Löwin erschossen habe und ihre drei Jungen meiner Frau Joy mitbrachte, habe ich immer mit Löwen zusammengelebt. Wir behielten eines der Jungen, das Joy Elsa nannte, und als sie größer wurde, bereiteten wir sie auf die Rückkehr in die Wildnis vor. Sie wurde weltberühmt, als Joy ihre Geschichte in dem Buch „Frei geboren" erzählte.

Im Lauf der Jahre habe ich dreiundzwanzig junge Löwen, die sonst zu einem Leben hinter Gittern verdammt gewesen wären, in die Wildnis entlassen. Sie paarten sich mit Löwen aus dem Busch und brachten meines Wissens fünfzig Junge zur Welt und vielleicht noch einmal so viel, von denen ich nichts weiß. Zu einem Zeitpunkt hatten wir sechzehn Löwen um Kora herum.

Für Tiere zu leben bedeutet, dass wir wie Tiere leben müssen, oder wenigstens so wie unsere frühesten Vorfahren. Unsere Uhr ist die Sonne, unsere Unterkunft primitiv, unsere Nahrung einfach und unser Wasser kommt aus dem Tana-Fluss, der fünf Kilometer entfernt dahinfließt. Unsere Augen und Ohren müssen Dinge und Geräusche erkennen, die den meisten anderen entgehen würden. Ich habe vierzig Jahre lang keine Morgenzeitung zur Hand genommen: Die Nachrichten, die ich brauche, sind in den Sand gedruckt.

Löwen sind Nachttiere, und die meisten ihrer wichtigen Unternehmungen finden statt, während ich schlafe. Wenn ich wissen will, was geschehen ist, muss ich im Morgengrauen hinausgehen und die Hinweise in Staub und Gras untersuchen, auf dem Sand, den Felsen oder den Büschen. Wenn ich zu spät komme, haben Sonne, Wind oder Regen die Spuren zerstört. Erst als Jäger und dann fünfundzwanzig Jahre lang bei der Wildschutzbehörde hing mein Lebensunterhalt, ja mitunter gar mein Leben, davon ab, dass ich Spuren zu interpretieren und richtig zu deuten verstand. Während Elsa sich an ihre Frei-

George Adamson und sein Mitarbeiter Tony Fitzjohn (links) besuchen auf ihrer abendlichen Kontrollfahrt die Löwen. Tier und Mensch sind an Nähe gewöhnt.

Meine Löwen – mein Leben

Der Autor, hier an seiner Schreibmaschine – lebte in einem vergleichsweise komfortablen Camp.

heit gewöhnte, musste ich ihre Fährte mühelos lesen können. Wenn ich das lernte, konnte ich ihr aus ihren Schwierigkeiten helfen und ihr Werben und ihre Paarung verfolgen.

Ich kann nicht versuchen zu erklären, warum ich Löwen so viel Zeit meines Lebens gewidmet habe, ohne zu versuchen, die Tiefe und Vielfalt ihrer Persönlichkeiten zu vermitteln. Sie sind so deutlich verschieden voneinander wie Menschen. Und wie Menschen können sie eindrucksvoll, schön, neugierig, hässlich oder einfach aussehen. Wie bei uns Menschen gibt es die Großen und die Kleinen, die Starken und die Schwachen. Sie sind Geschöpfe voll Charakter und Stimmungen; sie sind nicht nur gesellig, sondern auch liebevoll oder scheu, zart oder rau, freundlich oder feindselig, großzügig oder besitzergreifend, übermütig oder grimmig, impulsiv oder zurückhaltend, ruhig oder kühl. Während die einen arrogant, nervös, introvertiert und unangenehm sind, sind andere verspielt, vertrauensvoll, extrovertiert und vergnügt. Die meisten sind intelligent und neugierig; die besten unter ihnen sind abenteuerlustig, treu und tapfer. Und alle sind sie von der Natur zum Töten erdacht und perfektioniert worden.

Ich weiß, dass ich durch den Gebrauch solcher Ausdrücke Gefahr laufe, es mir mit einigen Wissenschaftlern zu verderben, doch ich finde keine passenderen. Ich weiß nicht genau, wo die Grenze zwischen Instinkt und bedingtem Reflex einerseits und Erfahrung und intelligenter Entscheidung andererseits verläuft. Aber ich weiß, dass Löwen manchmal die Grenze überschreiten in ein Gebiet, das nach Meinung der Philosophen normalerweise dem Menschen vorbehalten ist. Von meiner frühesten Zeit in Kenia an war ich fasziniert von dem Verhalten der Löwen und Elefanten aufgrund dieser besonderen Dimension in ihrem Leben. Doch wusste ich nicht, wie mächtig dieser Zug werden konnte, bis wir Elsa freiließen und ich merkte, dass sie unsere Liebe nicht nur erwiderte, sondern unsere Freundschaft aufrechterhalten konnte, ohne die Bande zu ihrem Partner und ihren Jungen zu zerstören.

Ein Tag in Kora

„Unschuldige Mörder" war der Ausdruck, den Jane Goodall, die für ihre Schimpansenstudien berühmt ist, und ihr Mann, Hugo van Lawick, der bekannte Tierfotograf, prägten. Als Buchtitel wandten sie den Ausdruck für die Hyänen, Schakale und Wilden Hunde der Serengeti an. Ich habe erlebt, wie eine Ziegenherde von sechzehn Stück von einer Gruppe Löwenjungen getötet wurde und bin daher nicht sicher, dass ihr Tun immer das Adjektiv unschuldig verdient, aber es ist nie so schuldbeladen wie das des Menschen, dessen Zerstörungen in Kenia und Eingreifen in das Gleichgewicht der Natur unbarmherzig und nicht wiedergutzumachen sind.

Nur wenige Paare hatten ein reicheres Leben miteinander im Busch, als Joy und ich. Nachdem wir 1944 geheiratet hatten, lebten wir in Isiolo an der Grenze zu Kenias nördlichen Provinzen. Von den nächsten zwanzig Jahren verbrachten wir die meiste Zeit auf Safari, auf den Ebenen, in den Wüsten und im Wald, hinauf zu den Seen und Bergen und hinunter zu den Korallenriffen des Ozeans. Oft reisten wir zusammen, manchmal getrennt. Mein Leben war das eines Wildhüters, der Menschen fressende Löwen, die Landwirtschaft bedrohende Elefanten und Wilderer überwachen musste. Joys Leben war das einer Künstlerin, die Bilder malte, die jetzt im Nationalmuseum und im Palast des Präsidenten in Nairobi hängen.

Gegen Ende dieser Zeit trat Elsa in unser Leben und nicht lange danach gab ich meine Stellung auf, gerade rechtzeitig, um beim Abrichten der Löwen für den Film „Frei geboren" zu helfen. Als die Dreharbeiten zu Ende gingen, waren Joy und ich, zusammen mit Virginia McKenna und ihrem Mann Bill Travers, die in dem Film unsere Rollen spielten, fest entschlossen, wenigstens einige der Löwen vor der Verschiffung in Safariparks und Zoos in Europa zu bewahren.

Der Tag beginnt, wenn die Raben uns pünktlich wie ein Wecker im Morgengrauen mit ihrem heiseren Krächzen wecken.

Da mein Campbett neben den beiden Löwenkäfigen am Ende des Camps steht, wache ich manchmal auf und sehe auf der anderen Seite des Zaunes ein paar Löwenjunge nur wenige Zentimeter von meiner Nase entfernt liegen. Indem sie neben mir schlafen, lernen sie, dass menschliche Wesen nicht unbedingt Gefahr bedeuten. Zwei junge Löwen, Suleiman und Sheba, die uns von einem befreundeten Farmer namens Ken Clarke geschickt worden waren, musste ich etliche Wochen im Käfig behalten, ehe sie sich beruhigten; Suleiman war von der Kugel gestreift worden, die seine Mutter getötet hatte. Sie waren mehr als ein Jahr alt, und ihre Mutter war abgeschossen worden, weil sie immer wieder Rinder riss. Ich nahm die Jungen auf, weil ich den Gedanken nicht ertragen konnte, dass sie in einem Zoo landen würden. Sobald die Löwen sich eingelebt haben, gehe ich gleich nach dem Aufwachen mit einem Eimer Wasser oder einem Stückchen Fleisch zu ihnen hinein. Wenn sie ihre Köpfe gegen meine Knie reiben, ist die erste Schlacht um ihr Vertrauen gewonnen.

Nach einer schnellen Tasse Tee mache ich mich fertig, um mit den Löwen zum Fluss zu gehen. Die meisten Löwen verbringen die Nacht außerhalb des Camps, und es ist faszinierend zu sehen, wie Neuankömmlinge auf die ungewohnte Freiheit reagieren. Meist haben sie das Rudel sorgfältig durch den Zaun beobachtet und beurteilt: Sobald sie draußen sind, nähern sie sich den älteren Löwen mit scheuer Begrüßung wie Hunde es tun.

Bis jetzt ist noch keiner von ihnen ausgerissen. Dennoch ist diese erste Begegnung mit dem Rest des Rudels eine kritische Nervenprobe. Je jünger die kleinen Löwen sind, desto eher werden sie meist akzeptiert.

Sobald das Rudel aufbricht, sind alle Sinne auf die umgebende Wildnis ausgerichtet. Löwen haben ein ausgezeichnetes Talent, Bewegungen zu bemerken und suchen instinktiv den höchsten Punkt für den besten Überblick aus: Meine Löwen haben immer vom Dach meiner Landrover aus geherrscht. Sie sind Nachttiere, und ihr Sehvermögen in der Dunkelheit ist ausgezeichnet.

Als ich nach Kora kam, wurde mir noch deutlicher, wie wichtig Geruch für Löwen ist. In diesem dichten Busch, wo die Sichtweite oft nur fünfzehn Meter oder weniger beträgt, habe ich sie auf eine Giraffe anschleichen sehen, die hundertfünfzig oder hundertachtzig Meter entfernt graste. Sie haben auch ein anderes und zweifellos instinktives Verständnis für Gerüche.

Löwen haben zudem ein sehr gutes Gehör. Ich habe erlebt, dass sie ein Geräusch wahrnehmen, das zwölf Kilometer entfernt und somit längst jenseits der menschlichen Wahrnehmungsfähigkeit war. Ihre Stimme spielt ebenfalls eine wichtige Rolle in ihrem sozialen Leben und sie scheinen sehr wohl zu wissen, dass ein Felsen oder eine Klippe ihr lautes, besitzergreifendes Brüllen verstärken kann. Sie haben ein ganzes Repertoire weiterer Laute – Schnaufen und Schnauben, Miauen und Schnurren, Stöhnen, Heulen, Grunzen und Knurren.

Obwohl ihre Grundnahrung davon abhängt, welches Wild es in der jeweiligen Gegend gibt, haben sie deutlich ausgeprägte Vorlieben. Sie lieben Zebrafleisch ebenso wie sie Pavianfleisch verachten, wenn sie nicht gerade Hunger leiden.

Während das Brüllen die offensichtliche Methode ist, Gebietsansprüche auszudrücken, hat das Rudel auf unseren Spaziergängen noch eine andere Art – markieren. Junge Löwen tänzeln dabei, weibliche Tiere hocken sich hin und die erwachsenen männlichen Löwen schießen rückwärts einen wohlgezielten Strahl ab, der durch eine anale Drüse seinen Geruch erhält. Auf diese Art und Weise tauschen die wilden Löwen und meine ständig Herausforderungen, Informationen und Beleidigungen aus.

Das Hauptziel unserer Spaziergänge ist Spiel und Spaß. Es ist äußerst wichtig für die Löwen, im Busch völlig heimisch zu sein und das verschiedene Wild einschätzen zu können. Ich kann ihnen das Jagen nicht beibringen, so wenig wie ihre Mütter oder die anderen älteren Tiere das können. Löwen

Zebras gehören zu den wichtigsten Beutetieren der Löwen. Auch der König der Tiere macht gern ein Päuschen, wenn der Bauch gut gefüllt ist.

werden mit der instinktiven Fähigkeit geboren, sich anzuschleichen oder zu töten – das habe ich immer wieder bewiesen gesehen – doch nur Erfahrung kann diese Geschicklichkeit perfektionieren, und Erfahrung ist es, die ich bieten kann.

Während wir gehen, spreche ich zu den Löwen. Sie müssen meine Stimme so gut kennen, dass sie automatisch Untertöne von Ermutigung, Zustimmung, Beruhigung, Vorsicht, Befehl und Vorwurf heraushören. Es wäre ein Unding, um nicht zu sagen verhängnisvoll, wenn man versucht, sie zu beherrschen wie man Hunde trainiert. Worauf es ankommt, ist, dass sie eine Stimme und eine Autorität anerkennen. Dennoch kann man sich nie ganz auf sie verlassen. Wenn es regnet und die Temperatur fällt, können sie gefährlich übermütig werden. Wenn ich beim Verlassen des Camps ein Gewehr oder einen Revolver bei mir trage, dann nicht nur als Schutz gegen reizbare Nashörner.

Wenn wir beim Fluss ankommen, sind die Löwen ganz zufrieden, sich in den Sand fallen zu lassen oder im flachen Wasser herumzutoben. Löwen gehören zu den faulsten Tieren der Erde und verbringen gern den größten Teil des Tages dösend. Wenn sie jedoch hungrig sind, springen sie bei jeder Gelegenheit auf Beute hoch, und wenn es noch so heiß ist.

Unten am Tana-Fluss ist es unglaublich schön. Dort, wo wir hingehen, ist er mehr als neunzig Meter breit, wenn man den Fluss, die Nebenbecken, die seichten Stellen, die Felsen und den Sand mitrechnet. Die Palmen und Akazien, die hier viel größer sind als die in der Gegend des Camps, bieten Schatten.

Das Wild zieht sich zurück, wenn sich die Löwen nähern, doch die Paviane schwatzen und bellen am anderen Ufer, während die Flusspferde sich grunzend im erdig roten

Der Tana ist der größte Fluss in Kenia. Er fließt an der Nordgrenze des Kora-Nationalparks.

Wasser wälzen. Die Vögel scheinen keine Angst vor den Löwen zu haben, und wenn ich mich ruhig verhalte, lässt sich eine Anzahl Stelzvögel am Wasser nieder – stille Kuhreiher und schreiende blauschwarze Hagedasch-Ibisse, gesprenkelte ägyptische Nilgänse und der prächtige fleischfressende Goliath-Reiher, große gelbschwänzige Störche und die großen Marabus, die ihre bösen Schnäbel gegen die fleischfarbenen Beutel auf ihre Brust pressen.

Obwohl es so friedlich ist und ich von der Sonne durchwärmt und vom Inhalt meiner Thermosflasche gekühlt bin, erfasst mich immer eine gewisse Unruhe, wenn ich mit den Löwen hier bin. Wenn es geregnet hat machen sie großes Theater, wenn sie durch eine Pfütze waten müssen, doch wenn etwas auf der anderen Seite des Flusses ihr Interesse weckt, werfen sie sich einfach in den Fluss und schwimmen hinüber. Meine Sorge rührt daher, dass Krokodile mindestens einen meiner Löwen ertränkt haben.

Meist gehe ich mit den jüngeren Löwen zum Mittagessen zurück ins Camp; während der ersten paar Wochen folgen sie gewöhnlich meinem Ruf wie ein Hund. Die älteren lasse ich beim Fluss oder auf dem Kora-Felsen, an dem wir vorbeikommen.

Wenn wir mittags zum Camp zurückkehren, liegt die Temperatur bei 39 Grad. Die Löwen liegen flach ausgestreckt unter den Bäumen. Es ist eine Anstrengung zu essen, zu trinken, an der Pfeife zu ziehen. Terence und ich dösen in unseren Stühlen.

Nachmittags fahren wir entweder Besucher hinunter zum Fluss, um die Löwen anzuschauen, oder Tony und ich fahren allein los. Der späte Nachmittag ist die beste Tageszeit, um nach einer Löwin mit Jungen zu suchen, denn es ist anstrengend, in den heißen Felsen herumzuklettern, und ich bin dankbar für die Kühle des Nachmittags.

Eines Morgens, als ich mich dem Lieblingsplatz von Suleiman und Sheba am Fluss näherte, sprang Sheba aus den Büschen hervor. Sie war zerkratzt, zitterte und stöhnte leise und verzweifelt. Sie starrte gebannt in das Unterholz, das oben am Ufer entlang wuchs, und als sie vorsichtig darauf zuschlich, folgte ich ihr ein paar Hundert Meter, bis wir eine Lücke erreichten. Das Einzige, was ich zunächst sehen konnte, war ein Durcheinander von Pfotenabdrücken im Schlamm und im Sand des Flussbetts. Doch sie lenkten meine Blicke in Richtung auf eine gelbbraune Form, die im Gebüsch unter einer riesigen Akazie lag. Suleiman war tot, gestorben an blutigen und schrecklichen Wunden an seinem Brustkorb.

Nach und nach, mithilfe der Spuren und niedergedrückter Büsche, setzte ich den Hergang der Tragödie zusammen. Suleiman und Sheba hatten einen mächtigen Flusspferdbullen überrascht, der nach einer Nacht im Busch zum Wasser zurückkam. Sie hatten ihn angegriffen, was selbstmörderisch war, denn ein Flusspferd wiegt mehr als eine Tonne und ist am gefährlichsten, wenn ihm der Weg zum Wasser abgeschnitten wird. Im nachfolgenden Kampf müssen die Löwen das Flusspferd mit Zähnen und Klauen gepackt haben, bis es Suleiman gegen das dichte Gebüsch drückte. Dort hatte es ihn mit einem einzigen Biss seiner mächtigen Kiefer getötet. Suleiman „starb wie ein Löwe" und ich glaube, dass Sheba, mit noch größerem Mut, zwei Nächte lang seinen Leichnam bewacht hat. Ich konnte aus ihren Fußabdrücken und den Schleifspuren der Schwänze sehen, wo Krokodile, von Suleimans Blutgeruch angelockt, aus dem Fluss gekommen waren, um den Kadaver zu holen. Doch Sheba ließ sie nicht heran.

Ich beerdigte Suleiman nahe der Stelle, an der ich ihn gefunden hatte, etwas oberhalb des Flusslaufs. Sheba saß dabei. Sie weigerte sich, sein Grab zu verlassen, selbst als es dämmrig wurde. Suleiman hatte seine Chance zur Freiheit gehabt, und sie war von kurzer Dauer gewesen. Doch ob zu Recht oder zu Unrecht, Joy und ich waren immer der Meinung, dass ein Leben in einer gefährlichen

Um sie an das Leben im Busch zu gewöhnen, unternimmt Adamson lange Spaziergänge mit den Löwen – nicht ohne zwischendurch auch mal zu rasten.

Ein Tag in Kora

Umwelt besser für Löwen war als Eisenstangen oder Kugeln – wie auch für uns selbst.

Drei Monate später fuhr ich an diesem Teil des Flusses entlang und dachte an Suleiman, als ich einen vernarbten, hinkenden Flusspferdbullen bemerkte, der sich ins seichte Wasser davonmachte. Am nächsten Tag sah ich ihn am Ufer unter einem schattigen Baum. Er sah ziemlich mitgenommen aus und ich stieg aus, um ihn durch mein Fernglas aus der Nähe zu betrachten. Das Flusspferd gab ein mächtiges Grunzen von sich und griff mich an. Ich sprang ins Auto, doch noch ehe ich es starten konnte, krachte das Flusspferd hinein und hob es hoch, bis es fast umkippte. Dann biss es tief in die Kotflügel, ehe es sich wieder in den Schatten zurückzog. Meine Finger kribbelten von dem Schock. Der Rücken des Flusspferds war von tiefen Krallenspuren durchfurcht; dieses Tier musste Suleiman getötet haben.

Wenn wir abends ins Camp zurückkehren, kontrollieren Tony und ich, ob auch Wasser im Trog außerhalb des Zaunes ist und bereiten etwas Fleisch für das regelmäßige abendliche Erscheinen des Rudels vor. Ich füttere die Löwen aus mehreren Gründen: Damit die Mütter ihre Jungen nicht zu lange allein lassen müssen; damit neue Löwen nicht vom Hungertod bedroht sind, wenn sie keinen Anteil von der Beute im Busch bekommen; und damit die Verbindung des Rudels zu dem Gebiet um das Camp herum gefestigt wird. In der Wildnis töten und fressen Löwen nur alle paar Tage, und ich achte sehr darauf, ihren Drang zum Beutemachen nicht zu zerstören. Das Letzte, was ich ihnen beibringen möchte, ist Abhängigkeit. Andererseits sind die Löwen der Grund für mein Hiersein, und je mehr ich über sie und ihre Bedürfnisse weiß, desto nützlicher kann ich im Notfall sein.

Die Karte zeigt die wichtigsten Wildparks, Reservate und Orte, die in diesem Buch genannt werden.

Wir befinden uns nur fünf Kilometer südlich des Äquators, und die Nacht bricht jeden Abend schnell herein, gegen neunzehn Uhr. Hamisi bringt einen Tisch heraus, unsere schäbigen Campingstühle, Flaschen, Gläser und Eiswürfel. Die Löwen erscheinen wie stille, geisterhafte Gestalten aus der Dämmerung und sinken zufrieden zu Boden, gleich außerhalb des Drahtzauns. Es ist eine verzauberte Stunde; die Sterne werden heller und heller; das Quaken der Frösche und die Rufe der Ziegenmelker ersetzen das Zirpen der Grillen vom Tage. An einem gewöhnlichen Abend ist Abendessen in Kora eine bescheidene Angelegenheit, wenn auch bedeutend lebhafter als das Mittagessen.

Die Zeit vor meinem Leben mit den Löwen

Das erste Gewehr, mit dem ich schoss, gehörte meiner Mutter. Soviel ich weiß, hat sie selbst nur ein einziges Tier damit erlegt – eine schwarze Antilope. Die kleine Bahnlinie in dem indischen Staat, in dem wir lebten, verlief durch einen Wald, und wann immer mein Vater Wild auf einer Lichtung erblickte, zog er die Bremse und hielt den Zug an. Auf einer dieser Reisen muss meine Mutter ihren Bock erlegt haben.

Sie stammte aus einer jener vielen britischen Familien, deren Leben eng mit Indien verknüpft war. Ihre Mutter hatte die Schrecken und Aufregung der Meuterei von 1859 durchgemacht. Mein Vater Harry dagegen, ein Ire, kam erst nach einer Dienstzeit bei der Königlichen Marine, mit der er ums Kap gesegelt war, nach Indien, um Indigo anzupflanzen. Er heiratete meine Mutter Katherine und trat kurz nach 1900 in die Dienste des Radscha von Dholpur. Meine Eltern lebten in Etawah, wo ich 1906 und mein Bruder Terence ein Jahr später geboren wurde.

Mein Vater war ein vielseitiger Mann. Er brachte sich selbst Bau- und Ingenieurswesen bei und erstellte das Eisenbahnnetz in Dholpur. Später reorganisierte er die Armee des Radschas.

Ich baute Straßen, ich ging ins Transportwesen. Ich betätigte mich als Farmer. Ich handelte mit Ziegen, Bienenwachs und Harz, das ich von wilden Dornenbüschen zapfte. Als Staatsbeamter für die Heuschreckenbekämpfung war ich eine Gefahr für die Afrikaner und todbringend für die Heuschrecken.

Als mein Vater sich aus Indien zurückzog, fuhr er nach Südafrika, wo ich zu ihm stoßen sollte. Im Alter von achtzehn Jahren bestieg ich ein Schiff nach Kapstadt, und als es dort anlegte, fand ich ein Telegramm meines Vaters vor. Sein Schiff hatte in Mombasa, in Kenia, angelegt und das Land gefiel ihm so gut, dass er zu bleiben beschloss: Würde ich bitte auch kommen? Als ich in Kenia ankam, hatten meine Eltern bereits eine kleine Kaffeefarm in Limuru bei Nairobi gekauft.

Terence kam im nächsten Jahr nach. Als Terence und ich zu unserem Vater stießen, war Kenia als britische Siedlung ungefähr fünfundzwanzig Jahre alt und hatte alle Voraussetzungen und Möglichkeiten, die für Kolonialisten so verlockend waren.

Als 1901 die Bahnlinie von Mombasa zum Victoriasee fertiggestellt war, bot das Protektorat Kenia – wie es damals hieß – britischen Siedlern zwei Möglichkeiten: die harte und die bequeme, je nach ihren Finanzen. Da ich wenig Geld hatte, als ich 1924 hier ankam, wählte ich die nächsten zehn Jahre lang den harten Weg.

Ich baute Straßen, ich ging ins Transportwesen. Ich betätigte mich als Farmer. Ich handelte mit Ziegen, Bienenwachs und Harz, das ich von wilden Dornenbüschen zapfte.

Als Staatsbeamter für die Heuschreckenbekämpfung mit Sattelpumpen und Arsenspritzbrühe ausgestattet, war ich eine Gefahr für die Afrikaner und todbringend für die Heuschrecken. Als die letzten Hüpfer heranwuchsen und sich in die Lüfte erhoben, war ich meinen Job los.

Dann ging ich mit meinem guten Freund Nevil Baxendale zum Goldgraben. Doch unser Ehrgeiz ließ nach einer Weile nach, wir kamen genauso arm nach Nairobi zurück.

Jagen war der einzige Sport, den Terence und ich uns leisten konnten. Unsere Transportmittel beschränkten sich auf ein Motorrad mit Seitenwagen, wir teilten uns ein Gewehr und jede Kugel musste treffen.

Ohne Mosandu, unseren Fährtensucher vom Stamm der Dorobo, hätten wir gar nichts erreicht. Von Mosandu habe ich gelernt, Wind, Gerüche, Geräusche und Spuren zu verstehen. Aus einer Spur konnte er Alter und Geschlecht eines Tieres erkennen, er wusste, wie schnell es sich bewegte, ob es leicht oder schwer verwundet war oder ob es starb. Wenn ein Tier unter einem Felsvorsprung oder einem Busch gelegen hatte, konnte er es identifizieren, indem er seine Handfläche anleckte und auf die Erde drückte, damit einzelne Haare daran kleben blieben.

Anfang 1935 stellte mich die Firma Gethin und Hewlett ein, um einige professionelle Safaris durchzuführen – vermutlich wegen meiner Fähigkeiten im Überleben und Jagen.

Die Safari, die aus jener Zeit am besten in meinem Gedächtnis geblieben ist, ist eine Fotoexpedition in die Serengeti, auf der anderen Seite der Tanganjika-Grenze im Massailand. Wir sahen mehr Gnus und Zebras als wir zählen konnten, riesige Mengen von Gazellen und eine große Anzahl Giraffen und Büffel. Wir hielten an, um Nashörner und Elefanten zu fotografieren und durften Antilopen schießen, um damit Löwen vor die Kamera zu locken: In drei Tagen fotografierten wir sechsunddreißig Stück. Der wunderbare Anblick dieser Tiere, die in einem natürlichen Paradies lebten, löste eine Reaktion in mir aus, die dem Urmenschen unverständlich gewesen wäre, die jedoch so intensiv war, dass ich sie niederschrieb:

Eines Abends stießen wir auf eine prächtige Löwin, die von einem Felsen aus in die Ebene blickte. Sie wurde durch die untergehende Sonne zur Skulptur, als sei sie ein Teil des Felsens, auf dem sie lag. Ich überlegte, wie viele Löwen wohl während der zahllosen Jahrhunderte, in denen der Mensch noch in seinen Anfängen war, auf eben demselben Felsen gelegen hatten.

Die zivilisierte Menschheit hat enorme Mittel darauf verwandt, von eigener Hand geschaffene alte Gebäude und Kunstwerke zu erhalten, doch diese Geschöpfe zeitloser Kunst vernichtet er. Und er tut es aus nur einem einzigen Grund: Um seinen Mut zu beweisen, den er durch Waffen erlangt, die er zur Vernichtung von Menschen geschaffen hat, und um mit den Fellen seiner Opfer seine Wohnstätte oder seinen ungrazilen Körper zu schmücken.

Gefühle dieser Art bewegten mich, bis eines Tages ein exzentrischer Wildhüter namens Tom Oulton mich dazu überredete, mich bei der Wildschutzbehörde zu bewerben. Im Juli 1938 wurde ich als „Vorläufiger Hilfswildschützer" zu einem Gehalt von acht Pfund pro Woche eingestellt.

Als ich der Wildschutzbehörde beitrat, gab es dort weniger als ein Dutzend Wildhüter. Der Oberste Wildhüter Hauptmann Archie Ritchie war der ideale Mann für seine

Diese Patrouille von Wildhütern unterstand George Adamson. Sie waren für die Kontrolle des nördlichen Grenzgebiets zuständig.

augenblickliche Rolle, denn er war voller Tatkraft, hatte Verstand, besaß ein Diplom in Zoologie und war leidenschaftlicher Naturkundler. Die Behörde war von der Regierung aus mehreren Gründen eingerichtet worden. Sie verwaltete den Verkauf der Jagdlizenzen, ohne die nicht gejagt werden durfte; sie versuchte, die Wilderei unter Kontrolle zu halten; sie war dafür verantwortlich, Menschenleben, Vieh und Feldfrüchte vor den Löwen, Elefanten, Büffeln und anderen vierbeinigen Bösewichten zu schützen; und sie versuchte ganz allgemein, alle Wirbeltiere – mit Fell, Federn, Panzern oder Schuppen – gegen Verfolgung durch den Menschen zu schützen.

Ich wurde nach Isiolo geschickt, das an der südlichen Grenze der Nordprovinz liegt. Das mir anvertraute Gebiet war mindestens so groß wie Großbritannien. Es gab keine einzige Asphaltstraße im Land, und ich hatte nur einen kleinen privaten Pick-up zur Verfügung. Ich rekrutierte zuverlässige Wildhüter aus den Volksstämmen meiner Gegend, die um die südliche Hälfte des Rudolfsees herum lebten. Transportmittel waren Kamele und Esel; sie trugen unsere Ausrüstung.

Dies war noch die große Zeit des Wildes. Erst später, nach dem Krieg von 1939 bis 1945, hörte Afrika auf, von den Dividenden der Natur zu leben, und begann, mit schlimmen Folgen, vom Kapital zu zehren. Als Wildhüter war es meine oberste Pflicht, mich mit dem Wild vertraut zu machen, für dessen Schutz ich bezahlt wurde. Ich konnte kaum ein Buch finden, in dem stand, wie ein Tier sich die meiste Zeit seines Lebens verhält, wenn es nicht von einer Waffe bedroht wird. Außer den erfahrensten afrikanischen und europäischen Jägern konnte mir auch niemand sagen, warum sie sich so oder so verhielten. Um überhaupt nützlich sein zu können, würde ich all dies allein herausfinden müssen.

Bei einer meiner aufregendsten Safaris, die das Ziel hatte, eine Gruppe menschenfressender Löwen im Samburuland zu erlegen,

Erste Nationalparks in Ostafrika

Löwen hatten einen großen Anteil daran, dass in Ostafrika nach dem Zweiten Weltkrieg erste Nationalparks eingerichtet wurden. Denn man musste dem britischen Gouverneur der Kolonie Kenia in Ostafrika eindrucksvolle Exemplare aus der Tierwelt zeigen, um ihn zur Einrichtung eines Schutzgebiets für die von der Ausrottung bedrohten Tiere der Region bewegen zu können. Als der Gemeinderat von Nairobi, Mervyn Cowie, vor dem Zweiten Weltkrieg gleich außerhalb der Stadt ein solches Reservat schaffen wollte, stand er vor einem Problem: Löwen streifen normalerweise durch ein größeres Gebiet und so ist das Aufstöbern eines Rudels ein Glücksspiel, auf das sich Mervyn Cowie nicht verlassen wollte. Also griff der Gemeinderat zu einem Trick, mit dem noch heute Safari-Lodges in verschiedenen Regionen Afrikas ihren Besuchern gute Chancen auf beeindruckende Tiererlebnisse sichern: An einem Baum legte er immer wieder die Kadaver toter Tiere aus. Die wehrlose Beute lockte bald ein Löwenrudel an, das später sehr regelmäßig an die Futterstelle kam, um seine Ration abzuholen.

Diese Raubtiersichtung überzeugte prompt den Gouverneur und 1946 wurde der erste Nationalpark Kenias keine 7 km vom Stadtzentrum Nairobis entfernt eröffnet. Zwei Jahrzehnte lang war Mervyn Cowie dann bis 1966 Direktor des mit 117 km² sehr kleinen Schutzgebiets – und musste in dieser Zeit mit ansehen, wie das Löwenrudel am Futterbaum von George Adamson erschossen wurde, weil sich die Tiere an Menschen vergriffen hatten.

Da hatte Mervyn Cowie aber schon längst weiter im Süden beim Aufbau eines weiteren Nationalparks mitgewirkt, der damals in erster Linie Löwen schützen sollte: 1951 wurde im heutigen Tansania an der Grenze zu Kenia der Serengeti-Nationalpark gegründet. Ohnehin hatte der Chef des Nairobi-Nationalparks das Konzept für ein Netz von Schutzgebieten in Kenia erdacht, zu dem auch der Masai-Mara-Nationalpark gehört, der unmittelbar im Norden an die Serengeti anschließt. Ebenfalls die 1952 im heutigen Nachbarland Uganda gegründeten Queen-Elizabeth- und Murchison-Falls-Nationalparks wurden maßgeblich von Mervyn Cowie vorangetrieben.

Der kleine Nairobi-Nationalpark liegt praktisch an der Stadtgrenze Nairobis. Zebras sind allerdings nur während der Trockenzeit zu beobachten, weil sie im Park verlässlich Wasser finden.

Die Ndoto-Berge gehören zu einer langen Bergkette im Norden Kenias. Hier leben die Samburu, ein Krieger- und Nomadenvolk.

verbrachte ich einen Monat mit der Suche. Am Ende musste ich sechs Tiere schießen, eines von ihnen jagte ich drei Tage. Anders als die anderen großen Katzen, Leoparden und Geparden, haben Löwen den Wildhütern immer Kopfzerbrechen bereitet, das sie zwischen Bewunderung für ihre Talente und Verurteilung ihrer Wildheit schwanken ließen. Leoparden und Geparden sind gleichermaßen schön, doch meiner Erfahrung nach halten sie sich stets sehr zurück. Nie wurde ich zu Hilfe gegen einen menschenfressenden Leoparden gerufen.

Geparden sind wunderbar elegant und schnell, doch greifen sie nie Menschen an und bedrohen das Vieh kaum so ernsthaft wie Löwen es tun. Das ironische Unglück des Löwen war es, dass seine Großartigkeit, Kraft und Wildheit – zusammen mit der majestätischen und religiösen Mystik, die ihn immer umgeben hat – ihn für Jäger zu einem unwiderstehlichen Objekt gemacht haben. Es war ganz natürlich, dass die Massai und Turkana sich an den Tieren rächten, die so oft ihre Herden verwüsteten – und die Massai steigerten dies zu einem Kult. Es war unvermeidbar, dass die Wildhüter Strafaktionen gegen Einzeltiere unternehmen mussten, die Kühe oder Ziegen, und manchmal auch Hirten, töteten. Doch es war unnatürlich und unnötig, dass die Löwenjagd zu einem solchen Fetisch für Weiße werden sollte.

Löwen waren nicht nur die Opfer romantischer Blutgier, sondern wurden oft auch als Ungeziefer bezeichnet. Ich selbst konnte nie verstehen, wie jemand, der das Glück hatte, ein Löwenrudel zu beobachten – und der auch nur ein kleines bisschen Sinn für die Natur, für Familienbeziehungen oder Schönes überhaupt hatte –, sie ernsthaft als Schädlinge bezeichnen konnte, die man wie Kaninchen oder Ratten ausrotten musste.

Mehr noch als ihr Aussehen war es ihr Verhalten, das ich an Löwen so liebte – die Gutmütigkeit der Löwinnen, bei denen eine die Jungen der anderen säugt und leckt, die Lebhaftigkeit und den Übermut der Jungen, die an den Schwänzen der älteren ziehen und sie ärgern, und die Wärme und Würde, mit der sie die Köpfe aneinanderreiben, wenn sie zum Rudel zurückkehren.

Die Zeit vor meinem Leben mit den Löwen

In jenen Jahren vor dem Krieg gab es eine Menge Leute in Kenia, deren Bewunderung für Löwen ebenso groß wie meine war. Mervyn Cowie, ein Buchprüfer, der außerhalb Nairobis lebte, blickte auf so viele Löwenerlebnisse zurück und fand die Tiere so faszinierend, dass er sich für die Schaffung von nationalen Schutzgebieten oder Wildreservaten, in denen Tiere vor der Jagd geschützt waren, einsetzte und die Schaffung des ersten Nationalparks erreichte.

Es bestand keine Gefahr, dass Enthusiasten wie Cowie und ich blind für die dunklere Seite des Wesens und Verhaltens der Löwen waren. Wann immer Vieh oder auch Menschen gerissen wurden, musste ich eingreifen. Menschenfressende Löwen haben immer zu Trugschlüssen und Legenden verführt. Mancher Irrglaube über sie ist nicht totzukriegen und kann gefährlich sein, so zum Beispiel der, dass nur kranke, verwundete oder ältliche Löwen ohne Herausforderung Menschen angreifen und dass es ungefährlich sei, bei den Löwen im Busch zu nächtigen.

Mit der Zeit gelangte ich zu der Überzeugung, dass es viel gefährlicher ist, einer Löwin zu folgen – vor allem wenn sie verletzt ist –, als einem Löwen. Er knurrt und verrät damit sein Versteck; sie versteckt sich leise und knurrt erst, wenn sie bereits bei ihrem blitzschnellen Ansprung ist. Solch ein Knurren hätte leicht das letzte Geräusch meines Lebens werden können.

Ich war oben in den Ndoto-Bergen und hatte zwei Dorobo-Wilderer gefangen, als die Samburu Hilfe gegen ein paar menschenfressende Löwen erbaten. Einen Vormittag lang saß ich in ihrem Dorf, während sie unterwegs waren, um die Löwen zu suchen.

Da sich nichts tat, machte ich einen kleinen Spaziergang und bemerkte plötzlich nicht weit vom Weg entfernt eine Löwin. Ich war fast sicher, dass es sich um eine der Übeltäterinnen handelte und schoss. Die Löwin brach zusammen, raffte sich aber wieder auf und versteckte sich im hohen Gras. Obwohl ich auf einen Baum kletterte, konnte ich sie nicht sehen und sie reagierte nicht, als ich ein paar Steine warf. Ich machte mich auf, um Hilfe zu holen. Kaum hatte ich dem hohen Gras meinen Rücken zugekehrt, als ich ein dumpfes Knurren hörte. Ich wirbelte herum und schoss. Die Löwin aber kam weiter auf mich zu. Nicht sonderlich beunruhigt, drückte ich erneut den Abzug – doch die Waffe klemmte. Während die Löwin auf mich zusprang, drückte ich ihr den Gewehrlauf an die Kehle, doch sie schob ihn zur Seite wie einen Spazierstock. Instinktiv hob ich meinen Arm, um meine Kehle zu schützen, aber sie packte ihn und warf mich mit Wucht zu Boden. Dann hielt sie einen Moment inne und sah zu, wie ich aufstand und dabei versuchte, mit dem verletzten Arm mein Jagdmesser zu ziehen. Ich war völlig wehrlos, als sie wieder auf mich zusprang, mich am Oberschenkel packte und niederwarf. In dem Moment muss ich ohnmächtig geworden sein, denn ich erinnere mich nur, dass ich irgendwann zu mir kam und verschwommen mein Gewehr in ein paar Meter Entfernung liegen sah. Keine Spur von der Löwin. Ich nahm an, dass sie irgendwo hinter mir war und lag völlig reglos; ich wagte aus Angst vor einem neuen Angriff nicht einmal den Kopf zu drehen. Ich wartete und wartete auf die Löwin und merkte, wie mein Kopf unter der brennenden Sonne zu pochen begann. Als ich die Spannung nicht länger ertragen konnte, kroch ich langsam auf das Gewehr zu, jeden Augenblick den tödlichen Sprung erwartend. Es schien Ewigkeiten zu dauern, ehe meine Finger die Waffe spürten, und ich schleppte mich damit in den Schatten eines Baumes. Gegen den

Stamm gestützt, gelang es mir, die verklemmte Patrone zu entfernen und eine neue einzulegen.

Die Löwin muss von meinem ersten Schuss so übel verletzt gewesen sein, dass sie sich zurückgezogen hatte. Ich gab daher in der Hoffnung auf Hilfe zwei Schuss in die Luft ab. Daraufhin erschien einer meiner Dorobo-Gefangenen, der kein Suaheli sprach. Da ich nicht einmal laufen konnte, wenn ich mich auf ihn stützte und die Waffe als Krücke benutzte, gab ich ihm durch Zeichen zu verstehen, er solle mehr Männer holen, um mich ins Dorf zurückzutragen.

Nach einer Weile erschienen einige Samburu, die mein Campbett als Trage mitbrachten. Inzwischen hatte ich angefangen, an Malariasymptomen zu leiden, wie das oft als Schockreaktion passiert, und sie waren so heftig, dass ich fast sicher war, an einer Kombination dieser Symptome und Sepsis zu sterben. Zum Glück hatte ich jedoch eine Flasche Sulfonamidtabletten dabei, die ich wegen eines entzündeten Fingers einnahm; eine Löwenwunde mag nach außen hin sauber aussehen und kann an der Oberfläche mit Desinfektionsmitteln behandelt werden, aber die Bakterien an Zähnen und Krallen führen schnell zu Brand unter der Haut. Ich kritzelte ein SOS an den Distriktkommissar in Marsabit, solange ich noch bei Bewusstsein war.

Es dauerte fünf Tage, ehe Hilfe als Antwort auf meine Botschaft eintraf. Ich war am Rande der Bewusstlosigkeit vor lauter Schmerz und schrie laut, wann immer meine Verbände gewechselt wurden. Die Samburu schüttelten die Köpfe und verordneten Hammelfett, von dem ich wusste, dass es ihre Version der Letzten Ölung war.

Als er schließlich kam, tat mir der Distriktkommissar viel Ehre an. Da der Krieg gegen Italien unmittelbar bevorstand, hatte die Königliche Luftwaffe ein paar Bomber nach Kenia gebracht, die gegen das italienische Somaliland eingesetzt werden sollten. Davon schickten sie jetzt zwei, mit einem Ärzteteam ausgerüstet, um mich von der Landepiste Maralal abzuholen. Sie flogen mich nach Nairobi ins Krankenhaus. Es war mein erster Flug.

Es schien mir unübertreffliche Arroganz der Kolonialmächte zu sein, zum zweiten Mal innerhalb von fünfundzwanzig Jahren Afrika in ihre europäischen Streitereien hineinzuziehen.

Schließlich wurde ich für den militärischen Nachrichtendienst eingezogen und nach Wajir geschickt, das die Basis für Operationen gegen die Italiener in Somalia war. Ich sollte unter den Somalis Geheimagenten rekrutieren und dafür sorgen, dass sie über Feindbewegungen Bericht erstatteten. Ich war nach Somalia gekommen, um Krieg zu führen, doch der Feldzug war so schnell vorüber, dass ich als Aufpasser zurückblieb. Ich musste Plünderungen und sogar Morde verhüten, als die italienischen Farmer von ihrem Land und Besitz vertrieben wurden. Meine Rolle als inoffizieller Polizist langweilte mich und ich fuhr auf Urlaub nach Nairobi, wo ich meine sofortige Entlassung beantragte, die zum Glück gewährt wurde.

In einer Dezembernacht 1942 stellte ich eine Kamelkarawane auf und machte mich auf den Weg nach Garissa, wo Willie Hale neuer Distriktkommissar war. Er und seine Frau Morna hatten mich zu Weihnachten eingeladen. Morna begeisterte sich für wilde Blumen und hatte noch ein anderes Paar eingeladen: den Schweizer Botaniker aus dem Museum von Nairobi, Peter Bally, und seine Frau Friederike. Es sollte das schicksalhafteste Weihnachten meines Lebens werden.

Die Zeit vor meinem Leben mit den Löwen

Als wir ankamen, dirigierte Willie Hale zunächst meine Wildhüter mit ihren Kamelen zu ihren Rastplätzen. Während ich mich in seiner Gästehütte wusch, erzählte Willie, dass außer seiner Frau Morna noch der Distrikt-Polizeikommissar da sei, der Veterinär, George Low und seine Frau. Peter Bally, der Schweizer Botaniker und seine Frau waren schon angekommen und hatten ihr Zelt in ein paar Hundert Meter Entfernung aufgeschlagen und mit ein paar Längen Draht umzäunt, um Flusspferde und Elefanten fernzuhalten. Sie waren eindeutig unerschrocken oder töricht.

Als ich mich auf dem Flachdach des Hauptgebäudes zu den Hales gesellte – ihr hochbeiniges Bett mit dem Moskitonetz darüber stand am hinteren Ende –, dachte ich, dass wir wohl typisch für Tausende andere kleine koloniale Gesellschaften seien, die mit kalten Getränken in den Tropen ein Fest feiern.

Der Polizist wusste zu Beginn des Abends nur wenig zu sagen, anders als George Low, der nie etwas gegen eine Party einzuwenden hatte. Die Ballys waren offenbar auch darauf aus, sich zu amüsieren. Peter mit seinem Monokel behielt eine gewisse Förmlichkeit, seine Frau jedoch, die er als Joy vorstellte und die sich als Österreicherin entpuppte, war ganz frei und unbefangen. Blond und schlank, trug sie ein glänzendes silbernes Kleid und schien gar nicht zu merken, dass ihre steigende Stimmung ihr merkwürdiges Englisch noch verstärkte.

Willie war ein amüsanter und gleichzeitig unbarmherziger Gastgeber: Sein Wein und die geheimnisvollen Spirituosen taten ihre Wirkung. Während unten der Festtanz – die Ngoma – in Gang kam, steckten Gesang und Tanz uns an. Einige der anderen gingen hinunter und tanzten im Mondlicht, während Joy und ich auf der Brüstung sangen. Von dem Moment an, als wir anfingen, mit den sich steigernden Schreien der Stammesleute um die Wette zu singen, lässt meine Erinnerung nach, und die letzten Ereignisse des Abends mussten am nächsten Morgen zusammengestückelt werden.

Schließlich verkündete Peter Bally, dass er und Joy begeistert von meiner Einladung wären, bei meiner Kamelsafari mitzureiten. Ich konnte mich nicht im Geringsten daran

Ein Mitglied des Stammes der Sukuma tanzt anlässlich einer Ngoma, *einer Mischung aus Musik, Tanz und traditionellen Zeremonien.*

erinnern, sie dazu aufgefordert zu haben und war ziemlich entsetzt. Ich wollte zum Boni-Wald, der angeblich ein sehr schwieriges Gelände war, und war ganz und gar nicht daran interessiert, dabei Gesellschaft zu haben – schon gar nicht eine frivole junge Dame aus Wien. Doch die Ballys waren so interessiert, dass ich fand, ich konnte sie nicht ablehnen, zumal sie ja auch Willies Gäste waren.

Sobald wir mit den Kamelen losritten, fing Joy in ihrem österreichischen Akzent sehr schnell zu sprechen an. Ich hörte, dass Peter Pflanzen für das Herbarium in Nairobi und für pharmazeutische Betriebe in der Schweiz sammelte. Joy hatte begonnen, sie zu malen. Als ich Joy fragte, wie sie zu ihrem englischen Vornamen käme, erwiderte sie, dass Peter ihre anderen Namen – Friederike Victoria – so schwierig gefunden habe.

Meine Zweifel über ihre Ausdauer waren schnell vergangen. Ihre geistige und körperliche Energie war erstaunlich. Innerhalb weniger Tage spürte ich eine wachsende Anziehung zwischen uns, die Joy zu ermutigen schien. Es kam für mich gar nicht infrage, darauf einzugehen: Peter war mein Gast, und ich mochte ihn. Ich arrangierte daher, allein weiterzureisen, während die Ballys zu Willie Hale stoßen würden, der bald mit einer eigenen Safari vorbeikommen würde. Ich konzentrierte mich darauf, Wilderer im Boni-Wald zu fangen. Da kein Wildhüter je vorher diese Gegend aufgesucht hatte und sie das Zentrum der Leopardenwilderei war, war ich außerordentlich erfolgreich und brachte eine Anzahl Wilderer zum Gericht nach Lamu.

Weitere sechs Monate vergingen, ehe Archie Ritchie mich nach Nairobi beorderte. Es gelang mir, ein Zimmer im Norfolk-Hotel zu buchen, wo ich meinen Pick-up vor meinem Zimmer parken konnte. Ich war überrascht, als mich beim Herauskommen Joy Bally ansprach und habe nie herausgefunden, woher sie wusste, dass ich dort war. Sie lud mich sofort für den nächsten Tag zum Tee ein. Ich zögerte, suchte Ausreden, doch am gleichen Abend traf ich zufällig Peter, der die Einladung wiederholte. So nahm ich an, alles sei in Ordnung.

Am nächsten Nachmittag wurde ich herzlich und voller Zuneigung von Joy und ihrem grauen Terrier Pippin begrüßt. Ich schaute mich nach Peter um, sah aber keine Spur von ihm. Noch seltsamer für Nairobi war, dass kein einziger Hausangestellter in Sicht war. Bald wurden mir die Gründe klar. Joy sagte, dass sie trotz all ihres Übermuts zu Weihnachten sehr unglücklich sei. Sie und Peter waren sich einig, dass ihre Ehe nicht mehr funktionierte und hatten beschlossen, sich scheiden zu lassen. Joy fügte hinzu, dass sie vor meiner Ankunft in Garissa alle über meine diversen Löwenabenteuer gesprochen hatten, und sie war der Meinung, ich sei genau der richtige Mann für sie. Unsere wenigen gemeinsamen Tage auf Safari hätten das bestätigt. Sie schaute mich mit ihren blauen Augen an und lächelte eine unausgesprochene Frage. Ich brauchte einige Tage, um diese außergewöhnliche Situation zu begreifen, doch als ich mit Peter sprach, bestätigte er alles. Selbst dann zögerte ich noch, bis die Scheidung in Einzelheiten geplant war, ich mich Joys Charme hingab und mich rasend in sie verliebte.

Ein Jahr nach unserer ersten Begegnung heirateten Joy und ich. Mit Rücksicht auf die doppelte Moral der kenianischen Gesellschaft geschah es mit größter Diskretion im Büro des Distriktkommissars von Nairobi – nur zwei Zeugen waren anwesend. Es war eine schlichte Trauung auf afrikanischer Erde – ein in Indien geborener Ire heiratete

Joy Adamson und ihre Tiere

Als Joy Adamson mit ihrem Buch und später dem gleichnamigen Film bekannt wurde, war ihr Vorname Friederike längst in Vergessenheit geraten. Als Friederike Victoria Gessner wurde sie am 20. Januar 1910 in eine eher wohlhabende Familie hineingeboren. Das Mädchen wuchs bei seiner Großmutter in Wien auf und versuchte sich in verschiedenen Kunstrichtungen. Sie wollte Konzertpianistin und später Ärztin werden. 1935 heiratete sie den Juden Viktor von Klarwill.

Aus Furcht vor den Nationalsozialisten planten die beiden, nach Afrika auszuwandern. 1937 wollte Friederike daher Kenia als mögliches Exil in Augenschein nehmen und reiste allein nach Afrika, heiratete – aber weder ihre erste noch ihre zweite Ehe hielt lang. Doch der schwarze Kontinent ließ Joy nicht mehr los. 1941 lernte sie in Afrika den Mitarbeiter eines Wildreservats, George Adamson, kennen, den sie bald auch heiratete.

Das Leben in Afrika brachte für Joy Adamson völlig neue berufliche Perspektiven: Sie begeisterte sich zunehmend für die afrikanische Tierwelt, die George ihr näherbrachte, und startete bald eigene Wildtierprojekte.

Das erste ihrer Tiere war die Löwin Elsa. George hatte deren Mutter erschießen müssen und brachte die kleine Elsa und ihre Geschwister mit nach Hause. Joy übernahm mit Begeisterung die Aufgabe, die Löwenjungen aufzuziehen. Allerdings konnte sie nach einiger Zeit nur noch ein Junges aus dem Wurf zu Hause behalten: Elsa. Nach der Aufzucht widmete sich Joy von ganzem Herzen der Auswilderung der Löwin, um Elsa ein eigenständiges, artgerechtes Leben zu ermöglichen.

Auch mithilfe von Fotos dokumentierte Joy akribisch das Leben der Löwin Elsa, zu der sie eine sehr enge Beziehung aufgebaut hatte.

Später bekam Joy den Geparden Pippa geschenkt, um ihn auf ein Leben in der Wildnis vorzubereiten. Auch mit Pippa verbanden sie bald freundschaftliche Bande, und Joy sorgte dafür, dass Pippa lernte, in der Wildnis zu leben.

Joys drittes „berühmtes" Tier war die Leopardin Penny, mit der sie ihren letzten Lebensabschnitt in Shaba verbrachte.

Joy Adamson pflegt hingebungsvoll ein Gepardenjunges, das sich das Bein gebrochen hat. Das Tier konnte sich vollständig erholen.

Zeit ihres Lebens begeisterte sich Joy Adamson für die Kunst und besonders für die Malerei. Hier porträtiert sie eine Massaifrau in Kenia.

eine Österreicherin, die einen Schweizer verlassen hatte. Beide besaßen wir nicht einen Penny.

Endlich konnte ich Joy mit nach Isiolo nehmen, der kleinen Stadt an der Grenze zur Nordprovinz, die seit fünf Jahren mein Zuhause war. Die breite Staubstraße verlief genau durch den Ort nach Norden zum Rudolfsee und nach Abessinien. Auf beiden Seiten der Straße standen Schuppen mit Lehmwänden und Blechdächern, eine Bank aus Beton, eine kleine Moschee und eine Bar. Somalis und Samburu mit Stöcken, Speeren und über der Schulter verknoteten Tüchern schlenderten umher.

Ich wohnte immer noch in meinem strohgedeckten Haus gleich außerhalb der Stadt. Es gelang mir, der Regierung für den Bau eines neuen Hauses 1500 Pfund zu entlocken, und George Low, der im Stadtrat war, half mir, die Genehmigung für Bauland drei Meilen außerhalb der Stadt zu bekommen. Um das Geld sparsam auszugeben, bat ich Terence, das Haus zu entwerfen und zu bauen. Er machte das ausgezeichnet und baute uns ein großes Wohnzimmer, in dem Joys Klavier und Staffeleien untergebracht waren, sowie eine Werkstatt und einen Waffenraum für mich. Unser Haushalt bestand aus einem Koch, zwei Hausangestellten und einem Pferdejungen, der sich um die Esel kümmerte. Da ich inzwischen für mehr als 100 000 Quadratmeilen verantwortlich war, eine Fläche größer als Großbritannien, hatte ich jetzt knapp über dreißig Wildhüter.

Joy wollte mir so gern den Kongo zeigen – das heutige Zaire –, dass wir dort meinen ersten Urlaub verbrachten. Sie fotografierte den König der Watussi und sammelte und malte eine rubinrote Orchidee, eine der seltensten in Afrika. Wir kämpften uns durch einen Wald, um die Gorillas zu sehen. Dann besuchten wir die Zuchtstelle zahmer Okapis – Verwandte der Giraffen – und die Orte, an denen afrikanische Elefanten abgerichtet wurden.

Nachdem wir wieder in Isiolo waren, war es nicht immer einfach, mit Joy zu leben; sie war ruhelos in Körper, Geist und Seele. Sie war enttäuscht, dass ich so selten klassische Musik hörte und erst viel später, als wir zusammen nach Europa auf Urlaub fuhren, verstand ich richtig die Tiefe ihres Gefühls für Malerei. Manchmal brach ihr Frust über meine Unfähigkeit, diese Seite ihres Lebens mit ihr zu teilen, in einem Schwall von Vorwürfen aus ihr heraus.

Auf jeder Safari war Joy jedoch ein unvergleichlicher Kumpel. Ihr flinkes Auge sah stets etwas Seltsames oder Schönes, und ihr schneller Geist dachte sofort über die Bedeutung nach. Ich kann mich nicht erinnern, dass Joy je aufgegeben oder über Strapazen geklagt hätte.

Meist verschwand die Spannung, unter der Joy in Isiolo stand, draußen im Busch. Doch während eine Hälfte in ihr sich nach der Freiheit und dem Frieden der Wildnis sehnte, brauchte die andere Hälfte die Lichter, den Glanz und den Lärm der Stadt. Während sie einen Teil der Zeit von Zweifeln gequält wurde, war sie zu anderen Zeiten geradezu unnatürlich zuversichtlich.

Wenn man sich ihr widersetzte, rannte sie manchmal hinaus in Busch oder Wald, allein und unbewaffnet, und lief dort stundenlang umher. Sie hatte eine unerbittliche Abneigung gegen meine Pfeife und meinen Whisky, beide Angewohnheiten nannte sie „extravagant", und mein Trinken „maßlos".

Der Krieg in Europa war seit einem Jahr vorüber, als Joy aus einem Brief erfuhr, dass ihre geliebte Oma gestorben sei. Dies löste eine Kettenreaktion aus, die in einer persönlichen Krise explodierte. Joy stellte jede Phase ihres Lebens infrage, unsere Ehe eingeschlossen. Sie war sehr verzweifelt und nach langem Reden beschlossen wir, dass sie nach Europa reisen sollte. Sie sollte sich in London gegen Depressionen behandeln lassen und bei ihrer Freundin Susi wohnen.

Von 1950 an gingen Joy und ich oft getrennt auf Safaris. Es war vielleicht einsam, aber es war auch einiges vom früheren Druck weg.

Der Erste der Freien

Im Februar 1956 hatte ich eine Löwin erschießen müssen. Ich war mit Ken Smith unterwegs, einem Kollegen, der gerade der Wildschutzbehörde beigetreten war und seitdem ein guter Freund geblieben ist. Wir jagten einen menschenfressenden Löwen, und ich wollte Ken den ersten Schuss überlassen. Ehe wir jedoch den Löwen finden konnten, wurde Ken von einer Löwin angefallen und schoss. Sie war nur verletzt, und als wir ihr folgten, sprang sie plötzlich unter dem Felsen hervor, auf dem ich stand, und Kens nächste beiden Schüsse gingen daneben. Ich selbst konnte nicht schießen, da er in der Schusslinie stand. Erst als eine Kugel eines unserer Wildhüter die Löwin ablenkte, konnte ich schießen.

Kaum war sie tot, hörten wir ein schwaches Wimmern aus einer Felsnische, die sie offenbar verteidigt hatte. Mit einem gebogenen Stock zogen wir drei winzige Löwenjunge ans Licht.

Ich kannte Joys Hingabe an verschiedene Tierwaisen, die sie aufgenommen hatte, und nahm die Jungen mit zum Camp. Joy übernahm sofort die kleinen Löwen; sie fütterte sie mithilfe eines Schnullers, den ich aus einer Zündkerze improvisiert hatte. In Isiolo bauten wir ihnen einen Drahtverhau neben dem Haus. Zu unserer Überraschung akzeptierte Joys Klippschliefer Pati, den sie seit sechs Jahren hatte und der auf frühere Rivalen – Mungos, Erdhörnchen und Buschbabys – sehr eifersüchtig gewesen war, die kleinen Löwen sofort und tobte mit ihnen herum. Das taten sie furchtbar gern, und sie erprobten ständig ihre Kräfte. Schon in frühem Alter zeigten sich viele Instinkte. Sie fingen an, Decken ins Maul zu nehmen und umherzuschleppen, wie sie später ihre Beute wegzerren würden. An jedes neue Opfer schlichen sie sich vorsichtig von hinten an. Außerhalb ihres Käfigs wurden sie immer übermütiger und lernten bald, uns mit einem kräftigen Hieb ihrer Pranken umzuwerfen.

Wie es Pati nicht im Geringsten störte, dass ihre Schützlinge viel größer wurden als sie selbst, so waren die Löwenjungen auch ganz und gar nicht von unseren Eseln eingeschüchtert. In breiter Front griffen sie sie an und jagten sie in die Flucht, ehe sie ihre Taktik änderten und ins Anschleichen verfielen. Gesellig und neugierig wie sie waren, gefiel es ihnen gar nicht, am Ende des Tages von der Veranda verbannt zu werden und sie drückten ihre Nasen platt, um uns anzustarren und zuzuhören, wenn wir uns zum abendlichen Drink hinsetzten.

Willie Hale, der Oberste Wildhüter, hielt ein wachsames Auge auf die Löwenjungen.

Es brach uns fast das Herz, Elsa nach ihren Schwestern suchen zu sehen, und bis sie mit diesem Verlust fertigwurde, ließen wir sie auf unserem Bett schlafen. Inzwischen begannen wir, ihre Erziehung für das Leben in der Wildnis zu planen.

Der Erste der Freien

Unten in der Mara hatte mein Kollege Lyn Temple-Boreham zwei junge Löwen großgezogen, und obwohl sie eine gewaltige Größe erreicht hatten, waren sie nicht gefährlicher als Cockerspaniels. Doch wie Hunde waren sie leider verspielt, und als sie Willie umwarfen und sich auf ihn setzten, wurden sie in einen Zoo verbannt. Ich wusste von diesem Vorfall und da wir nicht alle unsere Löwenjungen verlieren wollten, stimmten Joy und ich schnell zu, als Willie sagte, dass wir zwei davon wegschicken müssten.

Wir beschlossen, den kleinsten zu behalten, den Joy Elsa getauft hatte, und planten die Übersiedlung ihrer Geschwister in den Blydorp Zoo in Rotterdam. Joy brachte sie zum Flugzeug nach Nairobi, und während sie fort war, begleitete Elsa mich bei meiner Arbeit und meinen Spaziergängen in den Busch. Ich hatte keine Ahnung, wann Joy zurückkommen würde, wohl aber Elsa. Eines Nachmittags weigerte sie sich, von dem Tor an unserem Haus wegzugehen. Ein oder zwei Stunden später kam Joy angefahren. Das war meine erste Erfahrung mit der „telepathischen" Kraft der Löwen.

Elsa zerdrückte Joy fast vor Wiedersehensfreude, denn obwohl unser Gärtner Nuru sich treu um das Löwenjunge gekümmert hatte, war es Joy, bei der Elsa Zuneigung und kleine Leckerbissen suchte. Wenn sie ängstlich oder müde war, nuckelte sie an Joys Daumen und knetete ihre Schenkel, als ob sie bei ihrer Mutter nach Milch suchte. Es brach uns fast das Herz, sie nach ihren Schwestern suchen zu sehen, und bis sie mit diesem Verlust fertigwurde, ließen wir sie auf unserem Bett schlafen. Inzwischen begannen wir, ihre Erziehung für das Leben in der Wildnis zu planen, denn Joy und ich waren uns einig, dass sie nicht in einem Zoo enden sollte.

Trotz all meiner Jahre als Wildhüter und meinem besonderen Interesse an Löwen, wusste ich nicht wirklich, wie wir unsere selbst gestellte Aufgabe in Angriff nehmen sollten. Soweit ich wusste, hatte nie zuvor jemand so etwas versucht.

Als Erstes nahmen wir Elsa auf eine Campingsafari zum Ufer des Uaso-Nyiro-Flusses mit. Sie jagte Mungos um ihren Bau in einem alten Termitenhügel herum, schlich sich an eine Familie fledermausohriger Füchse heran, ärgerte die Paviane und wurde von ihnen geärgert und von einem Schwarm Geierperlhühner gejagt. Als sie einmal fünfzig Giraffen aufgespürt hatte, arbeitete sie sich um sie herum, sodass sie sie wittern konnten und instinktiv auf uns zu rannten: Wahrscheinlich hatte Elsa uns für gescheit genug gehalten, aus dem Hinterhalt hervorzuspringen. Sobald sie auf frischen Elefantenkot stieß, wälzte sie sich darin und folgte dann der Herde in den Wald: Ganz allein versetzte sie die Elefanten in gewaltige Panik. Das unverkennbare Grunzen eines Löwen dagegen ließ sie völlig unbeeindruckt.

Der ungefähr kaninchengroße Klippschliefer ernährt sich von pflanzlicher Nahrung. Die findet er auch auf Bäumen.

Obwohl die Löwin Elsa inzwischen groß und kräftig geworden war, schmuste Joy noch immer gern mit ihr – sie setzte großes Vertrauen in das wilde Tier.

Wenn ich Flug- oder Perlhühner schoss, wusste sie, dass der Schuss einen toten Vogel bedeutete. Sie holte sie heran und behielt den Ersten als Lohn. Zweimal rettete sie uns vor Schlangen. Oft war sie voller Übermut, doch ein kräftiger Hieb mit einem kleinen Stock und häufiger auch das scharfe Kommando „Nein" riefen sie zur Ordnung.

Elsas zweite Safari ging zum Indischen Ozean. Joy wollte ihrem Freund Herbert Tichy die wunderbaren Strände und Korallengärten in Kiunga zeigen, doch was eigentlich ein Urlaub hätte sein sollen, wurde für mich Arbeit, denn die Fischer behaupteten, ihre Ziegen würden von einem jungen Löwen gerissen. Elsa jedoch ließ sich durch nichts in ihrem Vergnügen stören. Sie jagte nach Kokosnüssen, die in der Brandung auf- und niederhüpften, spielte mit dem Seetang und schlich sich nur allzu erfolgreich an eine Ziege an. Zum ersten Mal erlebte sie außer den Perlhühnern Gegner, die sich nicht vertreiben ließen: Die Krebse behaupteten ihren Platz und kniffen sie in die Nase.

Unsere dritte Safari führte zum Rudolfsee. Elsa hatte noch immer ihre enge Bindung an Joy, doch mit achtzehn Monaten war sie sehr groß und muss wenigstens siebzig Kilo gewogen haben, obwohl sie noch nicht ausgewachsen war. Sie begann ihr Territorium mit Urin zu markieren, das durch ihre Analdrüsen stark roch – und verzog jedes Mal das Gesicht, wenn sie damit fertig war. Wir wagten nicht, sie bei den Eseln zu lassen und gingen voraus oder hinterher, wenn wir alle unterwegs waren. Nachts, oder wenn wir auf Stammesmitglieder der Rendille stießen, die Tausende Kamele an ihren Brunnen oder in einer Schlucht tränkten, wurde Elsa durch eine Kette festgehalten.

Als sie zwei Jahre alt war, schien Elsa zum ersten Mal läufig zu werden. Sie wurde unruhig, bestand darauf, auf unseren Spaziergängen vornweg zu laufen, suchte ganz offensichtlich die Gesellschaft anderer Löwen und verbrachte die Nacht im Busch. Der Friede wurde durch Grunzen und Knurren gestört – zweifellos Löwen beim Kampf – und als Elsa ein paar Tage lang nicht zurückkam, befürchteten wir beide das Schlimmste. Doch sie kam zurück, und die verräterischen Kratzer und ein viel strengerer Geruch als sonst, waren typische Zeichen einer Begattung. Beim Kampf um die Gunst eines Löwen hatte sie sich offenbar den Zorn einer Rivalin eingehandelt. Es war nun an der Zeit, ein Heim für sie in der Wildnis zu finden, weg von uns, weg von Isiolo und überhaupt so weit weg wie möglich von menschlichen Siedlungen. Wäre mein Kollege und Löwenfreund Lyn Temple-Boreham nicht gewesen, hätten wir vielleicht noch lange danach gesucht.

Lyn Temple-Boreham war für ein Gebiet zuständig, das „Mara-Dreieck" hieß: Es war als Nationales Reservat vorgesehen, aber noch nicht ganz übernommen worden. Heute ist es als Masai-Mara-Reservat bekannt.

Lyn Temple-Boreham hatte Löwen an menschliche Freunde gewöhnt und ich glaube, er war gespannt, ob wir das Gleiche andersherum schaffen würden – unseren an Menschen gewöhnten Löwen mit den wilden seiner Art bekannt zu machen. Er gab uns eine Probezeit von drei Monaten. Die Reise in die Mara war fünfhundertfünfzig Kilometer weit und wir fuhren siebzehn Stunden ohne Unterbrechung. Wir hatten Elsa eine Beruhigungstablette gegeben, und sie erholte sich schnell von den Auswirkungen der Tablette und der Fahrt.

Als Einführung in die Mara wollten wir ihr die Gegend zeigen – die Landschaft, das Wild und die ansässigen Löwen. Zunächst einmal nahmen wir ihr Halsband ab – als Symbol für die Freiheit. Zum Glück fuhr sie gern auf dem Dach des Landrovers umher, wo es frische Luft und einen wunderbaren Ausblick gab. Nichts brachte sie dazu, sich einem der Löwenrudel zu nähern.

Bis jetzt hatten wir ihr das Fleisch immer zerschnitten, damit sie ihre Nahrung nicht mit den Tieren, die sie umherlaufen sah, in Verbindung brachte. Doch jetzt, in der nächsten Phase, gaben wir ihr ganze Tiere zum Fressen und ließen sie nachts draußen. Einer nach dem anderen erwachten ihre Instinkte. Sie öffnete ihren ersten Wasserbock ganz fachmännisch, indem sie mit der weichen Haut zwischen den Hinterbeinen anfing, und dann vergrub sie den Magen, um die Reste vor den Geiern zu verbergen. Bald fing sie an, ihre „Beute" in den Schatten zu zerren und sie gegen Hyänen, Schakale und Geier zu verteidigen. Dann hörte sie auf, sich einfach nur so an Beute heranzuschleichen und sprang nur vom Auto herunter, wenn das Tier durch einen Freier oder durch Kampf abgelenkt war. Trotzdem gelang es ihr nie, ein Tier zu erbeuten, und da ich im Reservat nicht schießen durfte, konnte ich ihr auch nicht helfen. Dennoch fing sie allmählich an, ihre Scheu oder Furcht vor anderen Löwen zu verlieren und suchte deren Gesellschaft.

Wir hatten gemerkt, dass Elsa etwa alle zehn Wochen läufig war, und so begannen wir mit der dritten Phase ihrer Eingewöhnung, als es wieder so weit war. Wir fingen an, sie tagelang allein zu lassen. Doch obwohl wir ein- oder zweimal merkten, dass sie mit einem Rudel zusammen gewesen war, bekam sie wenig zu fressen und verlor ihre gute Form. Nach zwei Monaten wurde Elsa plötzlich sehr krank, ihr Fell wurde rau und stumpf, die Haare in ihrem Gesicht wurden aschgrau.

Wir schickten Blutproben zur Diagnose und während wir auf die Ergebnisse warteten, lag Elsa lethargisch in meinem Zelt. Zum Glück war die Infektion, an der sie litt, recht einfach zu behandeln, doch bis es Elsa wieder gut ging, waren Temple-Borehams drei Monate Probezeit abgelaufen.

Ich befürchtete, Willie Hale würde unseren Fehlschlag sehr negativ beurteilen, doch er blieb verständnisvoll und schlug vor, Elsa zurück in den Norden zu bringen und sie in der Gegend eines Tana-Nebenflusses freizulassen – in einem Gebiet, das damals Meru-Kreis-Reservat hieß.

Elsas neue und hoffentlich endgültige Heimat lag am Ufer des Ura, eines kleinen Flusses in der Nähe ihres Geburtsorts, der leicht von Isiolo zu erreichen war. Die Gegend war unbewohnt und würde es wohl auch bleiben, denn sie taugte weder zum Bewirtschaften noch als Weideland. Die Flussufer waren mit üppig grünem Unterholz gesäumt, darüber erhoben sich Doumpalmen, Akazien und große Feigenbäume. Ein wenig landeinwärts lichtete sich der Busch schnell, und außer den Akazien hatten die Elefanten nur die großen, unförmigen Affenbrotbäume stehen lassen. Über dieser malerischen Landschaft ragte ein rötlicher Felsrücken in die Höhe, der ideale Lager und Ausgucke für Löwen bot. Elsa fühlte sich hier sofort wohl; ihre Muskeln spielten wieder und ihr Fell wurde dicht und glänzend. Hier konnte ich ihr auch bei dem nächsten, lebenswichtigen Schritt in ihrer Erziehung helfen: Ich konnte sie das Töten üben lassen. Sie fing ein Warzenschwein, konnte es aber nicht richtig töten. Ich gab ihm daher einen Gnadenschuss. Doch bald darauf, als ich einen Wasserbock schoss, war Elsa bei ihm, noch ehe er zu Boden stürzte und ging ihm sofort an die Kehle. Von da an wusste sie, dass ein Würgegriff an der Kehle oder ein erstickender Biss in die Schnauze der schnellste Weg zum Töten war. Joy und ich wurden später oft kritisiert, dass wir getötet hatten, um Elsa zu unterstützen, doch wir schossen niemals mehr, als eine Löwin in der Wildnis für sich allein getötet hätte.

Nachdem wir nun wussten, dass Elsa sich allein versorgen konnte, ließen wir sie immer mal für eine ganze Woche allein. Oft wartete sie in der Nähe des Camps auf uns oder auch auf einem Felsen, den wir Elsas Felsen nannten. Wenn sie einmal nicht gleich auftauchte, gaben wir drei Schüsse in die Luft ab, auf die sie dann antwortete. Obwohl sie manchmal hungrig war, war doch klar, dass sie immer Beute machte.

Joy hatte oft Skizzen und Bilder von Elsa angefertigt, jetzt begann sie ein Buch über sie zu schreiben.

Meine Arbeit als Wildhüter war so anstrengend wie immer, doch wir hatten sehr darauf geachtet, jedes Stadium von Elsas Erziehung zu fotografieren und das Album war fast zum Zerbersten voll. Es besteht kein Zweifel, dass unsere gemeinsame Zuneigung zu Elsa Joy und mich so nahe zueinander gebracht hatte, wie wir es nur sein konnten, gerade wie ein Kind es vielleicht gekonnt hätte – und Elsa nahm in unserem Familienalbum den Platz eines Kindes ein.

Eines Morgens stürzte Elsa in ein Dickicht am Fluss und plötzlich hörten wir ein furchtbares Brüllen. Ich folgte ihr und fand Elsa auf einem gewaltigen Büffelbullen, der offenbar in den Stromschnellen ausgerutscht war. Elsa hatte die Kehle losgelassen und machte sich an das weiche Fleisch um den Schwanz herum, als Nuru, ein Muslim, dazukam. Wenn er etwas von dem Fleisch essen wollte, musste er dem Büffel die Kehle durchschneiden, und er hatte sein Messer schon bereit. Elsas Ohren legten sich gefährlich nach hinten, als sie seinen Plan erkannte, doch wir redeten beruhigend auf sie ein und sie begriff, dass wir ihr helfen würden, den Büffel aus dem Wasser in den Schatten eines Baumes zu schaffen – er muss mehr als eine Tonne gewogen haben. Es war eine beachtliche Leistung, dass sie solch ein Tier allein erlegt hatte, selbst wenn er nicht sicher auf den Beinen stand – und noch erstaunlicher war, dass sie uns trotz ihres Jagdeifers an ihrer Beute teilhaben ließ.

Es beeindruckte uns auch, dass Elsa zu uns zurückkam und neben Joy in deren Studio, wie sie es nannte, döste, obwohl sie seit ein paar Tagen läufig war und mit anderen Löwen zusammen gewesen war, selbst wenn sie sich noch nicht gepaart hatte.

Anfang 1959 flog Joy auf der Suche nach einem Herausgeber für ihr Buch nach London. Währenddessen besuchte ich Elsa weiterhin. Sie schien sich immer über meine

Gegenwart zu freuen, doch wenn sie läufig war, verschwand sie.

Im August ließ Elsa sich mit einem jungen Löwen ein, der so von ihr betört war, dass er mich einmal fast umrannte, ohne mich zu sehen und ein andermal stumm unter einem Busch in der Nähe saß, die Augen auf seine Braut fixiert. Sie teilten ihre Beute und er kam oft in den Busch bei unserem Camp und brüllte dann laut und lange durch die Nacht. Sechs Wochen später war durch die Weichheit und den Glanz ihres Felles und von der Größe ihrer Zitzen her klar, dass Elsa trächtig war. Obwohl sie immer noch viel Zeit mit dem Löwen verbrachte, war sie auch Joy gegenüber voller Zuneigung. Joy hielt eine Milchflasche und Dosenmilch bereit, falls Elsa entscheiden würde, die Jungen im Camp zu bekommen und beim Säugen nicht die Hilfe einer anderen Löwin haben würde.

Am 20. Dezember hörten wir, wie Elsa von ihrem Felsen aus schwache Schreie ausstieß. Sie kam langsam auf uns zu, Blut tropfte unterhalb ihres Schwanzes hervor. Sie rieb den Kopf gegen unsere Beine, und als sie sich in einer Felsnische verbarg, ließen wir sie gewähren, denn viele Tiermütter töten ihre Jungen, wenn sie bei der Geburt gestört werden. In jener Nacht bot ihr Partner ein eindrucksvolles Schauspiel mit viel Gebrüll, und am nächsten Morgen schoss er aus einem Gebüsch in nur zwei Meter Entfernung hervor.

Als Elsa zu Heiligabend noch nicht wieder aufgetaucht war, machten wir uns große Sorgen. Doch beim Mittagessen des nächsten Tages stürmte sie ins Camp, fegte den Tisch mit ihrem Schwanz leer und überhäufte uns alle – Joy, mich, Nuru und Makedde, den wir vor einiger Zeit als Nurus Helfer eingestellt hatten – mit energischen Umarmungen. Ihre Figur war wieder normal

und wir nahmen an, dass sie es für sicherer gehalten hatte, die Jungen in der Mittagshitze in ihrem Versteck zurückzulassen, wenn kaum die Gefahr bestand, dass sie jemand finden würde.

Per Telegramm teilten wir den Verlegern Marjorie Villiers und Billy Collins in London, mit denen wir schon länger in Kontakt standen, die Nachricht von der Geburt mit. Das Telegramm erschien später in Joys Buch, das nach endlosen Debatten Joys ursprünglichen Titel „Frei geboren" trug – nach dem Spruch des Paulus in der Apostelgeschichte: „Ich aber wurde frei geboren."

Wir haben oft darüber nachgedacht, warum das Buch wohl so unglaublich viele

Die Löwin Elsa vollbrachte eine erstaunliche Heldentat: Sie erlegte einen im Fluss ausgerutschten Büffel und teilte ihn schließlich mit den Menschen.

Erst nach einigen Wochen brachte die Löwin Elsa ihre Jungen das erste Mal über den Fluss und zeigte sie stolz den Menschen.

Menschen unterschiedlichster Art angesprochen hat. Zum Teil war es natürlich eine Liebesgeschichte. Zum Teil verdankte es seine Wirkung auch der Tatsache, dass wir mit einem Tier der Wildnis Freundschaft gehalten hatten, das bis dahin nur majestätische Kraft und Wildheit symbolisiert hatte. Der Erfolg ging ferner zu einem Teil auf den Eindruck zurück, den ein paar außergewöhnliche Filme gemacht hatten. In Amerika wurde Walt Disneys „Die Wüste lebt" von vielen als Klassiker angesehen, während gleichzeitig in England ein Belgier namens Armand Denis eine Fernsehserie zeigte, die „Auf Safari" hieß.

Joy wurde auf dieser neuen Welle mitgetragen und richtete ihren *Elsa Wild Animal Appeal*, eine wohltätige Stiftung, in England und später auch in Amerika ein.

Am Anfang brachte Elsa ihre Jungen alle paar Tage in ein neues Lager. Ihr Partner hielt sich in der Nähe auf, doch da er nicht für sie jagte, mussten wir die Rolle einer Mitlöwin übernehmen und ihr Fleisch bringen – welches das Männchen manchmal stibitzte. Sechs Wochen lang achtete Elsa jedoch darauf, dass wir uns von ihren Jungen fernhielten. Dann, eines Nachmittags im Februar, rief sie auf ungewohnte Weise vom Fluss her und stand mit den drei Jungen neben sich am Ufer. Es war ein Augenblick, den wir nie vergaßen.

Vom ersten Tag an waren die unterschiedlichen Charaktere der Jungen ganz deutlich. Das erste männliche Tier, das am kühnsten war und wann immer möglich an Elsas Seite blieb, nannten wir Jespah – „Gott lässt frei". Der zweite wurde größer und kräftiger als Jespah, aber nie so mutig; er wurde Gopa genannt, das heißt „der Schüchterne". Das dritte Junge, ein Weibchen, wurde „Klein-Elsa" getauft, sie war das Ebenbild ihrer Mutter im gleichen Alter.

Es dauerte nicht lange, bis eine Reihe berühmter Besucher kam, um Elsas junge Familie zu bewundern. Zu den Ersten zählten der Unesco-Vorsitzende Julian Huxley und seine Frau Juliette. Julian beschrieb in Joys nächstem Buch im Vorwort, was für einen großen Eindruck die Löwen auf ihn machten, sowohl persönlich als auch als Wissenschaftler.

Ein anderer früher Besucher, David Attenborough, drehte für die *BBC* einen Fernsehfilm über Elsa und ihre Jungen. Er war ein angenehmer Gast und völlig ungerührt durch Jesphas ständige Angriffe auf seine Schienbeine, die selbst Elsa nicht verhindern konnte; sie war in einem Kampf mit einer Löwin böse verletzt worden.

Viel ernster waren Elsas Überfälle – so gut sie auch gemeint waren – auf einen anderen unserer Gäste, den Verleger Billy Collins. Wir gaben ihm ein Zelt zwischen Joys und meinem und hielten ihn für sicher untergebracht, nachdem wir auch noch eine dichte Barrikade aus Dornzweigen und ein festes Tor angebracht hatten. Doch gleich nach Tagesanbruch hörte ich einen Ruf aus Billys Zelt. Elsa hatte die Zweige zur Seite gefegt und saß auf dem Verleger, der in seinem Moskitonetz verfangen war, und knabberte an seinem Arm. Als wir Elsa ausschimpften und uns bei Billy entschuldigten, winkte er ab.

„Ich wusste, dass Elsa zu einem Besuch bei mir entschlossen war, und weil ich früher einmal Bienen hatte, wusste ich, dass ich ruhig bleiben musste und nicht zu viel Lärm machen durfte", erklärte er uns ruhig. „Ich war mir sicher, dass sie es gut meinte und dass ihr bald kommen und sie abholen würdet."

In der nächsten Nacht versuchte es Elsa wieder mit dem gleichen Trick. Ich warf sie schnell hinaus, verdoppelte die Anzahl der Dornenzweige und ging wieder schlafen. Doch plötzlich wurde ich von einem neuerlichen Ruf Billys geweckt – der diesmal dringend klang. Ich fluchte und suchte meinen Weg durch die dornigen, aber nutzlosen Akazienzweige – und kam fast zu spät. Billy brauchte all sein Gewicht, seine Stärke und seinen Gleichgewichtssinn, um sich auf dem wackligen Campbett zu halten. Elsa stand auf ihren Hinterbeinen, hatte seine Schultern mit ihren Pranken umfangen und hielt seine Backenknochen zwischen ihren Zähnen. Ich konnte Blutspuren auf seinem Gesicht und am Hals sehen.

„Wir hatten sie das oft mit ihren Jungen tun sehen", schrieb Joy später. „Es war ein Zeichen der Zuneigung, aber auf Billy muss es ganz anders gewirkt haben." Dessen bin ich auch sicher, dennoch kam er sechs Monate später wieder, um die Veröffentlichung des neuen Buches „Die Löwin Elsa und ihre Jungen" zu besprechen.

Kurz vor Weihnachten 1960 und dem ersten Geburtstag der Jungen gab es eine böse Überraschung. Die örtliche Verwaltung, der das Gebiet unterstellt war, forderte uns auf, mit Elsa und den Jungen abzureisen, weil sie diese als Bedrohung ihres Viehs ansah. Ich fing an, nach einer neuen Heimat für Elsa und ihre Jungen zu suchen. Ohne viel Erfolg versuchten wir, Jespah, Gopa und Klein-Elsa, die wir nie wie Elsa behandelt hatten, an den Lastwagen zu gewöhnen, in dem sie umsiedeln sollten. Was ein besonders glückliches Weihnachten hatte werden sollen, wurde eine recht bedrückte Angelegenheit. Und dann wurde Elsa krank. Zuerst machte ich mir nicht sehr viele Sorgen, und Joy fuhr nach Nairobi. Doch plötzlich ging es Elsa schlechter, und ich schickte ein SOS an Ken Smith nach Isiolo mit der Bitte, einen Arzt zu finden und Joy zu benachrichtigen. Sie sollte so schnell wie möglich Antibiotika bringen. Später an jenem Abend brach Elsa im Busch zusammen und ich legte mich auf ein Campbett neben sie. Zweimal stand sie auf und rieb ihren Kopf an mir; Jespah haute mit meiner Decke ab, und wir alle erschreckten uns, als ein Büffel fast über mein Bett stolperte. Am nächsten Tag konnte sich Elsa kaum rühren, sie taumelte nur zum Fluss hinunter. Kläglich versuchte sie, Wasser zu trinken, konnte es aber nicht schlucken. Sie schleppte sich auf eine kleine Sandinsel und dann schaffte sie es mit einer gewaltigen Anstrengung und meiner Hilfe zurück zu Joys Freiluftstudio. Sie lag im Sand und Jespah drückte sich an sie. Als es dunkel wurde, kam ein Bote mit einem Medikament, das Ken Smith aus Isiolo schickte. Doch inzwischen konnte Elsa es nicht mehr schlucken. Ich schrieb für Joy auf, was in jener Nacht geschah:

Gegen Viertel vor zwei in der Nacht verließ Elsa mein Zelt und ging zurück zum Studio. Sie erreichte die Sandbank unter den Bäumen, wo sie so oft mit den Jungen gespielt hatte. Hier lag sie auf dem durchweichten Schlamm, offensichtlich mit großen Schmer-

zen, sie setzte sich abwechselnd auf und legte sich dann wieder nieder, das Atmen fiel ihr immer schwerer.

Ich versuchte, sie zurück zum trockenen Sand des Studios zu bringen, doch sie schien sich keine Mühe mehr zu geben. Es war ein furchtbarer und quälender Anblick. Mir ging sogar durch den Kopf, dass ich sie von ihren Qualen erlösen müsste, doch ich glaubte, es gäbe noch eine Chance, dass Du rechtzeitig mit einem Tierarzt eintreffen würdest und ihr helfen könntest.

Gegen vier Uhr dreißig rief ich alle Männer aus dem Camp. Zusammen legten wir Elsa auf mein Bett und trugen sie mit viel Mühe zurück zu meinem Zelt. Bei Tagesanbruch stand sie plötzlich auf, ging zum Eingang des Zeltes und brach dort zusammen. Ich hielt ihren Kopf auf meinem Schoß. Nach ein paar Minuten setzte sie sich auf, stieß einen herzzerreißenden, furchtbaren Schrei aus und fiel um. Elsa war tot.

Jespah ging zu seiner Mutter und leckte ihr Gesicht. Er schien Angst zu haben und versteckte sich unter einem Busch bei den Geschwistern. Alle drei waren verzweifelt.

Zur Teezeit des gleichen Tages erreichte Joy das Camp. Ken Smith war über dreihundert Kilometer gefahren, um sie zu holen und hatte sie per Flugzeug hergebracht. Man kann sich das Ausmaß ihres Schocks vorstellen. Wir waren ganz in unserem Schmerz vereint und auch in unserer Dankbarkeit Ken gegenüber für seine unermüdliche Hilfe. Nur er, der dabei gewesen war, als ich vor vier Jahren Elsa zu Joy gebracht hatte, konnte die Tiefe unseres Schmerzes verstehen.

Der Regierungsveterinär war unmittelbar nach Elsas Tod eingetroffen. Er führte eine Autopsie durch und gemeinsam beerdigten wir Elsa nicht weit vom Ura-Fluss entfernt. Sie war an einem Zeckenfieber gestorben, das neben Milzbrand und der Schlafkrankheit eine der drei Krankheiten ist, die für Löwen tödlich sind.

Wir sahen uns jetzt einer schrecklichen Lage gegenüber. Wir hatten eine Frist, in der die Jungen verschwinden mussten. Es war vor Elsas Tod schwierig genug gewesen, sie auf die Reise vorzubereiten: Jetzt würde es so gut wie unmöglich sein, sie in eine Kiste oder auf einen Lastwagen zu bekommen. Überhaupt mussten wir erst noch eine andere Heimat für sie finden und mussten uns währenddessen auch um sie kümmern. Wenn Elsa zu einem Rudel gehört hätte, hätten andere Löwinnen sich sicherlich um die Jungen gekümmert.

Wir legten Fleisch für die Jungen aus und hofften, sie dadurch in der Nähe des Camps zu halten, doch sie wurden von wilden Löwen vertrieben und verschwanden spurlos. Wir suchten den ganzen Tag nach ihnen und waren abends so erschöpft, dass wir fast im Schlaf ertrunken wären, als eine plötzliche Flutwelle durch das Flussbett tobte, in dem wir zelteten.

Joy dachte, dass sich die Jungen vielleicht doch einem Rudel angeschlossen hatten, bis wir die Nachricht erhielten, die unsere Herzen sinken ließ. Hirten auf der anderen Flussseite hatten drei junge Löwen gesehen, die ihre Schafe und Ziegen angriffen und hatten sie mit Speeren und Pfeilen vertrieben. Einer der Löwen war verletzt worden. Ich eilte in das Dorf und blieb neben einer toten Ziege sitzen. Es dauerte nicht lange, ehe die Löwenjungen, die sehr hungrig aussahen, der Versuchung erlagen – als sie näher kamen, konnte man die Pfeilspitze in Jespahs Flanke sehen. Er war in die Enge getrieben worden, war aber erfolgreich dem Regen vergifteter Pfeile ausgewichen. Der einzige Pfeil, der getroffen hatte, stammte von einem Kind, dem man noch keine vergifteten Spitzen anvertraut hatte.

Wir sahen uns jetzt einem verzweifelten Wettlauf mit der Zeit gegenüber, um die Jungen zu retten. Die unzufriedenen Hirten verlangten ganz eindeutig Rache und die Zeitungen berichteten, dass der neue Oberste Wildhüter angeordnet hatte, die Löwen sollten alle erschossen werden. Ich baute drei Fallen, deren Türen mit Seilen befestigt waren, die zu meinem Landrover führten. Zahllose Nächte hindurch legte ich Köder in den Fallen aus, saß im Dunkeln und betete, dass die Jungen kommen und jedes in eine andere Falle gehen würde. Wir legten kleine Holzklötze unter die Türen, damit kein Schwanz verletzt würde. Joy schlief, als ich endlich die Seile durchschnitt und die Türen herunterkrachten. Sie wurde durch den Lärm geweckt und lag in der folgenden tödlichen Stille reglos da. Dann brach Chaos aus, als die Jungen versuchten, ihren Gefängnissen zu entkommen und wir versuchten, sie zu beruhigen.

Eine der Persönlichkeiten, mit denen ich vor Weihnachten Verbindung aufgenommen hatte, war John Owen, Direktor der Nationalparks von Tanganjika. Sein Gebiet umfasste auch die Serengeti am jenseitigen Ende der Masai Mara. Sobald er von unserem Pech hörte, kam er uns zu Hilfe und forderte uns auf, die Löwen zu ihm zu bringen.

Die Tausend-Kilometer-Reise war ein Albtraum. Wir wagten nicht, in der Hitze des Tages zu reisen, und die Kälte der Nacht war erbärmlich, die Straße war furchtbar und der Regen fiel in Strömen. Die Lastwagen schlidderten und schwankten über die Furchen, die Löwenjungen wurden wund gescheuert und sahen elend aus. Ein mitleidiger Tierarzt untersuchte unterwegs Jesphas Pfeilwunde. Der Arzt versicherte uns, dass die Wunde nicht entzündet sei und dass die Pfeilspitze bald von allein herauskommen würde, und so fuhren wir weiter.

John empfing uns in Seronera und bereitete uns ein herzliches Willkommen. Er führte uns zu einem Tal, das mit seinen Verstecken in Büschen und Bäumen und sogar einem Fluss ideal für die Löwenjungen war. Thomsongazellen und Schwarzfersenantilopen grasten friedlich in der Nähe. Während der ersten paar Tage durften wir Wild für die Löwen schießen und in unserem Lastwagen in der Nähe des Tales übernachten. Die Wie-

Eine Gelbrindenakazie in Seronera in der Serengeti. In dieser fantastischen Landschaft fanden Elsas Löwenjunge ein neues Zuhause.

In ihrem „geflügelten Zebra", einer Dornier Do 27, flogen Dr. Bernhard und Michael Grzimek über die Serengeti und machten spektakuläre Filmaufnahmen.

dersehensfreude der Löwen war ergreifend, als wir sie in einen gemeinsamen Käfig steckten. Ihre Körper waren angeschlagen, doch ihre Seelen waren ungebrochen.

Als wir endlich die Tür des großen Käfigs zu diesen weiten Jagdgründen öffneten, war Gopa der Erste, der sich auf den Weg machte. Jespah blieb einen Moment neben Klein-Elsa stehen und dann ging auch er Richtung Fluss, ab und zu schaute er über die Schulter zurück und forderte seine Schwester zum Kommen auf. Schon bald waren die drei jungen Löwen im hohen Gras verschwunden.

Ein paar Tage lang hielten wir noch Verbindung zu den Jungen, die diese großartige neue Umgebung erforschten. Sie kamen zu unseren Lastwagen und holten sich Fleisch, Milch und Lebertran, auf dessen Geschmack sie gekommen waren. Doch eines Abends kamen sie nicht. Unsere tägliche Suche blieb ergebnislos, und die uns zugestandene Zeit lief ab. So saßen wir zusammen und sprachen über Elsas außergewöhnliche Geschichte, die uns schließlich in die wunderbare Welt der Serengeti geführt hatte. Joy wusste, wie sehr deren Überleben von der Arbeit des Deutschen Bernhard Grzimek abhing, der mit seinem berühmten Buch „Serengeti darf nicht sterben" und seinen eigenen Filmen in Deutschland enorme Geldbeträge zusammengebracht und sogar einen Oscar erhalten hatte. Als wir darüber diskutierten, was Joy sagen würde, wenn jemand die Verfilmung von „Frei geboren" vorschlagen würde, sagte sie, dass sie ablehnen würde; sie glaubte nicht, dass die Verfilmung ohne eine Entstellung der Geschichte möglich sei. Sonst würde sie aber fast alles zugunsten ihres Appells für den Naturschutz in Kenia tun.

Tag für Tag suchten wir ohne Erfolg nach den Jungen. Als besonderes Zugeständnis gestattete uns John Owen, bis Ende Juli zu bleiben und noch eine Woche in unseren Autos zu schlafen. Endlich wurden wir belohnt. Ein paar Stunden vor unserer Abfahrt fanden wir die Löwen und sahen Klein-Elsa, Jespah und Gopa zum letzten Mal zusammen. Jespah stand still, während Joy ihn streichelte und sogar versuchte, die Pfeilspitze herauszudrücken; doch sie saß noch zu fest. Wieder baten wir darum, noch bleiben zu dürfen, doch diesmal wurde unsere Bitte abgelehnt. Die Löwenjungen waren achtzehn Monate alt, sie hatten zwei Monate lang allein überlebt und mussten sich von nun an allein durchschlagen.

Es traf sich gut, dass ich gerade jetzt, im September 1961, nach dreiundzwanzig Jahren in der Wildschutzbehörde, in den Ruhestand trat. Ken Smith übernahm die Nordprovinz von mir und ich konnte jederzeit wie ein normaler Besucher in die Serengeti fahren, dort zelten und nach den Löwenjungen suchen.

Ein Jahr später, 1962, fand ich Klein-Elsa und sah sie innerhalb von vierzehn Tagen sieben Mal, ehe sie wieder verschwand: Sie sprang immer wieder auf einen Baum, um mich gut sehen zu können und kam bis ans Auto heran. Zu der Zeit war Joy in England auf einer Vortragsreise und zur Vorstellung ihres dritten Buches, das sie „Für immer frei" nannte, und das von Elsa und ihren Jungen handelte.

Im nächsten Jahr, im Juli 1963, als er dreieinhalb Jahre alt gewesen wäre, sahen Joy und ich einen Löwen mit einer Narbe auf der Flanke, der gut Jespah hätte sein können. Es wurde dunkel, und am nächsten Tag war er verschwunden, sodass wir unserer Sache nicht sicher waren.

Im September sagten Joy und ich vor einer langen Trennung Lebewohl. Sie startete zu einer Vortragsreise nach Südafrika, Indien, Singapur und Australien. Als sie in Neuseeland ankam, war sie so erschöpft, dass sie auf einer Trage ins Land gebracht werden musste. Zu Weihnachten sollte sie ein paar Tage auf Fidschi und in Honolulu verbringen und dann nochmals sechs Monate lang Vorträge in Amerika halten. Offensichtlich war sie so im Stress und so verzweifelt durch das ständige Reden über Elsa, die ihrem Herzen wie eine Tochter nahe stand, dass Psychiater nicht verstehen konnten, wie sie es durchhielt. Während ihrer Vorträge stand sie so unter Spannung, dass sie wie angewurzelt wirkte.

Die Gefahren einer Vortragsreise waren Welten entfernt von den Gefahren der Serengeti, wo wir in unsichtbare Löcher fielen, viele Pannen hatten und während der schlimmsten Überflutungen im Morast stecken blieben. Wir waren Zeugen der gewaltigen Tierwanderung gewesen. Wir hatten uns zwischen Hunderttausenden Zebras und Gnus bewegt, die Meile um Meile bellten und grunzten, während sie sich auf ihren alljährlichen Weg zum Victoriasee machten. Wir hatten mehr als fünfhundert Löwen jeden Alters gesehen, in Rudeln und allein, tagsüber und auch nachts. Wir hatten gesehen, wie sie sich in unserer Gegenwart oder in der anderer Löwen paarten, obwohl wir geglaubt hatten, sie brauchten Abgeschiedenheit dazu. Ein Paar kopulierte in der Nähe meines Camps, fünf Tage lang alle zwanzig Minuten – und als ich aufbrach, machten sie immer noch weiter. Eine Woche lang wurde ich von Löwen und einer Hyäne wachgehalten, die an unsere Vorräte wollten. Als die Hyäne nicht davon abließ, unsere Konserven zu stehlen und sie mit ihren Zähnen zu durchstoßen, um die Kondensmilch herauszutrinken, stellte ich eine Rattenfalle mit Schinken auf. Die Delle auf ihrer Nase lehrte sie offenbar eine Lektion, die sie nicht vergessen würde. Joy war einmal aufgewacht, als ein Löwe mit prächtiger Mähne in ihrem Zelt stand. Ein andermal merkte sie, dass das seltsame Geräusch, das sie geweckt hatte, von einer Löwin stammte, die aus der Wasserschüssel an ihrem Bett trank.

An einem Spätnachmittag im Dezember 1963 musste ich durch so starken Regen zu meinem Camp zurückfahren, dass ich kaum mehr als ein paar Meter weit sehen konnte. Plötzlich erhob sich eine Löwin fast genau vor dem Auto. Ich starrte sie an, hielt den Wagen an und starrte weiter, denn ich war sicher, es war die jetzt vierjährige Klein-Elsa. Hinter ihr waren eine ältere Löwin und ein junger Löwe. Ich sah sie mehrmals in den nächsten Tagen und war sicher, dass sie es war. Dann besserte sich das Wetter schlagartig und ich sah sie oder ihre Brüder nie wieder. So gern wir auch Elsas Enkel gesehen hätten, wir wussten, dass das in einem Gebiet wie der Serengeti fast unmöglich war.

Auf der anderen Seite der Grenze, in Kenia, hatte sich das politische Klima völlig verändert. Harold Macmillan, der britische Premierminister, hatte dem neuen Wind auf dem afrikanischen Kontinent seinen Segen gegeben. Als letzten Gouverneur hatte er Malcolm MacDonald nach Kenia geschickt, der ideal für diese Aufgabe war. Er war der Sohn eines sozialistischen Premierministers. Als Liebhaber und Fotograf von Vögeln und wilden Tieren war er uns später von unschätzbarer Hilfe. Jetzt jedoch hatte er eine wichtigere Aufgabe. Er stand neben Prinz Philip, zwölf Jahre nachdem dessen Frau während eines Besuchs in Kenia Königin geworden war, als der Prinz das Land formell seinem ersten Präsidenten, Jomo Kenyatta, übergab.

Von jetzt an war dieses herrliche Land – seit vierzig Jahren meine Heimat –, seine Berge, Wälder und Flüsse, seine Tiere und Vögel, wieder in den Händen jener Menschen, die seit Jahrhunderten hier gelebt hatten. Der Gedanke, dass das durch Elsa hereinkommende Geld zum Wohl der Natur verwendet werden würde, machte mich glücklich, doch es war unwahrscheinlich, dass man dazu die Dienste eines pensionierten Eigenbrötlers, wie ich es war, brauchen würde. Wenn ich Arbeit wollte, würde ich wohl in benachbarten afrikanischen Ländern danach suchen müssen, oder in Indien, wo ich vielleicht mit ein paar Tigern von vorn anfangen könnte. Ich war noch unschlüssig, was zu tun sei, als ein Brief von Joy eintraf.

Sie schrieb, sie hätte ihre Meinung über die Verfilmung von „Frei geboren" geändert. Sie hatte ein Angebot erhalten, das sie ihrer Meinung nach nicht ablehnen konnte, und wenn ich einverstanden wäre, der Filmgesellschaft zu zeigen, wie man mit Löwen umgeht, dann würde sie das Angebot annehmen – vorausgesetzt, der Film würde in Kenia gedreht werden. Ich brauchte nicht lange für meine Entscheidung.

Über das Spielen mit Löwen

Im April 1964 fuhr ich meinen alten Landrover durch tropfende Kaffeeplantagen zu der Farm nördlich von Naro Moru, wo der Film „Frei geboren" gedreht werden sollte. Die Farm lag in der Ebene unterhalb der Gipfel des Mount Kenya; das Land war hier viel grüner und lieblicher als der trockene Busch, in dem Elsa gelebt hatte, doch war dieser Ort bewusst ausgewählt worden. Das Farmhaus mit seinen dreihundert Hektar stand im Herzen der Fantasiewelt, in der wir fast ein ganzes Jahr leben sollten. Schon jetzt wurde das Haus vergrößert und von einem Dorf umringt. Vierzig Europäer und hundertzwanzig Afrikaner würden diesen Film drehen. Sie brauchten ein Labor, einen Schneideraum, Vorratsräume und mehrere Garagen. Es gab Käfige für zwei Löwen und einen Klippschliefer, und zum Hof hin eine lächerliche Nachbildung unseres Hauses in Isiolo. Ein Blick genügte Joy und mir, um zu entscheiden, dass der sicherste Platz in unseren Zelten, in der Nähe der Löwen, sein würde.

Der Regisseur, Tom McGowan, war stolz auf seine Löwen. Produzent Carl Foreman war der Zauberer, der das Geld beschafft hatte. Ohne ihn hätte es nicht einen Cent für einen solch unmöglichen Film gegeben. Doch ihm gefiel die Geschichte, und er sah in den phänomenalen Verkaufsziffern der Bücher gute Anzeichen für einen erfolgreichen Film. Sein Ansehen in der Filmwelt war hoch, schließlich hatte er Kassenschlager wie „Zwölf Uhr mittags", „Die Brücke am Kwai" und „Die Kanonen von Navarone" zu verzeichnen. Tom McGowan war der Zauberer, der alles andere herbeigebracht hatte. Zunächst einmal, und sehr zu meiner Überraschung, hatte er Joy überredet, ihm die Filmrechte abzutreten. Er versprach, dass der Film genau wie das Buch sein würde, und er wollte Joy das Drehbuch rechtzeitig zeigen, damit sie es durchsehen konnte. Er zahlte einen ordentlichen Preis für die Rechte und garantierte uns einen großzügigen Anteil am Gewinn.

Der Regisseur, Tom McGowan, war stolz auf seine Löwen. Produzent Carl Foreman war der Zauberer, der das Geld beschafft hatte. Ohne ihn hätte es nicht einen Cent für einen solch unmöglichen Film gegeben.

Während ich bei den Löwen helfen sollte, würde Joy bei den Dreharbeiten zugelassen werden, damit die Tiere richtig behandelt wurden.

Das Erste, was ich nach dem Aufbau meines Zeltes tat, war, mir die Löwen gut anzuschauen, die aus Deutschland gebracht worden waren und Elsa darstellen sollten. Diese mittelalterlichen Damen namens Astra und Djuba waren voller Narben und außerordentlich schwer, und ich meinte auch, sie hätten etwas Böses im Blick. Sie kamen aus einem Zirkus und wurden von zwei Dompteuren betreut – einer davon hieß Monika und war ein attraktives, kluges Mädchen mit einer Mähne dunkler Haare. Da sie nie zu den Löwen hineinging, ohne einen spitzen

„Frei geboren" macht Elsa zum Medienstar

Eine Löwin aufzuziehen und für ein Leben in freier Wildbahn zu trainieren ist eine Sache. Die Welt davon in Kenntnis zu setzen eine ganz andere. Genau das aber ist Joy Adamson mehr als gut gelungen. 1960 erschien ihr berühmtestes Buch „Born free" („Frei geboren"), das den Weg der Löwin Elsa in die Freiheit des Meru-Schutzgebiets beschreibt. Der Verleger Billy Collins rührte kräftig die Werbetrommel, ließ eine hohe Auflage drucken – und sah sich rasch bestätigt: Die Löwengeschichte wurde zu einem Riesenerfolg, innerhalb einer Woche war die erste Auflage verkauft. Ein ganzes Jahr lang hielt sich das Buch auf der Bestsellerliste der New York Times, davon 13 Wochen auf Platz eins. Und nicht nur englischsprachige Leser ließen sich von Elsas Abenteuern mitreißen: Das Buch wurde in 33 Sprachen übersetzt und weltweit mehrere Millionen Mal verkauft.

Königin Elizabeth II. nimmt an der Filmpremiere von „Frei geboren" 1966 in London teil.

Der große Erfolg motivierte Joy Adamson, zwei Fortsetzungen zu schreiben. Bereits 1961 erschien „Living free" („Die Löwin Elsa und ihre Jungen"), in dem Elsas in freier Wildbahn geborener Nachwuchs die Hauptrolle spielt. Ein Jahr später folgte schließlich „Forever free" („Für immer frei"), in dem die Löwenmutter stirbt und die Jungtiere in die Serengeti umgesiedelt werden.

Um die Abenteuer von Elsa und ihren menschlichen Betreuern auch auf die Leinwand zu bringen, drehte ein Team unter Leitung des britischen Regisseurs James Hill im Jahr 1965 neun Monate lang an Originalschauplätzen in Kenia. Das britische Schauspielerpaar Bill Travers und Virginia McKenna spielte die Rollen der Adamsons. Der echte George Adamson dagegen war als Berater am Set. Und wieder ließ der Erfolg nicht lange auf sich warten. Als der Film 1966 in die Kinos kam, feierte er weltweit Erfolge und wurde mit zahlreichen Preisen ausgezeichnet. So bekam er 1967 die beiden Oscars in den Kategorien „Beste Filmmusik" und „Bester Song".

Filmszene aus „Frei geboren" mit den Hauptdarstellern und einem Double der Löwin Elsa.

Stock bei sich zu tragen, und einen Mann mit geladenem Gewehr in der Nähe zu wissen, und da sie den Löwen nie den Rücken zuwandte, fragte ich mich, wie die Schauspielerin Virginia McKenna wohl einige der zärtlichen Szenen zwischen Elsa und Joy spielen sollte.

Ich werde mich immer an den Tag erinnern, an dem ich Virginia und ihren Mann Bill Travers zum ersten Mal sah. An diesem speziellen Tag standen wir im Gras neben Astras Käfig, und Monika erklärte die Technik, mit der sie die Löwen mit ihren Stöcken dirigierte und warnte, und wie sie ihre Leistung belohnte. Als Bill und Virginia herantraten, war ich natürlich neugierig, diesen jungen Mann abzuschätzen, der sozusagen mein Leben übernehmen sollte. Gleichzeitig konnte ich die Augen nicht von Virginia lassen; ich war entzückt von ihrer Schönheit und ihrem zauberhaften Lächeln.

„Ich weiß leider gar nichts über Löwen", sagte Bill entschuldigend, als wir auf das Thema zu sprechen kamen. Seine Frau erklärte, dass McGowan an die Freundlichkeit der Löwen glaubte, und wir sahen schweigend zu Astra und Djuba hinüber.

Kurz danach vertraute Ginny – so nannte sie zuerst nur Bill – mir an, wie sehr ihr Herz in dem Moment klopfte und wie ihr Mund trocken geworden war. Sie war dankbar, dass sie dieses gefährliche Spiel mit ihrem Mann zusammen spielte, und dass sie am Ende jeden Tages zu ihren drei Kindern nach Hause gehen konnte. Es war klüger, die Kinder in sicherer Entfernung zu halten, denn was immer auch ein Löwe an Respekt für Erwachsene entwickeln mag, er wird ein Kind immer als ein ihm zustehendes Beutestück oder wie ein Spielzeug behandeln.

Die Filmgesellschaft hatte Naro Moru aus verschiedenen Gründen als Basis ausgewählt. Der wichtigste war der Ruf, ein verlässliches Klima zu haben. In einem Land, das jedes Jahr zwei Regenzeiten hatte, und bei einem Film, der pro Tag 10 000 Pfund kostete, wollte man nicht Tage damit vergeuden darauf zu warten, dass der Regen aufhört. Ein weiterer Grund waren die angeblich ausgezeichneten Verbindungen nach Nairobi, knapp zweihundert Kilometer südlich, von wo all unsere Verpflegung kommen würden.

Schließlich war die Farm auch wegen ihrer Bequemlichkeiten und der Nähe zu Nanyuki und solchen Orten wie dem *Mount Kenya Safari Club* ausgesucht worden.

Als der Beginn der Dreharbeiten sich näherte, blätterte Tom McGowan sein nach einer Reise durch die Zoos und Zirkusse Europas prall gefülltes Adressbuch durch, um passende Löwenjunge und ein oder zwei Männchen zu finden. Der Herzog und die Herzogin Bisletti, die am Naivashasee lebten, züchteten auf ihrer Farm Löwen und sagten, sie könnten das Baby Elsa und ihre Geschwister zur Verfügung stellen. Falls das nicht klappte, so war auch der äthiopische Kaiser Haile Selassie bereit, Tom Löwenjunge aus den königlichen Käfigen auszuleihen. Tom befürchtete, dass diese aristokratischen Tiere womöglich vom Herzog von Bath weggeschnappt werden würden, der gerade seinen Park in Longleat in England mit Löwen bestücken wollte, und so heuerte er die meisten sofort an.

Die ersten Neuankömmlinge, die bei uns eintrafen, waren uns von der Schottischen Garde geliehen worden, die in Kenia stationiert war

Das Schauspielerehepaar Virginia McKenna und Bill Travers stellten Joy und George in „Frei geboren" dar.

und nun nach England zurückkehrte. Ihre Maskottchen waren zwei neun Monate alte Löwen, Boy und Girl, die Bruder und Schwester waren. Ihr Aufpasser und Lehrer war ein grimmig aussehender Feldwebel namens Ronald Ryves, der sein militärisches Gehabe ablegte, sobald er mit den Löwen umging. Von dem Augenblick an, als ich sie zusammen sah, verspürte ich einen Hoffnungsschimmer, dass der Film vielleicht doch gedreht werden und ohne Katastrophe fertiggestellt würde – denn mit Astra und Djuba hatten wir einen toten Punkt erreicht.

In Deutschland lief der Film „Frei geboren – Die Königin der Wildnis" am 22. April 1966 an, hier das Filmplakat.

Bill war der erste Schauspieler, der in den Käfig ging. Er folgte Monika und trug einen Stock sowie Lederbänder um die Handgelenke, denn ein Löwe kann seine Krallen nach Belieben ausstrecken und einziehen, und keiner von uns wollte irgendein Risiko mit diesen Löwinnen eingehen. Erst Astra, dann auch Djuba, erlaubten Bill, ihnen auf den Rücken zu klopfen, und eine halbe Stunde später schlenderte Bill scheinbar ebenso entspannt hinaus wie er in den Käfig hineingegangen war. Ich bemerkte allerdings, dass er sich draußen im Gras gleich eine Zigarette ansteckte.

Nach dem Mittagessen war Ginny dran. Ich stand neben dem Gehege, wofür ich ja bezahlt wurde, mit meinem geladenen Gewehr und beobachtete jeden Ausdruck ihres Gesichts. Ich sah Konzentration, Willenskraft, Überraschung und Erleichterung, doch nicht einen Funken Angst. Da nichts Liebenswertes an den beiden Löwen war und jeder von ihnen gut über hundertvierzig Kilo wog, dachte ich, dass sie besonders mutig oder aber eine sehr gute Schauspielerin sein musste. Später, als sie aus dem Gehege kam und um eine Tasse Tee bat, um das Zittern ihrer Hände zu beruhigen, wurde mir klar, dass sie beides war.

Einen Monat lang schien alles gut zu gehen. Bill und Ginny hatten beide den Mut und den natürlichen Umgang mit den Löwen, der nötig ist, um eine überzeugende Darstellung zu erbringen. Ein erfahrener Löwendompteur, der die beiden bei der Arbeit sah, konnte kaum glauben, dass sie in ihrem ganzen Leben noch nicht mit Löwen gearbeitet hatten.

Eines Morgens ging Bill mit Monika in das Gehege, und Ginny und ich schauten zu. Da legte Astra plötzlich die Ohren nach hinten, legte sich hin und kroch voran, ihre Augen waren zu gelben Schlitzen geworden, die hart und hell leuchteten. Wieder und wieder kroch sie herum und versuchte, an Bill heranzukommen. Monika wehrte sie mit ihren Stöcken ab. Sie und Bill waren kreidebleich geworden. Ich war fast so dankbar wie Ginny, als Bill endlich herauskam.

Zwei Tage später kam Tom zum Gehege, um zu sehen, wie das Training vorankam, und Astra benahm sich wieder genauso. Diesmal waren sowohl Bill als auch Ginny mit Monika im Gehege, und Astra wurde so bedrohlich, dass auch ich noch hineinging, ehe wir alle heraus konnten. Ich hoffte, dass Tom Astras Karriere als Schauspielerin sofort beenden würde. Aus uns unverständlichen Gründen schien sie immer feindseliger zu werden. Im Grunde lag der Fehler in ihrer Erziehung. Wenn ein Löwe nicht ständig Zuneigung spürt, am besten von einem einzigen Besitzer oder Trainer, kann er unangenehm werden. Wenn er erst einmal beherrscht worden ist und womöglich in der Angst vor einer Peitsche lebt und dann von Trainer zu Trainer weitergereicht wird, dann muss er unzuverlässig werden. Im Lauf der Jahre habe ich teuer für die Erkenntnis bezahlen müssen, dass es vielleicht richtiger ist zu sagen, dass kein Löwe völlig zuverlässig ist. Aber auch welcher Mensch ist das schon?

Djuba wurde ebenfalls unfreundlich. Nach ein paar Monaten brachte sie vier winzige Junge zur Welt, doch die Umstände waren alles andere als ideal und nach ein paar Tagen starben sie. Ihre Stimmung erholte sich davon nie. Doch Tom und die Filmgesellschaft, die eine Menge Geld in Djuba und Astra investiert hatten, bestanden darauf, dass wir es weiter mit ihnen versuchen sollten.

Ich richtete meine Hoffnungen auf die Maskottchen der Schottischen Garde und die Travers. Es ist eine goldene Regel, dass die beste Aussicht besteht, die Zuneigung eines Löwen zu einem Menschen auf einen anderen zu übertragen, indem man ihm diese Person sorgfältig vorstellt. Feldwebel Ryves und Bill verstanden sich als zwei alte Soldaten auf Anhieb. Nach ein paar Wochen, in denen Ryves mit den Löwen in einem Zelt schlief, um sie einzugewöhnen, wurden die Tiere erfolgreich übergeben.

Inzwischen hatten Bill und Ginny Joys sämtliche Bücher über Elsa und ihre Jungen gelesen und waren besonders von Julian Huxleys Einführung zu „Die Löwin Elsa und ihre Jungen" beeindruckt, wo er betonte, wie wichtig Liebe sei, um das Beste in einem Tier herauszubringen. Die Travers hatten sich in ihrem Vertrag ausbedungen, dass niemand je ihre Rolle als Double übernehmen sollte, denn sie hatten begriffen, dass der Film nie ein Erfolg werden würde, wenn es ihnen nicht gelang, die gleiche Art Verhältnis zu den Löwen zu entwickeln wie wir zu Elsa.

Bill, Ginny und ich sprachen über die Charaktere der neuen Löwen, sobald sie ankamen, denn der Film stellte Elsa in verschiedenen Altersstufen dar sowie ihre Jungen, ihre Geschwister, ihre Rivalen, ihre Freier und ihren Partner. Am Ende arbeiteten wir mit vierundzwanzig Löwen. Es war eine einzigartige Gelegenheit zu sehen, wie unterschiedlich ihre Charaktere waren und welch unterschiedliche Behandlung sie erforderten.

Einer der kleinsten Löwen war der, den wir Klein-Elsa nannten, nach ihrer Namensvetterin. Sie war wohl die zutraulichste Löwin am Drehort und war Ginnys Liebling. Ihr Größerwerden deckte sich mit „Elsas" Größerwerden und sie wurde in vielen Szenen eingesetzt. Henrietta aus Uganda war schön und gleichzeitig ein Clown. Sie war bei ihrer Ankunft abgemagert wie ein Skelett und sehr

Nach und nach gewöhnten sich die Schauspieler an den Umgang mit den Tieren: Virginia und das Double von Klein-Elsa spielten rührende Szenen.

nervös. Doch nach ein paar Wochen guter Verpflegung und sorgsamer Zuneigung konnte ich sie ohne Gefahr Ginny und Bill vorstellen. Sie wurde unser aller Liebling, obwohl die Afrikaner sie Memsahib Makofe – Frau Kopfnuss – nannten, da es ihr besonders gefiel, auf dem Dach des Landrovers zu sitzen und an alle Vorbeigehenden Hiebe auszuteilen. Besonders gern saß sie dort, wenn der Landrover fuhr.

Oft brauchte ich lächerlich lange, um Henrietta zu den einfachsten Szenen zu überreden, wie zum Beispiel von rechts nach links durch das Bild zu laufen oder einfach still in der Sonne zu sitzen und „Joys" Ankunft zu erwarten. Für die erste Szene musste ich mich flach auf die Erde legen, außer Sichtweite der Kamera, damit Henrietta herübergerannt kam und meine auf dem Boden hingestreckte Gestalt durchbeutelte.

Elsa besonders ähnlich war eine Löwin namens Mara. Sie war bei Privatleuten groß geworden, war jetzt ausgewachsen und kam mit besten Zeugnissen zu uns. Doch als Ginny am ersten Tag zu ihr ging, bekam sie einen ziemlichen Schreck. Mara war ein Paar Tage im Tierheim in Nairobi gewesen und menschliche Gesellschaft hatte ihr dort sehr gefehlt. Sie gab Ginny eine gewaltige Umarmung und fing an, sie mit ihrer sehr rosigen Zunge zu lecken. Als Ginny an sich herunterblickte, sah sie, dass die raue Zunge die Vorderseite ihres Pullovers weggehobelt hatte. Am nächsten Tag versuchte Bill sein Glück und zu meinem Schrecken stellte sich Mara auf ihre Hinterläufe und umarmte ihn mit den Vorderpfoten. Sie schnurrte und leckte sein Gesicht (dem Himmel sei Dank für seinen Bart), bewegte aber auch ihre Krallen. Wie sehr er es auch versuchte, Bill konnte das Tor nicht erreichen, denn ihr Lieblingssack lag davor und sie erlaubte Bill nicht, ihn wegzustoßen. Ich sah die Angst in Ginnys Gesicht und ließ eine Leiter in Bills Nähe in das Gehege stellen. Es gelang ihm, darauf hochzuklettern, während wir Mara mit etwas Fleisch ablenkten.

Da ich entschlossen war, Mara ihr gefährliches Besitzverhalten abzugewöhnen, fing ich an, neben dem Draht ihres Käfigs zu schlafen, und sobald sie sich entspannte, brachte ich das Campbett nachts in den Käfig hinein. Schließlich filmten wir einige der schönsten Szenen mit ihr.

Es gibt keinen Zweifel, dass Ugas der aufsehenerregendste Löwe auf der Farm war. Sein Name bedeutet Prinz, und er war so eindrucksvoll wie er groß war. Seine Mutter war von Somalis getötet worden und ein Polizist in Wajir hatte sich um ihn gekümmert, bis er neun Monate alt war; dann kam er zu Steven Ellis, dem Wildhüter des Nairobi-Parks. Da er bei Steve im Haus frei umherlaufen durfte, bis er ausgewachsen war, zeigte er sich Menschen gegenüber völlig unbefangen und hielt sie für Löwen, oder anders herum sich für einen Menschen.

Obwohl ich Ugas Lebensgeschichte kannte, fand ich ihn furchterregend. Ich war daher mächtig beeindruckt, als Bill auf Ugas zuging, ohne mit der Wimper zu zucken, als es soweit war, die beiden miteinander bekannt zu machen.

Selbst wenn Tom McGowan und seine Freunde kein Vertrauen in die afrikanischen Löwen hatten – Bill und Ginny verloren ihres nie. Mehr noch, sie waren ganz offensichtlich entzückt von der Begeisterung, die Boy und Girl bei den morgendlichen Spaziergängen zeigten. Einer der Gründe, warum Löwen in Käfigen so oft bösartig werden, ist Langeweile. Mir fiel auf, wie alle Löwen des Films sofort lebhaft wurden, wenn sie frei waren und einen Geruch aufspüren konnten: Sie haben genau solches Vergnügen an Gerüchen wie ein Leser an seinen Büchern.

Ich musste Bill und Ginny nur wenige Ratschläge erteilen: starre nie einen Löwen an, erhebe deine Stimme nicht, bewege dich langsam, und wenn es zu Spannungen kommt, stehe still und behaupte dich – wenn dir dein Leben lieb ist, dreh dich nicht um und lauf nicht weg. Die Travers schienen alles, was sie für den Umgang mit den Löwen brauchten, durch Instinkt und Beobachtung aufzugreifen.

Sonst aber klappte nichts. Das Wetter war scheußlich. Und immer, wenn es regnete, verzögerte sich die Einhaltung des schon jetzt überschrittenen Zeitplans weiter.

Die Filmgesellschaft teilte sich in diejenigen, die immer noch glaubten, dass die Zirkuslöwen die Hauptrollen übernehmen könnten und die anderen, die fanden, dass die Rettung bei den afrikanischen Löwen läge. Der Direktor stand dazwischen.

Zu diesem Zeitpunkt ereignete sich etwas, von dem ich dachte, es würde dem ganzen Unterfangen den Todesstoß versetzen. Eines Nachmittags, nicht lange vor dem ersten Drehtag, nahmen Bill und Ginny die Löwenjungen Boy und Girl mit auf einen Spaziergang in die Ebene. Sie schienen aufgeregter als sonst zu sein, als sie vom Landrover sprangen, und Bill stellte fest, dass sie eine Gruppe Thomson-Gazellen entdeckt hatten. Bill und Ginny sahen zu, wie die Löwen ernsthaft an sie heranschlichen. Die Gazellen ließen sich nicht stören, achteten aber auf die Entfernung zwischen sich und den Löwen.

Nach einer Weile schauten Boy und Girl sich vorwurfsvoll nach den menschlichen Zuschauern um, die ihre Bemühungen sabotierten. Mit Grunzen und Schlagen überredeten sie Bill und Ginny, auf alle viere zu gehen und mitzumachen. Doch nach einer halben Stunde waren sie ihrer Beute noch immer nicht näher und Ginny, der alles wehtat, stand auf. In einem Anfall von Ärger sprang Boy auf sie. Sie krachten zusammen auf den Boden und Bill hörte Ginnys Bein brechen wie einen trockenen Ast. Bill und Girl rannten hin, und die folgenden schrecklichen Minuten schienen endlos. Dies war wieder ein Spiel für die Löwen geworden, doch Bill musste sie von Ginny weg und in den Landrover locken, um einen noch ernsteren Unfall zu verhindern. Er brauchte all seinen Mut, seine Kraft und seine Fantasie, um sie wegzulocken, indem er mit seinem Hemd spielte, und sie dann mit den Überbleibseln einiger Leckerbissen ruhig zu halten. Langsam und vorsichtig hob er Ginny hoch und trug sie ins Auto, um die schmerzhafte Fahrt zum Camp und die viel weitere zum Krankenhaus in Nairobi zu beginnen.

Gerade in diesem kritischen Moment kam Joy nach der anstrengendsten all ihrer Weltreisen nach Naro Moru. Ihre Rolle untersagte ihr eindeutig, sich in die Darbietung der Schauspieler oder der Löwen einzumischen, sie war lediglich hier, um das Wohlergehen der Tiere zu überwachen. Sie war natürlich von den Löwen fasziniert und gerührt von den Klippschliefern, die Patis Rolle spielen sollten, die für Elsa und ihre Geschwister wie ein Kindermädchen gewesen war.

Außerdem gehörten jetzt zwei Geparden zur Gesellschaft, mit denen Joy viel Zeit verbrachte, weil sie hoffte, einen davon behalten zu können; ein Warzenschweinpärchen war auch da, es wurde für eine wichtige Anfangsszene gebraucht, und ein junger Elefant namens Eleanor, der entspannt und verspielt war. Eleanors Rolle war es, von „Elsa" gejagt zu werden.

Niemand hätte sich gewundert, wenn Ginny sich geweigert hätte zurückzukommen, um in einem Film mit unberechenbaren Löwen zu spielen. Doch einmal mehr bewies sie den eiskalten Mut, den ich so oft von den Löwen erprobt gesehen hatte.

Boy und Girl waren so begeistert wie alle anderen, als sie zurückkam. Girl sprang auf das Dach ihres Autos und Boy steckte seinen Kopf durchs Fenster und leckte ihr Gesicht. Doch am nächsten Tag im Gehege scheuten die Löwen vor dem seltsamen weißen Gipsbein zurück, Boy rannte mit ihren Krücken davon und Ugas lief in deutlichem Entsetzen vor- und rückwärts. Innerhalb von wenigen Tagen änderte die Garderobiere geschickt Ginnys Safarihosen und Stiefel, um den Gips zu verbergen, und die Dreharbeiten konnten beginnen.

Carl Foreman wusste von den beiden Lagern, die sich in Sachen Zirkuslöwen gebildet hatten. Er wusste auch, wie sehr die Moral gesunken war. Deshalb flog er nach Kenia, und in ein paar Tagen im *Mount Kenya Safari Club* legte er klare Richtlinien fest, die die Zirkusfrage ein für alle Mal klären würde.

Joy hatte großen Streit mit Carl Foreman und Tom, die dem Film ein glücklicheres und ganz unnatürliches Ende verpassen wollten. „Joy" sollte „Elsas" Junge bei deren erstem Erscheinen in die Arme schließen. Das war eine krasse und völlig unnötige Verdrehung der wahren Geschichte. Auf Joys wütenden Widerstand gegen das vorgeschlagene Ende des Films reagierte er mit dem Vorschlag, die Szene auf beiderlei Art

Der berühmte Drehbuchautor und Filmproduzent Carl Foreman (1914–1984) war zum großen Teil verantwortlich für den Erfolg des Films.

zu drehen und die Sache erst zu entscheiden, wenn der Film geschnitten wurde. Als er seine Sache erledigt hatte, flog Carl nach England zurück.

Den Zirkuslöwen Astra und Djuba sollte sofort Gelegenheit gegeben werden, sich vor der Kamera zu bewähren. Astras Szene war die, in der Elsa ihre erste Beute macht – ein Warzenschwein. Tom McGowan wählte das kräftigere der beiden Schweine aus dem Gehege und es gab eine bemerkenswerte Darstellung. Zuerst war es schon durch Astras Größe eingeschüchtert, doch nach und nach wurde es neugierig und dann ärgerlich. Es drehte sich um und stieß Astra in einer Reihe von Gegenangriffen gegen den Kopf, bis die alte Löwin sich unwillig zurückzog. Die Szene wurde im Film beibehalten, und das Warzenschwein bekam als Belohnung seine Freiheit.

Djuba war so wenig kooperativ, dass sie nur in der Szene erschien, wo ich Elsas Mutter erschießen musste – sie spielte den Leichnam. Ihre Jungen, Elsa und ihre Geschwister, wurden von drei winzigen Löwen gespielt, die am Vortag aus der königlichen Sammlung Haile Selassies in Addis Abeba eingeflogen worden waren. Ich glaube, an dieser Stelle gewannen die afrikanischen Löwen die Schlacht. Tom McGowan holte tief Atem und entschied, den Film auf eine nie zuvor versuchte Art zu drehen.

Wir wussten, dass unsere Löwen sich mit Bill und Ginny in manchen Situationen natürlich verhalten würden, aber wir konnten nicht einmal für die einfachsten Einstellungen Erfolg beim ersten Drehversuch garantieren. Wenn „Elsa" in einem afrikanischen Dorf wie eine Sphinx auf dem Landroverdach sitzen sollte, dann sprang sie bestimmt herunter und setzte einem Huhn nach, während die Kamera lief – nicht ein Mal, sondern zwei oder drei Mal. Für den Löwen und

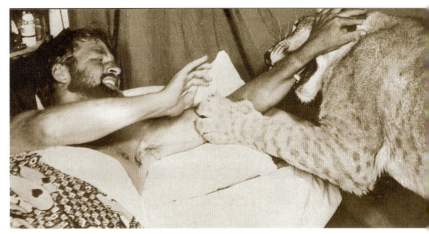

Auch viele missliche Zwischenfälle prägten die Filmarbeit: In dieser Szene stand die Löwin Girl unter Beruhigungsmitteln und biss den Schauspieler Bill Travers fast in den Arm.

die Zuschauer war das ein Spaß, doch für den Regisseur und die Hühner die Hölle.

Klein-Elsa, die die meisten der einfacheren Szenen mit Ginny spielte, musste endlos und fantasievoll dazu überredet werden, auch nur zu sitzen, zu laufen oder zu rennen. Girl und Henrietta wechselten sich bei einigen schwierigen Abläufen ab. Girl sah einfach nicht ein, warum sie Eleanor, den Elefanten, aus dem Busch ins Camp jagen sollte. Henrietta andererseits, die gern spielte, konnte der Versuchung nicht widerstehen, Eleanor zu ärgern und zu Fall zu bringen, was sie vor der Kamera gleich sechs Mal tat.

Eine Schlafzimmerszene endete wenig amüsant. Elsa sollte sich neben mir hinwerfen und einschlafen, während Joy meine fieberglühende Stirn abwischte. Mittlerweile war der Regisseur von den vielen Wiederholungen ungeduldig geworden und gab Girl ein Beruhigungsmittel, damit sie auch wirklich gleich einschlief. Stattdessen aber wurde sie verwirrt und nahm Bills Arm ins Maul, als ob sie gar nicht wisse, wer er ist. Es war ein furchtbarer Augenblick. Obwohl bei den Dreharbeiten immer ein Tierarzt zur Stelle war, der auch ständig konsultiert wurde, war damals viel weniger über Tiermedikamente bekannt und es gab viele unglückliche Zwischenfälle. Es war außer-

Die Schauspieler waren hart im Nehmen und gaben auch nach äußerst schmerzhaften Zusammenstößen wie hier mit der Löwin Mara nicht auf.

ordentlich schmerzhaft für Ginny, den Tod von Pati mit einem Klippschliefer spielen zu müssen, der tatsächlich gerade starb. Die Dosis des Medikaments war viel zu hoch, und das kleine Tier starb in ihren Armen, als die Kamera abdrehte.

Wir versuchten daher immer, unsere Probleme auf natürliche Art zu lösen. Zum Beispiel waren die Löwen morgens meistens zu lebhaft, um direkt zum Drehen zu gehen, deshalb ließen wir sie erst in der Ebene umhertoben und spielten mit ihnen mit Fußbällen, mit an Stöcke gebundenen Kokosnüssen und – das war das Beste – mit knallbunten Luftballons, die im Wind wegtrieben und mit befriedigendem Knall zerbarsten. Die Löwen zu lange toben zu lassen, war genauso unklug wie gar nicht. Am Ende eines sehr langen Tages warf sich Mara einmal wie ein übermüdetes Kind mit all ihren hundertfünfzig Kilo gegen Bill und renkte ihm die Schulter aus.

Gegen Ende der Dreharbeiten musste Ginny eine lange und liebevolle Umarmung mit der Löwin spielen, die sie am besten kannte – Girl. Doch Ginny spürte, dass etwas nicht stimmte. Sie war selbst unsicher, der Tag war bewölkt und kühler. Das einzige Mal in ihrem Leben wandte sich Girl gegen Ginny, nahm ihren Arm ins Maul und zwang sie mit dem Gesicht nach unten auf den Boden. Sehr langsam und ruhig mussten Bill und ich eingreifen, um die Umarmung zu lösen, die nicht länger liebevoll war.

Zu ungefähr diesem Zeitpunkt gab es eine Reihe Neuankömmlinge in Naro Moru, und ich knüpfte neue Freundschaften. Der Erste war ein Gepard, den man Joy geschenkt hatte, damit sie ihn für die Wildnis vorbereitete. Er lebte bei ihrem Zelt und kam von jetzt an überall hin mit uns. Joy taufte das Tier auf Pippa um, denn dieser Name konnte gut laut im Busch gerufen werden. Es war ein bildschönes Tier und erfüllte Joy mit ständigem Interesse und Vergnügen.

Der zweite Neuankömmling war Monty Ruben, dessen Vater Eddie die Transportgesellschaft gehörte, die für den Versand des gesamten von uns benötigten Filmmaterials zuständig war.

Der Dritte war die Herzogin Sieuwke Bisletti mit ihrer Löwin Sheba und Shebas drei neugeborenen Jungen, die in den letzten Szenen Elsas Junge spielen sollten. Leider war Sheba durch ihren neuen Käfig und die vielen unbekannten Geräusche und Gerüche verunsichert. Nach Einbruch der Dunkelheit sprang sie zum Entsetzen der Leute auf der Farm über den dreieinhalb Meter hohen Drahtzaun. Inzwischen war aus dem afrikanischen Dorf fast eine Stadt geworden, da

Über das Spielen mit Löwen

alle Afrikaner ihre Familien mitgebracht hatten, und das Heer der Techniker war mit der Menge der Probleme angeschwollen. Monika gelang es, Sheba zu stellen. Dieser Zwischenfall war der letzte von Toms Albträumen. Sein Beitrag zu diesem Film war geleistet.

Der vierte Ankömmling, James Hill, der neue Regisseur, gewann sofort jedermanns Respekt, als er gestand, rein gar nichts von Löwen zu verstehen, außer dass sie furchterweckend waren. Er drehte all die letzten und manche der aufschlussreichsten Szenen des Films.

Alles lief gut in Watamu, bis Mara eines Tages eine winzige Figur in der Ferne ausmachte, die sofort hinter einem Felsen verschwand. Es war Joy, die Pippa hinunter an die Küste gebracht hatte. Mara kannte Joy nicht gut. Sie lief hin zu Joy und versetzte ihr einen fragenden Stoß. Joy rutschte auf den Korallen aus, Maras Krallen schossen hervor und Joy hatte einen argen Riss, der mit vielen Stichen genäht werden musste. Joy gab Mara nie die Schuld daran, doch es erinnerte uns alle daran, dass das Spiel mit den Löwen ähnlich wie das Spiel mit dem Feuer ist.

Die wahrscheinlich zwei dramatischsten Szenen des Films sind die, in denen Elsa von einer anderen Löwin herausgefordert und angegriffen wird, und wo der Löwe um sie wirbt, dessen Junge sie schließlich austrägt. Astra bekam eine Chance zur Wiedergutmachung und lieferte eine ausgezeichnete Darbietung. Ihr und „Elsa" hatte man beigebracht, das Gebiet, auf dem der Kampf stattfinden sollte, jeweils als eigenes Territorium zu betrachten. Beide wurden dann gleichzeitig darauf losgelassen, und ihre Instinkte übernahmen die Regie. Jede flog sofort äußerst aggressiv auf die andere zu. Der Kampf dauerte nicht lange, und wir brauchten die Kämpferinnen nicht mit den bereit liegenden Wasserschläuchen zu trennen, doch es waren ausgezeichnete Momente.

Mara und Ugas waren auserwählt, Elsas Brautzeit und Paarung darzustellen. Sie machten das schön und rührend. Es gelang ihnen, jede der einzelnen Phasen darzustellen – Anziehung, Misstrauen, Annäherung, Abweisung, knurrende Forderung, Annahme, Beherrschung und schnurrende Entspannung nach der Paarung. Die Paarung selbst fehlte, und das war vielleicht gut so. Nie und nimmer hätte die Filmgesellschaft den Paarungsakt gezeigt!

Nach fast einem Jahr unseres Lebens war der Augenblick gekommen, die Schlussszene

James Hill (links im Bild) führte nach Tom McGowan bei „Frei geboren" Regie. Den engen Kontakt zu den Raubtieren musste er erst einmal verkraften.

„Die endgültige Entscheidung darüber, welche Schlussszene wir nehmen, wird im Schneideraum in London fallen", hatte Carl Foreman gesagt.

Zehn Monate zuvor waren wir ausgezogen, die Filmkunst dazu zu benutzen, unser früheres Leben mit Elsa darzustellen. Doch jetzt übernahm der Film unsere Zukunft. Entgegen allen Erwartungen war es Bill und Ginny gelungen, mit den Filmlöwen die Art Beziehung herzustellen, die Joy und ich zu Elsa gehabt hatten. Auch ich hatte mit einigen der Löwen Freundschaft geschlossen – bei Ugas, Boy und Girl sogar so eng wie mit Elsa. Joy war ebenso besorgt um die Zukunft der Löwen wie die Travers und ich.

Ein Beispiel für das Vertrauen, das die Löwen zu uns hatten, war ein Zwischenfall draußen beim Training, als Girl sich an eine Gazelle anschlich. Sie erhöhte plötzlich ihre Geschwindigkeit, machte ihre erste Beute, brachte das Tier zurück und legte es Ginny zu Füßen. Wenn man ein solches Vertrauen errungen hatte und sah, wie die Löwen in der Freiheit auflebten und zwanglose Freundschaft schätzten, dann war es wie ein Verrat, sie zurück in die Gefangenschaft zu schicken.

Wir kämpften dafür, so viele wie möglich zu retten, doch die Filmgesellschaft hatte ihr Budget weit überschritten und war entschlossen, alles zu verkaufen oder zu versteigern. Sieben der Löwen kamen zum Herzog von Bath nach Longleat in England. Vier Löwen kamen in den Zoo von Detroit in Amerika, zwei in den Paignton-Zoo in England. Henrietta kam in den Zoo von Uganda. Klein-Elsa, wie auch Mara, sollten ebenfalls nach England, in den *Whipsnade Park Zoo* kommen, doch Maras vorige Besitzerin lebte in Kenia und wir hofften, sie zu einer Meinungsänderung zu überreden. Wir hofften auch, Ugas vor einer Rückkehr ins Tierheim

Dieser Kampf der Löwinnen wurde eigens für den Film inszeniert. Alles ging glimpflich aus.

zu drehen – in der Elsa ihre sechs Wochen alten Jungen zum ersten Mal zu Joy und mir bringt.

Erste Szene: Sheba und ihre Jungen kommen aus dem Busch hervor. Bill und Ginny reagieren entzückt, und er legt seinen Arm um ihre Schulter, während sich die Löwen im Camp niederlassen.

Zweite Szene: Sheba und ihre Jungen kommen aus dem Busch hervor. Bill und Ginny reagieren entzückt, und sie beugt sich nieder, um die Jungen in ihre Arme zu schließen.

von Nairobi zu bewahren. Bis jetzt hatten wir noch keine Antwort auf einen Brief an die Schottische Garde wegen Boy und Girl erhalten. Einer nach dem anderen entglitten uns die Löwen.

Der Kampf darum, wenigstens einige zu retten, brachte Joy, mich und die Travers immer enger zusammen. Am Tag, ehe Bill und Ginny abreisten, kamen sie, um sich zu verabschieden und überließen uns rührenderweise ihren eigenen Jeep für die Arbeit mit Pippa und etwaigen Löwen. Der Abschied war sehr schmerzhaft.

Gerade als Joy und ich zu befürchten anfingen, dass wir am Ende keinen der Löwen vor der Gefangenschaft bewahren würden, bekamen wir einen Brief vom Oberfeldwebel des Zweiten Bataillons der Schottischen Garde, Campbell Graham. Er und Feldwebel Ryves hatten gründlich über die Zukunft von Boy und Girl nachgedacht und waren zu dem Schluss gekommen, uns die Genehmigung zu erteilen, Boy und Girl freizulassen. „Wir haben uns in einigen der erstklassigen Zoos umgesehen und waren nicht beeindruckt. Wir wünschen Ihnen viel Glück bei Ihrer Aufgabe und hoffen, dass Sie uns ab und zu unterrichten werden, bis Sie sie eines Tages sich selbst überlassen", schrieben sie.

Dies war der Anfang einer Welle, auf der ich seither getragen worden bin. Damals hatte ich keine Ahnung, wohin diese Entscheidung mich führen würde und dachte nur daran, einen Ort zu finden, wo ich die beiden Löwen freilassen konnte und der zugleich eine Heimat für Joys Geparden sein würde.

Kurz zuvor hatte der Kreisrat von Meru – dank einer großzügigen Spende aus Joys Stiftung – beschlossen, Meru den Status eines Nationalen Reservats zu verleihen. Durch einen Glücksfall wurde Ted Goss, ein alter Freund, der erste Wildhüter des Reservats. Jetzt, im April 1965, fuhr ich hin und besuchte ihn, und er bereitete mir nicht nur ein großartiges Willkommen, sondern zeigte mir auch eine ausgezeichnete Stelle für mein Camp, am Fuß eines Hügels, der Mugwongo genannt wurde. Angesichts der Tatsache, dass Löwen und Geparden sich nicht gut vertragen, schlug er für Joy ein separates Camp vor, ungefähr zwanzig Kilometer entfernt, das in der Nähe eines Flusses lag, eine Straße und eine eigene Verwaltung hatte.

Als ich nach Naro Moru zurückkehrte, war es nicht mehr als eine leere Muschel – die Filmleute waren weg, die Möbel verschwunden, das Dorf mit seinen Hütten fast leer. Die letzten Löwen wanderten in ihren Käfigen auf und ab und ahnten nichts von ihrem Schicksal.

Während Boy und Girl für ihre Reise nach Meru vorbereitet wurden und Joy alles zusammensuchte, was sie für Pippa brauchen würde, gab es eine gute Nachricht: Carl wollte beim Filmende ehrlich bleiben – Elsas Jungen blieb eine menschliche Umarmung erspart.

Aufbruch in die Freiheit

Mein kleines Camp am Mugwongo-Hügel im Meru-National-Reservat war aus Palmwedeln gebaut und von einem zwei Meter hohen Drahtzaun umgeben. Es war unterteilt und hatte ein separates Gehege für die Löwen – eine zwecklose Idee, denn am ersten Morgen wurde ich von Boy geweckt, der auf meiner Brust saß und von Girl, die meine Füße leckte.

Ted Goss war an meinem Versuch, ein künstliches Rudel in der Wildnis auszusetzen, echt interessiert. Er war auch der Meinung, dass dieses Experiment Interesse für die Erfordernisse des Naturschutzes ganz allgemein und in Meru im Besonderen wecken würde. Ich wusste jedoch, dass seit dem Erfolg von „Frei geboren" die Berufsjäger, Wissenschaftler, Naturschützer und Manager von Wildfarmen geteilter Meinung über den Wert und die Weisheit der Rehabilitierung von Löwen waren. Ken Smith, der dabei war, als wir Elsa fanden, blieb weiter auf meiner Seite. Ich hatte aber den Verdacht, dass andere Wildhüter, und zwar Männer von größtem beruflichem Können, skeptisch waren, um es gelinde auszudrücken.

Das Meru-Reservat umfasst ungefähr 480 Quadratkilometer und ist ideal für Wild. Der Mugwongo-Hügel ist mit grünem Busch und rostfarbenen Felsen bedeckt. Er erhebt sich aus der Ebene wie die ungleichen Zwillingsbuckel eines zweihöckrigen Kamels.

Zuerst schlichen Boy und Girl sich ziemlich unterschiedslos an alles an: Sie wählten einen Elefanten, ein Nashorn, ein paar Strauße und ab und zu auch mich.

Die Ebene wird von drei Flüssen und einer Anzahl mit Palmen, Akazien und dichtem Unterholz gesäumten Flüsschen durchzogen. Wild gab es im Überfluss, und Boy und Girl waren hellwach für all die aufregenden Anblicke und Gerüche ringsumher. Mein Camp im Schatten einer großen Akazie hing voll mit Nestern des Layard-Webervogels und lag in ziemlich lichtem Busch mit roter Erde; in der Nähe war ein üppiger grüner Sumpf. Joys Camp sollte schattiger sein, es lag unter Palmen zwanzig Kilometer weiter nördlich auf schwarzer Erde, und zwanzig Kilometer weiter südöstlich hatte Elsa gelebt und war dort im Busch gestorben.

Nach meinem Erwachen am ersten Tag, machte ich mit Boy und Girl einen Morgenspaziergang, als eine Art Selbstschutz, um etwas von ihrer überschüssigen Energie abzuarbeiten. Es wurde zur täglichen Gewohnheit, bei der ich fast ebenso viel wie sie über das Land lernte. Überall war Wild. Der Sumpf besaß für die meisten Tiere eine enorme Anziehungskraft. Er war bevorzugtes Weidegebiet für eine große Büffelherde; Elenantilopen, die die größten Antilopen überhaupt sind, fast eine Tonne wiegen und schöne, spiralförmige Hörner haben, versammelten sich oft hier; Wasserböcke und Grantgazellen kamen jeden Abend zum Trinken. Netzgiraffen, deren kastanienfarbenes Fell mit einem Netz cremefarbener Linien durchzogen ist, ästen friedlich an den Akazien und Dornbüschen. Zebrafamilien zogen durch die Ebene.

Zuerst schlichen Boy und Girl sich ziemlich unterschiedslos an alles an: Sie wählten einen Elefanten, ein Nashorn, ein paar Strauße und ab und zu auch mich. An kühlen feuchten Tagen waren sie besonders frech. Zuerst hatten sie gar keinen Erfolg mit der Pirsch auf geeignete Beutetiere, die daran gewöhnt waren, den bereits vorhandenen Löwenrudeln im Reservat aus dem Weg zu gehen.

Ich hatte ursprünglich erwartet, meine Löwen in ein paar Monaten einzugewöhnen, doch mir wurde bald klar, dass es viel länger dauern würde. Sie brauchten dringend die Unterstützung anderer Löwen wie Ugas, Mara und Klein-Elsa, wenn sie mit Erfolg jagen und ein Territorium gegen ansässige Konkurrenten behaupten sollten. Doch Mrs. Grindley, die Besitzerin Maras, hatte entschieden, dass das Leben in einem Zoo sicherer als das in der Freiheit mit ihren Gefahren sein würde. Sie wurde darin von einem Löwenfachmann unterstützt, von Charles Guggisberg, der der Meinung war, dass weder Mara noch Ugas die geringste Chance hatten, in der Wildnis zu überleben. Ich erfuhr, dass Mara und Klein-Elsa auf jeden Fall nach Whipsnade sollten und ich fragte mich, ob Sicherheit wirklich wichtiger ist als Freiheit.

Ich musste also einfach andere Löwen für Boy und Girl finden. Ein einzelner Löwe kann nur selten über längere Zeit hinweg ein Rudel gegen Angriffe von außen schützen, und Girl würde andere Löwinnen brauchen, die ihr beim Töten der Beute und Aufziehen der Jungen helfen würden.

Nach ein paar Nächten gab ich es auf, Boy und Girl einzusperren, und als ich eines Nachts von ärgerlichem Knurren geweckt wurde, leuchtete ich mit meiner Taschenlampe zum Dach des Landrovers, das sie als Nachtquartier ausgewählt hatten. Gerade noch sah ich sie herunterspringen und einer Löwin und ihren Jungen nachsetzen. Boy kam bald vergnügt zurück, wenn auch mit einem Kratzer auf der Nase, und bestand darauf, in mein Bett zu steigen. Ein paar Nächte darauf gab es wieder Aufruhr und als ich aufwachte, sah ich nicht weniger als zwölf Löwen am Camp vorbeiziehen. Es waren weibliche Tiere mit ihren Jungen, und während Boy Spaß daran hatte, sie wegzujagen, floh Girl in die Dunkelheit.

Eine Woche später war die Situation umgekehrt. Mein Schlaf wurde durch ein furchtbares Knurren unterbrochen und meine Taschenlampe erfasste Boy, der auf dem Boden kroch, während die schreckliche Gestalt von Black Mane, dem Herren des ansässigen Rudels, über ihm stand. Boys instinktive Reaktion, sich ergeben auf den Rücken zu legen, bewahrte ihn vor ernsthafterem Schaden.

Es erfüllte mich mit großem Glück, mit den beiden Löwen im Busch zu leben. Das

Je kunstvoller männliche Webervögel ihr Nest bauen, hier in einer Akazie, umso größer ist ihr Erfolg bei den Weibchen.

Meine Löwen – mein Leben

Leben schien perfekt zu sein – der Mond stieg in einem wolkenlosen Himmel über den Palmen auf, und keinerlei von Menschen verursachte Geräusche störten die Schönheit der Nächte.

Ich war mit dem Briefschreiben viel weniger gewissenhaft als Joy, doch ich führte mein Tagebuch – ich habe die meiste Zeit meines Lebens eins geführt – und erfüllte mein Versprechen Bill und Ginny gegenüber, indem ich ihnen Berichte über die Löwen zuschickte, die kurz vor einem wichtigen Schritt standen. Ich hatte sie bewusst kurz mit Fleisch gehalten, um ihre Jagdinstinkte zu fördern. Zu Anfang taten sie nichts weiter als das, was ich ihnen gab, vor ungeduldigen Aasfressern wie Hyänen, Schakalen und natürlich Geiern zu bewahren. Doch nach ein paar Wochen tötete Girl einen Pavian, der nicht schnell genug wegkam, als er die Löwen geärgert hatte. Eine Woche später verschwand Girl sechsunddreißig Stunden lang. Boy war noch verdrießlicher als ich und fing nachts um halb zwölf ein solches Geheule an, dass ich ihm auf der Suche nach seiner Schwester in den Busch folgte. Er führte mich zu einem frisch getöteten Elen im Sumpf. Ich kreiste mit meiner Taschenlampe und stieß auf ein paar leuchtende Augen im Schilf. Ich bezweifelte, dass es die Girls waren, besonders, nachdem ich wiederholt ihren Namen rief und die Augen sich nicht bewegten. Um die Sache zu klären, warf ich einen Stein, woraufhin die Löwin auf mich zusprang. Ich hob mein Gewehr in ihre Richtung, aber dann stellte sich heraus, dass es doch Girl war. Sie hatte von dem Fleisch des jungen Elen gefressen und aus den Spuren ging deutlich hervor, dass sie es allein getötet hatte, als es mit einem Huf im Busch hängengeblieben war und ein Bein gebrochen hatte.

Ein paar Tage später ging ich mit Boy und Girl zusammen auf die Suche nach Wild. Zebras ziehen in Familiengruppen umher, die in enger Verbindung miteinander blei-

Die Elenantilope kann zwischen 500 und 1000 kg wiegen – eine ordentliche Mahlzeit für hungrige Löwen.

ben, selbst wenn sie sich einer Massenwanderung von Zehntausenden Tieren anschließen, und an diesem Nachmittag war es eine Familie, die Girls Aufmerksamkeit erregte. Sie schlich sich perfekt an, brachte ein großes Fohlen mit einem Angriff von hinten zu Fall und verlagerte schnell ihren Biss an die Kehle – es war innerhalb weniger Minuten tot. Zwei Wochen später gelang es ihr, allein eine ausgewachsene Elenkuh zu erlegen. Beide Male arbeitete sie mit fachmännischem Können, während Boy nichts zur Jagd beitrug.

Wenn meine Löwen nach meiner Abreise auch nicht hungern würden, so machte ich mir doch noch Sorgen um die Bedrohung durch Black Mane und sein Rudel. Zum Glück kam gerade dann Joy von einem Besuch aus Nairobi zurück und teilte mir mit, dass die Verwaltung des Nairobi-Parks ihre Meinung über Ugas geändert hätte und ihn vielleicht doch zu uns lassen würde. Er hasste seine Gefangenschaft im Tierheim und wurde allmählich als gefährlich eingestuft. Ted Goss und ich fuhren sofort nach Nairobi, um ihn abzuholen.

Zu meinem Kummer war Mara noch immer im Gehege mit ihm und wartete darauf, nach Whipsnade geflogen zu werden. Beide Löwen begrüßten mich voller Zuneigung, und es brach uns das Herz, Mara allein in ihrem Käfig zurücklassen zu müssen.

Als Ugas nach Meru kam, versetzte er erst einmal Boy ein paar Hiebe, um so seine Herrschaft sicherzustellen; zum Glück behandelte er mich mit Achtung und Zuneigung und rieb ständig zur Begrüßung seinen Kopf gegen meine Knie. Seine zweite Tat war es, Black Mane wegzujagen, sobald er ihn sah, und nachdem er das immer wieder tat und manchmal als Lohn eine blutige Nase hatte, setzte er sich durch, sprühte Herausforderungen in den umliegenden Busch und erhob nachts ein schauerliches Geheul.

Tagsüber merkte man, dass Ugas die beste Nase von allen hatte, doch als Männchen

war er faul bei der Jagd; auch schien er meine Gesellschaft derjenigen der Löwen vorzuziehen. Es war wirklich rührend, wenn auch mühsam, als er herausfand, wie man den Zaun überwinden konnte, um mich zu erreichen; er brauchte nur auf seinen Hinterbeinen zu stehen und den Rest der Schwerkraft überlassen. Dann bestanden Boy und Girl darauf, seine Mahlzeiten zu teilen, anstatt weiter zu jagen und ich hatte das Gefühl, dass ihre Erziehung weniger bis gar nicht vorankam.

Ugas kam eines Abends mit einem geschwollenen und offenbar schmerzenden Auge zurück. Ein paar Tage lang ging er jedem dunklen Zweig aus dem Weg und sprang vor Stöcken im Gras zur Seite, sodass ich annahm, der Übeltäter müsse eine Kobra gewesen sein, die auf die Augen ihres Opfers zielt. Schließlich schmerzte ihn sein Auge so, dass ich Ted Goss bat, nach den Tierärzten Toni und Sue Harthoorn zu schicken. Toni war mittlerweile einer der führenden Fachleute in Afrika in Sachen Betäubung von Tieren. Als sie nach Mugwongo kamen, betäubten Tom und Sue schnell Ugas, diagnostizierten sein Auge als entzündet, aber intakt, und verschrieben eine Reihe schmerzhafter Spritzen, die ich in Ugas Hinterteil setzen sollte.

Anfang 1966 wurde ich nachts um zwei durch das Geräusch eines Autos vor meiner Hütte geweckt. Es war Joy. Mit einer gewissen Schärfe berichtete sie, dass sie soeben von dem unwillkommenen Anblick eines großen Löwen vor ihrem Zelt geweckt worden sei. Zum Glück hatte sie die Nerven behalten und den Eindringling als Ugas erkannt – würde ich bitte gleich losfahren und ihn abholen?

Ugas war zweifellos auf der Suche nach einem Weibchen umhergezogen. Wenn er sich niederlassen und reifer werden sollte, brauchte er dringend welche. Girl, die gerade zum ersten Mal läufig geworden war, behandelte ihn sicherlich nicht als würdigen Freier und lehnte ihn so heftig ab, dass er rückwärts in den Wassertrog gestürzt war. Leider heilte Ugas' Auge nicht und sah entschieden schlimmer aus; als ich ihn vor Schmerzen heulen sah, bat ich Toni und Sue Harthoorn wiederzukommen und notfalls das Auge zu entfernen. Sie fanden heraus, dass es kürzlich von einem Ast durchbohrt worden war und nahmen es heraus.

Schon nach kurzer Zeit hatte Ugas sich völlig erholt – er kämpfte, jagte und hofierte die Damen mit gleichbleibendem Erfolg, obwohl ich bemerkte, dass er ständig seinen Kopf drehte, um auf beiden Seiten ein Blickfeld zu haben. Er hatte keine Schmerzen mehr und sein freundliches Wesen kam wieder durch, und er war besonders nett zu den vier Jungen, die von den Bislettis zur Verstärkung meines Rudels eintrafen.

Um meinen 60. Geburtstag im Februar zu feiern, kam Joy mit einem „Caky" zu mir herüber. Der Kuchen war über und über mit Schokolade, Zuckerguss und Kerzen verziert. Ihr Geschenk für mich war ein Kühlschrank für das Löwenfleisch, damit mein eigener ein bisschen hygienischer gehalten werden konnte. Joy brachte auch Bernhard Grzimek mit, mit dem wir über seine und unsere Arbeit viel zu diskutieren hatten: Sein Geldsammeln war immer erfolgreicher geworden (im Lauf der Jahre hat er mir mehr als jede andere Organisation geholfen). Als Filmemacher war er besonders an den Aussichten von „Frei geboren" interessiert. Joy hatte gerade eine Einladung zur Premiere nach London erhalten, wo sie auch der Königin vorgestellt werden sollte. Ich wollte hierbleiben, zum Teil, weil ich so gar nicht mit der Art und Weise einverstanden war, in der sich die Filmgesellschaft der Löwen entledigt hatte, zum Teil auch, weil Pippa Junge erwartete, deren Geburt unmittelbar bevorstand, und zum Teil, weil ich die vier Löwenjungen nicht gern alleinlassen wollte.

Joy war nicht damit einverstanden gewesen, dass ich sie aufnahm: Sie waren erst vier oder fünf Monate alt und ich würde noch ein bis zwei Jahre bei ihnen bleiben müssen. Joys Pläne für Pippa waren zwar auch recht langfristig, doch sie wollte unsere Trennung in verschiedenen Camps nicht noch länger ausdehnen. Es missfiel ihr zudem, dass sie den Unterhalt meiner Löwen aus den Einnahmen von „Frei geboren" mitfinanzieren musste.

Zum Glück mochten Ugas, Boy und Girl die Jungen sofort, spielten mit ihnen und leisteten ihnen auf unseren Spaziergängen Gesellschaft. Das junge Männchen, Suswa, war kräftig und voller Energie: Eines Morgens sprang er von seinem Hochsitz auf das Dach meiner Hütte und fiel durch und direkt auf meine Schreibmaschine. Seine Schwestern Shaitani, Sally und Suki waren ebenso lebhaft: Als ich einer Wolke nachging, die offenbar aus meiner Hütte kam, fand ich die drei in einem Wust von Federn, die aus den Resten meiner Kopfkissen quollen.

Ein paar Tage, nachdem Joy zur Filmpremiere nach London abgeflogen war, telegrafierte ich ihr, dass Pippas Junge geboren waren. Zu meinem Erstaunen kreiste eine Woche später ein Flugzeug über dem Camp und warf die Nachricht ab, dass Joy an Bord sei. Sie war von dem Film und dem sofortigen Kassenerfolg überwältigt, obwohl der Film den Kritikern nicht gefallen hatte.

Sie war völlig gerührt von der Art, wie Pippa sie in ihre neue Familie aufnahm. Leider überlebten die jungen Geparden nur zwei Monate, doch Pippa wurde gleich wieder läufig und im August wurde ein zweiter Wurf geboren. Deren Abenteuer hat Joy auch in einem Buch beschrieben.

Als ich das nächste Mal an Bill und Ginny schrieb, erzählte ich ihnen, wie ich zum ersten Mal in meinem Leben eine Fliege umgebunden hatte, um die Nairobi-Premiere des Films zu sehen. Ich gratulierte ihnen von ganzem Herzen zu ihrer Leistung, denn ich war davon überzeugt, dass der Erfolg des Films ihnen zu verdanken war – auch Joy war dieser Meinung. Meine Briefe enthielten auch Schilderungen der letzten Heldentaten der Löwen. Meine Briefe führten zu einer schnellen und überraschenden Antwort von Bill. Er schrieb, dass man ihm und Ginny aufgrund der ausgezeichneten Kritiken in Amerika und des weltweiten Kassenerfolgs des Films zahllose Fragen über die Filmarbeiten, über Joy und mich und über die Löwen gestellt hätte. Er wollte einen Dokumentarfilm drehen, um diese Fragen zu beantworten und um zu beweisen, dass unsere Beziehung zu Elsa kein glücklicher Zufall war: Tiere, selbst so gewaltige wie Löwen, sind durchaus in der Lage, Freundschaften

Joy Adamsons Leidenschaft galt den Geparden, seit sie Pippa geschenkt bekommen hatte, um sie auf die Auswilderung vorzubereiten.

Pfeilschnelle Jäger der Savanne – Geparden

Eine Gepardenmutter muss ihren Wurf vor großen Raubkatzen schützen, viele Jungtiere leben nur kurz.

Wie die Löwen leben auch die zu den Kleinkatzen gehörenden Geparden vor allem in den Savannen und Steppen der alten Welt. Die gefleckten Raubtiere sind zwar mit einer Spitzengeschwindigkeit von 112 km/h die schnellsten Tiere auf festem Boden und beschleunigen in atemberaubenden 3 s aus dem Stand auf Tempo Hundert. Gegen Löwen, Leoparden und Hyänen aber haben die langbeinigen und schlanken Sprinter trotzdem schlechte Karten, weil sie mit ihrem geringen Gewicht von gerade einmal 60 kg den viel schwereren Konkurrenten einfach nicht gewachsen sind.

Der stärkeren Konkurrenz gehen Geparden daher aus dem Weg, indem sie am hellen Tag jagen. Löwen, Leoparden und Tüpfelhyänen dagegen sind eher in der Nacht oder in den frühen Morgenstunden unterwegs. In der Nacht müssten die schnellen Sprinter fürchten, dass die Konkurrenten sie nach erfolgreicher Jagd von ihrer Beute vertreiben und sie selbst hungrig bleiben würden.

Völlig aus dem Weg aber können Geparden ihren stärkeren Rivalen nicht gehen. Das sehen Zoologen besonders deutlich, wenn sie den Fortpflanzungserfolg in verschiedenen Regionen Afrikas vergleichen: Während im Farmland Namibias, in dem die Geparden relativ konkurrenzlos jagen, etwa 80 % der geworfenen Junggeparden auch erwachsen werden, erwischen in der Serengeti Tansanias Löwen und Hyänen 70 % des Gepardennachwuchses vor der Geschlechtsreife. In Namibia dagegen wurden Löwen und Hyänen außerhalb der Nationalparks weitgehend ausgerottet, weil sie als „Viehdiebe" gelten. „Dort können Gepardenweibchen ihren Nachwuchs also viel ungestörter als in der Serengeti aufziehen", berichtet Bettina Wachter vom Leibniz-Institut für Zoo- und Wildtierforschung.

Der Gepard ist sehr leicht und hat nur wenig Muskelmasse. Daher muss er ständig seine Energiespeicher wieder auffüllen und dafür oft jagen.

zu entwickeln, die auch die Entlassung in die Freiheit überdauern können, wenn sie auf der richtigen Mischung von Verständnis und Liebe basieren. Joy und ich hielten die Idee für gut, zweifelten aber daran, dass die Regierung oder die Parkverwaltung zustimmen würde.

Die Löwen waren immer unabhängiger geworden. Im Juni paarte sich Ugas mit einer wilden Löwin und im Juli Girl gleich zwei Mal mit Boy. Er musste die Gunstbezeugungen der wilden Männchen abwehren, die um Girl herumschlichen, aber sie räumten stets das Feld, wenn sie sich auf seinem Territorium befanden. Boy und Girl waren jetzt drei Jahre alt und leiteten die vier Bisletti-Jungen zu erfolgreichen Jagden auf Oryx und Elen an.

Die Zeit ständiger Dramen begann im September. Das erste Ereignis drehte sich um die Shifta – bewaffnete Gangs somalischer Wilderer und Viehdiebe. Ich hörte nach Einbruch der Dunkelheit ein paar Schüsse und Joy kam, um zu berichten, dass somalische Banditen ein Dorf in der Nähe überfallen hätten – sie bat mich, die Nacht in der Sicherheit ihres Camps in der Nähe der Parkverwaltung zu verbringen. Da in dem Moment meine Löwen gerade draußen waren und ein Zebra fraßen und somit ein ideales Ziel für die Shifta abgaben, entschloss ich mich, mit einer geladenen Waffe in der Nähe zu bleiben. Zum Glück kamen die Shifta nicht.

Der ansässige Büffel stellte sich als viel gefährlicher heraus. Büffel sind die schwere Kavallerie der afrikanischen Ebenen, und obwohl Löwen sie gern fressen, haben sie drei sehr wirksame Verteidigungsmittel. Das Erste sind ihre mächtigen Hörner, die in der Mitte zusammenstoßen und eine knochige Masse bilden, die nur eine sehr exakt platzierte Kugel durchdringen kann. Das Zweite ist das taktische Geschick, mit dem sich eine Herde schnell kreisförmig sammelt, um einem Angriff entgegenzusehen. Die jungen, die schwachen und die alten Tiere sind innerhalb des Kreises geschützt, und es ist unmöglich, von außen her die geschlossene Reihe gesenkter Köpfe und Hörner zu durchbrechen. Der gefährlichste Büffel ist der einsame oder der verletzte. Er hat als Verteidigungsmittel eine Mischung aus ärgerlichem Mut und Gerissenheit zu seiner Verfügung.

Eines Tages war es mir nicht geglückt, ein Zebra für die Löwen zu schießen und so verpasste ich auf dem Rückweg einem Büffel einen Schulterschuss. Er war böse verletzt und verschwand in einem Stückchen hohem Gras, wo einer meiner Fährtensucher, der auf einen Baum geklettert war, ihn mir zeigte. Obwohl ich vorsichtig voranpirschte, kam er plötzlich schnell auf mich zu und war nur noch gut einen Meter entfernt. Es war keine Zeit für einen gezielten Schuss, so richtete ich nur die Waffe in seine Richtung und drückte ab, sah, wie der Büffel das Gewehr in die Luft schleuderte und spürte sein Horn in meine Rippen drücken, bis ich zu Boden ging. Das Horn verfehlte mich, als er mich aufspießen wollte, er trat aber auf meinen Fuß und verpasste mir ein blaues Auge. Dann ging er in zehn Meter Entfernung nieder. Der Fährtensucher kam tapfer zu meiner Rettung, half mir auf die Füße und gab mir mein Gewehr wieder – gerade als der Büffel erneut auf die Beine kam. Zum Glück war die Anstrengung zu viel für ihn und er brach tot zusammen.

Mithilfe meines Fährtensuchers schaffte ich es gerade bis zum Auto, das ungefähr anderthalb Kilometer entfernt war. Ich war jedoch entschlossen, mir das geschossene Fleisch nicht entgehen zu lassen und so fuhren wir zurück und holten den Büffel, ehe wir zurück zum Camp fuhren. Dort benachrichtigte ich Joy per Funk und sie organisierte ein Flugzeug, das mich am nächsten Morgen ins Krankenhaus bringen sollte. In der Nacht war der Schmerz nur erträglich, wenn ich aufrecht am Tisch saß.

Ich war mehrere Wochen mit gebrochenen Rippen und einem gebrochenen Fußknochen im Krankenhaus. Inzwischen passte mein indischer Assistent Arun Sharma gut auf Girl auf, die Ende Oktober zwei Junge hatte. Sie brachte sie von einem Lager zum anderen und verließ sie oft für eine ganze Nacht oder einen ganzen Tag, während sie jagte oder fraß. Als ich eine Woche später zurückkam, erlaubte sie mir, bis an die Jungen heranzukommen und sie zu bewundern. Auch Boy durfte das, nur die Bisletti-Löwen, die fasziniert von den Kleinen waren, mussten wegbleiben.

Ein Junges verschwand bald und ich nahm an, dass es in Girls Abwesenheit von einem Leoparden geholt worden war. Den anderen, Sam, musste ich adoptieren, als Girl ihn den Hyänen und Schakalen überließ, die ums Camp herumschlichen. Sams Adoption beschwor ein drittes Drama herauf.

Zur gleichen Zeit wurde Girl wieder läufig, was mir damals sehr ungewöhnlich erschien, da Sam noch winzig war und ihre Fürsorge brauchte. Girl verursachte Eifersucht zwischen Boy und Ugas, die plötzlich einen richtig aufregenden Kampf um ihre Gunst begannen. Sie stellten sich hoch auf die Hinterläufe und teilten sich gegenseitig mit beiden Pfoten entsetzliche Schläge aus. Schließlich gab Ugas auf. Als der Kampf nachließ, bat ich Arun, nach Sam zu suchen, der bei dem Kampf Angst bekommen hatte. Als Arun an Girl und Boy vorbeiging, stand Boy auf, ging mit einem Knurren auf ihn los und schlug mit seinen Krallen nach ihm. Ich ging sofort auf Boy los und verpasste ihm mit einem langen Stock einen harten Schlag auf die Nase und rief Arun zu, ins Auto zu steigen. Boy zog sich zurück, kam aber ein zweites Mal auf mich zu und sah wirklich furchtbar aus.

Wieder schlug ich ihm mit aller Kraft zwischen die Ohren. Gott sei Dank ließen sein Adrenalin oder seine Hormone langsam nach und seine Aggressivität endete so plötzlich wie sie entstanden war.

Während Arun sich erholte – seine Wunden sprachen auf eine Behandlung mit Penicillin an –, bat ich Terence um Hilfe, denn meine Rippen schmerzten noch immer. Seit er damals unser Haus in Isiolo gebaut hatte, hatte er als Assistenzwildhüter im Tsavo-Park und dann im nördlichen Grenzgebiet, in Marsabit und Isiolo gearbeitet. Ein Großteil seiner Arbeit bestand darin, die Landwirtschaft vor Wildschäden zu bewahren, und er stand in dem Ruf, mit wenig Töten viel zu erreichen.

Für mich endete das Jahr schlecht. Ich hatte den kleinen Sam sehr lieb gewonnen, und nachdem ich ihn mit Flaschen voll Milch und dem Babynahrungspulver *Farex* gefüttert hatte, brachte ich ihn zu Ugas und den Bisletti-Löwen, die gern mit ihm spielten. Nachts schlief er in einer Kiste neben

Ein ausgewachsener Kaffernbüffel kann eine Schulterhöhe von etwa 1,8 m erreichen. Charakteristisch sind seine gewaltigen Hörner.

meinem Bett. Kurz vor Weihnachten wurde ich nachts um drei von einem Geräusch geweckt, das sich anhörte, als ob einer der Löwen versuchte, ins Camp einzudringen, es rüttelte am Draht. Als ich aufstand und zur Tür an der Rückseite meiner Hütte ging, schaute ich hinunter zu Sams Kiste, und die war leer. Draußen sah ich im Schein meiner Lampe einen Löwen, nur knapp einen Meter entfernt und innerhalb des Zauns. Er stand auf seinen Hinterläufen und versuchte, über den Zaun zu entkommen. Sam war in seinem Maul. Ich schrie den Löwen an, weil ich dachte, es sei Boy, doch als er sich mit einem Knurren umdrehte, sah ich, dass es Black Mane war. Ich holte schnell mein Gewehr, doch bis ich zurückkam, war Black Mane verschwunden. Sam hatte er zurückgelassen. Der arme kleine Kerl lag japsend in einer Blutlache. Nach ein paar Sekunden war er an dem Biss in sein Genick gestorben.

Ich habe den Rest dieser Geschichte bis heute nie vollständig erzählt, denn das hätte das Ende von allem bedeutet, was ich in Meru tat. Wenn ich nicht so gehandelt hätte, wie ich es jetzt tat, dann hätte ich auch das Ende meiner Arbeit riskiert.

Eine eiskalte Wut stieg in mir hoch, als Sam starb, denn es erschien mir ein völlig unnatürlicher Mord zu sein. Ich sprang in den Landrover und raste in Richtung des Brüllens, das vom Hügel kam. Dort fand ich Black Mane und Girl – beim Paaren. Sie verschwanden sofort in der Dunkelheit, doch das Brüllen begann erneut, näher am Camp. Ich war zum Töten entschlossen, wollte jedoch nicht riskieren, in das falsche Paar leuchtender Augen zu schießen und war auch nicht bereit, die Exekution vor den anderen Löwen vorzunehmen. Deshalb folgte ich Girl, Black Mane und einem zweiten wilden Löwen ruhig bis zum Morgen, als Black Mane von den anderen wegschlenderte. Ich

Die Löwin Girl war keine gute Mutter für ihr Junges, den kleinen Sam. Sein Leben endete auf tragische Weise.

schoss ihm durch die Schulter ins Herz und versteckte seinen Kadaver vor den verräterischen Geiern. Als ich zu Girl zurückkam, paarte sie sich schon mit dem zweiten Löwen.

Mancher mag die Erschießung von Black Mane unverzeihlich finden. Doch nachdem er sich in meinem Camp so zu Hause fühlte, dass er es wagte, über den Zaun zu steigen und Sam zu holen, wären weder meine Angestellten noch ich jemals sicher gewesen. Mehr noch, keines der Jungen, die unsere Löwen in Mugwongo zur Welt gebracht hätten, wären je wieder sicher gewesen. In Meru hatte ich beweisen können, was ich nach unserer Erfahrung mit Elsa immer vermutet hatte: Es ist einfacher und menschlicher, Löwen in die Freiheit zu entlassen, wenn sie in einer Gruppe sind und nicht einzeln. Doch noch immer hatte ich nicht beobachten können, wie Löwen ihre Jungen aufziehen, und zwar von dem Tag an, wo sie die Augen öffnen bis zu dem Tag, an dem sie selbst Junge haben. Bis ich das erleben könnte, würde es Lücken in unserer Kenntnis geben, wie man die Parks und Reservate am besten mit rehabilitierten Löwen neu auffüllen könnte.

Unfälle

Anfang 1967 waren Boy, Girl und Ugas, die während der Dreharbeiten von „Frei geboren" viel mehr verhätschelt worden waren als die menschlichen Darsteller, so unabhängig und wild wie jeder Löwe, der im Busch geboren und aufgewachsen ist. Aber mit dem neuen Jahr kam eine kaum merkliche Änderung in ihr Leben – eine, die für mich viel schwerwiegendere Folgen haben sollte. Meru war kein Reservat mehr, sondern wurde offiziell zum Nationalpark erklärt.

Dieser Unterschied und seine Folgen wurden so kritisch und zum Schluss eine solche Bedrohung für das Leben der Löwen, dass ich es wohl erklären muss. Die Nationalparks waren die Krönung von Kenias Reservaten: Sie waren wie Inseln im ganzen Land verstreut und innerhalb ihrer Grenzen durfte niemand leben oder sein Vieh weiden. Geleitet wurden sie durch einen Ausschuss von Sachverwaltern mit einem Vorsitzenden und verwaltet durch einen Direktor, bis dahin Mervyn Cowie, unter dessen Leitung sie mit Wildhütern bemannt und für jeden einzelnen Park verantwortlich waren. Sie selbst wurden wiederum von Wildaufsehern unterstützt.

Der Rest der Wildbestände in Kenia fiel unter die Verwaltung des Ministeriums für Natur und Tourismus, und die Abteilung „Wild" wurde vom Obersten Wildhüter verwaltet. Im Großen und Ganzen waren die Bestimmungen der Parks schärfer als die der Reservate, die meist eher Angelegenheit der Kreisverwaltung waren und nicht so sehr nationale Anliegen.

Mervyn Cowie, der ursprüngliche Direktor der Nationalparks, war gerade von Perez Olindo abgelöst worden. Ich wusste nicht, wie er meine Tätigkeit beurteilen würde, aber ich hatte eine Vorahnung und – was die Sache noch schlimmer machte – Ted Goss war nicht mehr da, um mich zu beraten und zu beschützen, wenn es hart auf hart kam.

Ich hatte einen Brief erhalten, in dem man mich fragte, wie bald ich die Löwen allein lassen könnte. Hilfe kam aus einer unerwarteten Richtung. Bill Travers hatte hart am Plan für einen Dokumentarfilm über Joys und meine Arbeit in Meru gearbeitet. Ihm war klar, dass dazu eine offizielle Genehmigung nötig sein würde und er hatte einen überzeugenden Brief aufgesetzt, in dem er darauf hinwies, wie sehr dieser Dokumentarfilm nach dem internationalen Erfolg von „Frei geboren" die Welt davon überzeugen würde, dass die Landschaft und die Tierwelt Kenias wirklich so schön und reich seien wie in dem Film dargestellt.

Bill wusste, dass Malcolm MacDonald, der britische Hohe Kommissar in Kenia, ein leidenschaftlicher Naturfreund und Fotograf von Tieren und Vögeln war. Daher bat er ihn,

Joy übte ständig Druck auf mich aus, die Löwen und mein eigenes Camp aufzugeben und mit ihr zusammen Leoparden zu rehabilitieren, sobald ihre Geparden unabhängig wären.

Unfälle

das Schreiben mit nach Kenia zu nehmen und es der Regierung zu überreichen – mit Erfolg.

Als Bill ohne Vorankündigung in Meru ankam, baute er am ersten Morgen seine Filmkamera vor Joys Zelt auf und filmte ohne ihr Wissen, wie sie aufstand und Pippa rief. Dann kam er und wollte das Gleiche bei mir versuchen. Die Löwen waren jedoch nicht im Camp und Bill zweifelte an meinen guten Absichten, als ich ihn losschickte, einen Löwen zu filmen, der gerade hinter einem Busch hervorschaute und den ich für Ugas hielt. Zum Glück war es wirklich Ugas, und er geruhte Bill nach einigen Jahren wiederzuerkennen.

Es dauerte etwas länger, Boy und Girl zu finden, die auf Hochzeitsreise waren. Sie waren viel zu beschäftigt, um Bill gleich wiederzuerkennen. Boy war sehr aggressiv, wie Löwen es während der Paarungszeit nun einmal sind. Später beruhigten sie sich und begrüßten ihren alten Freund herzlich. Nach diesem Anfang liefen die Dreharbeiten gut. Bill hatte Monty Ruben gebeten, bei den praktischen Vorbereitungen zu helfen, und er wurde zu einem treuen Freund und zuverlässigen Verbündeten.

Einige Wochen später, als die Dreharbeiten fast beendet waren, wunderte ich mich über die Behörden, die mir die Hoffnung, in Mugwongo bleiben zu dürfen, abwechselnd nahmen und wieder erweckten.

Obwohl Joy mich zunächst mit einem Landrover ausgestattet hatte und immer noch einige meiner Ausgaben von ihren Einnahmen zahlte, übte sie ständig Druck auf mich aus, die Löwen und mein eigenes Camp aufzugeben und mit ihr zusammen Leoparden zu rehabilitieren, sobald ihre Geparden unabhängig wären. Ihr Standpunkt war dem der Parkbehörden erschreckend ähnlich.

Bills Ankunft zum Drehen des Dokumentarfilms glich diese Meinungsverschiedenheiten allmählich aus, bewirkte aber eine neue. Die Idee des Films war seine gewesen, er finanzierte das Unternehmen größtenteils selbst, und sein Ziel war es, zu zeigen, was aus den Filmlöwen von „Frei geboren" geworden war – obwohl auch Joys Arbeit mit

Der Meru-Nationalpark in Kenia besticht durch seinen Artenreichtum. Im Bildhintergrund erhebt sich schneebedeckt das Mount-Kenia-Massiv.

Pippa dargestellt werden sollte. Als die Dreharbeiten begannen, merkte Joy, dass die Löwen im Mittelpunkt stehen würden. Sie versuchte, die Finanzierung zu übernehmen und sich und Pippa als Elsas Nachfolgerin in die Hauptrollen zu bringen. Als Bill ihre Forderung ablehnte, war sie beleidigt, zog sich aus dem Film zurück und weigerte sich, Bill jemals wieder zu sehen oder zu sprechen – und sie hielt ihr Versprechen.

Hätten unsere Camps nicht zwanzig Kilometer voneinander entfernt gelegen, so wäre das Leben unerträglich geworden, aber obwohl unsere Beziehung gespannt war, zerbrach sie nie. Als eine überschwemmte Brücke unter meinem Landrover zusammenbrach und ich mitten in der Nacht mehrere Kilometer durch den Regen und die Dunkelheit laufen musste, um Hilfe zu holen, half mir Joy ohne zu zögern.

Joy hatte Perez Olindo zum ersten Mal vor ein paar Jahren in Amerika getroffen. Seine Klugheit und sein großes Interesse an wilden Tieren hatten sie sehr beeindruckt. Nachdem er Direktor der Nationalparks geworden war, hatte er ihr natürlich für ihre finanzielle Unterstützung in Meru und anderen Reservaten gedankt. Außerdem bemühte er sich darum, ihre Unterstützung nicht zu verlieren, indem er meine Aktivitäten, die Joy ja ablehnte, einschränkte. Ein offizieller Brief kam von Olindo, der mich aufforderte, Meru zu verlassen. Joy erklärte, dass ich keine Gelder mehr aus der Stiftung erhalten würde, wenn auch nur ein Besucher – und sei es Bills Kameramann – in die Nähe der Löwen käme. Die Dreharbeiten liefen weiter. Geld kam nicht mehr.

In solchen Zeiten war ich dankbar, die Löwen zu haben und meine Entschlossenheit, den Film fertigzustellen, war ein hervorragendes Mittel gegen die Sorgen um die Zukunft. Im Februar hatte sich Girl mit Boy gepaart und die Jungen würden in der ersten oder zweiten Maiwoche zur Welt kommen. Bill war immer noch am Filmen. Meine Briefe an ihn hielten die Ereignisse fest.

12. Mai
Am 9. hörte ich kurz nach Mitternacht Girl hinter dem Camp brüllen. Ich stand auf, um nach ihr zu schauen. Später suchten Arun Sharma, Korokoro (mein Fährtensucher) und ich den ganzen Morgen erfolglos nach ihr. Am nächsten Tag ging Korokoro noch einmal den Hügel hinauf und fand sie in der Nähe der Stelle, an der sie im letzten Oktober ihre Jungen zur Welt gebracht hatte. Später gingen wir gemeinsam hinauf. Girl stand auf, um mich zu begrüßen – sie hatte zwei Junge. Sie waren wohl am Tag zuvor zur Welt gekommen. Die armen kleinen Dinger, jede Nacht werden sie vom Regen durchweicht. Girl ist in ihrem völligen Vertrauen erstaunlich. Ich bin mir sicher, man könnte die Jungen ohne Weiteres filmen.

4. Juni
Bis jetzt ist Girl eine gute Mutter, die ihre Jungen nie alleinlässt. Sie hat sie neun Mal woanders hingebracht. Auch Boy zeigt diesmal mehr Interesse an seiner Familie. Zwei Tage lang ließ er mich nicht einmal in die Nähe der Jungen. Es sind beides Weibchen, was interessant ist, denn beim ersten Wurf mit dem gleichen Vater waren es zwei Männchen.

Arun Sharma war genauso begeistert von Girls Jungen wie ich und wollte jeden Schritt ihrer Entwicklung beobachten. Aber er hatte sich in Mweka bei einer Hochschule für die Verwaltung von Naturparks beworben und musste genau dann weg, als sie sich aus der Sicherheit ihrer Felsen hervorwagten. Es tat mir leid, ihn zu verlieren, denn er behandelte die Löwen mit viel Verständnis.

9. Juli
Die Jungen sind jetzt zwei Monate alt und gestern brachte Girl sie zum Camp. Mit all den anderen Löwen war es ein herrlicher Anblick. Die Jungen haben vor niemandem Angst, auch nicht vor Ugas, der sehr zärtlich ist. Boy behandeln sie wie ein brauchbares Spielzeug, das sie in Stücke zerrupfen wollen. Sie ziehen an seiner Mähne und an seiner Schwanzspitze, doch obwohl sie ihn plagen und quälen, protestiert er nicht.

12. August
Girl holt die Jungen immer zu dem Fleisch, das wir ihr hinlegen, ehe sie selbst frisst. Am 4. verschwand sie morgens und ließ die Jungen im Versteck zwischen den Felsen schlafen. Nachmittags kam sie zurück und rief nach ihnen. Ohne am Camp anzuhalten eilte sie in Richtung Sumpf. Boy schien durch ihr Verhalten genauso verwirrt zu sein wie ich. Wir folgten ihr. Boy nahm die Witterung auf und wenige Minuten später führte er mich zu einem Baum, unter dem Girl und die Jungen eine junge Giraffe fraßen. Girl hatte sie wohl gegen Mittag gerissen und dann schnell die Jungen vom Camp geholt. Als ob sie feierten, jagten sich Boy, Girl und die Jungen und warfen mich dabei fast um.

7. September
Den Jungen geht es gut und sie kommen oft zum Camp. Sie üben sich auch im Chor des Löwengebrülls. Wenn alle gleichzeitig brüllen, erzittert das ganze Camp.

Dies war einer der rührendsten Momente, die ich in Meru erlebte und ich war um so trauriger, als Ginny mir schrieb, was passiert war, als sie in England die letzte Folge für den Film drehten. Sie waren nach Whipsnade gefahren, um zu drehen, wie Mara und Klein-Elsa dort im Gegensatz zu den Löwen in Meru lebten. Als sie sich den Käfigen näherten, rief Ginny die Löwen und obwohl zwei Jahre vergangen waren, kamen diese sofort und pressten ihre Schnauzen durch das Gitter. Der Kameramann war so skeptisch gewesen, ob die zwei Löwen auf Ginny reagieren würden, dass er nicht darauf vorbereitet war, diese ergreifende Begrüßung zu filmen. Nachdem Ginny ihre Fassung wiedergefunden hatte, rief sie die Löwen ein zweites Mal. Wieder kamen sie zu der vertrauten Stimme zurückgelaufen. Beide Löwen hatten Scheuerwunden, Maras Augen waren entzündet und Klein-Elsa hatte einen frischen offenen Schnitt am Bein.

Nachdem der Dokumentarfilm fertig gestellt war, fühlte ich mich bei meinen Verhandlungen mit der Parkverwaltung sicherer. Er rechtfertigte alles, was wir mit den Löwen getan hatten. Bill schlug vor, Perez Olindo eine Kopie des Films zu schicken,

Der Löwe Boy und seine Schwester Girl lernten nach den Dreharbeiten, in der Wildnis zu leben und gründeten eine Familie.

aber ich ahnte, dass das vergebliche Mühe wäre, da er sich wohl über die Unterstützung, die ich vom Minister erhielt, ärgerte. Joy war immer noch unerbittlich gegen mein Bleiben. Olindo, der mehrmals den Park besuchte – einmal, um einen Scheck über achttausend Pfund für seine Unterhaltskosten von Joy abzuholen – kam nie in meine Nähe, noch in die der Löwen. Im Oktober schrieb er mir erneut und bat mich, Meru zu verlassen. Seine Einstellung widersprach der Reaktion meiner Besucher. Diese zeigten Freude und Begeisterung über die Löwen – nicht, weil sie einmal zahm gewesen waren und jetzt ein völlig wildes Leben führten, sondern weil sie so leben konnten und trotzdem Menschen gegenüber Vertrauen und Freundschaft zeigten.

Eine Woche vor Weihnachten schließlich setzte der Minister sich durch. Ich würde in Meru bleiben, die Löwen würden in Meru bleiben. Der Film hatte uns gerettet.

Joy und ich hatten beschlossen, die Angelegenheit über Weihnachten ruhen zu lassen. Im vergangenen Jahr hatte sie sich mithilfe ihres Finanzberaters Peter Johnson ein kleines Steinhaus gekauft, das wunderschön am Ufer des Naivashasees gelegen war. Sie meinte, wir würden es für unseren Ruhestand brauchen, und wir überlegten, wie wir all unsere Habe in den nächsten Monaten dorthin bringen wollten.

Während meiner Abwesenheit würde ich mein Camp meinem Patensohn und neuen Assistenten Jonny Baxendale überlassen, dem Sohn meines alten Freundes Nevil. Groß, mit blauen Augen und blondem Haar, war er immer gut gelaunt und sehr der Sohn seines Vaters.

1968 wurde für uns eines der friedlichsten Jahre in Meru. Joy war mit ihren Geparden beschäftigt. Ende März, ungefähr einen Monat nachdem wir unsere Besitztümer in das neue Haus am Naivashasee gebracht hatten, brachte Pippa vier Junge zur Welt. Nach vierzehn Tagen verschwanden sie, und Joy vermutete, dass Hyänen sie gefressen hatten. Pippa jedoch war sofort wieder läufig und hatte im Juli erneut vier Junge.

Joy und mich faszinierte es zu sehen, wie sehr die Vermehrung der großen Katzen vom Schicksal ihrer Jungen gelenkt wird. Solange sie noch gesäugt werden, sind ihre Mütter nicht empfängnisbereit. Fast einen Tag, nachdem dieses Bündnis reißt – aus welchen Gründen auch immer – sind sie bereit, sich erneut zu paaren. Dies schien auch Girls plötzliche Verliebtheit kurz nach Sams Geburt zu erklären. Ein Junges war gestorben, und ich hatte Sam adoptiert. Sie war also frei, sich erneut zu paaren, und daher zeigten sich Boy und Ugas interessiert.

Inzwischen wuchsen Girls Junge rasch heran. Wir tauften sie Maya und Juno.

Als die beiden ungefähr ein Jahr alt waren, besuchte mich George Schaller, der in der Serengeti eine Studie über Löwen

Elsamere, das Haus am Naivashasee, sollte Joys und Georges Alterssitz werden. Doch das Leben hatte anderes vor.

George Schaller: Einstein der Biologie

Über 50 Jahre lang kämpfte George Schaller dafür, die bedrohten Arten auf der Erde zu erforschen und zu schützen.

Ein Blick auf seine vielen bahnbrechenden Forschungen in den Naturlandschaften Afrikas, Asiens und Südamerikas zeigt, dass George Schaller für die Wildbiologie das ist, was Albert Einstein für die Physik ist: der wohl bekannteste Vertreter dieser Disziplin, der von Fachkollegen sehr geschätzt und von weiten Kreisen in der Bevölkerung bewundert wird.

Am 26. Mai 1933 in Berlin geboren, wuchs George Schaller zwar in Deutschland auf, kam aber bereits als Teenager in die USA. Unmittelbar nach seinem Studium reiste er 1959 zu den Virungavulkanen im Herzen Afrikas und erforschte dort in der Natur das Leben der Berggorillas, über das in dieser Zeit nahezu nichts bekannt war. Louis Leakey und Dian Fossey setzten seine Arbeit später fort. 1966 untersuchte George Schaller gemeinsam mit seiner Frau Kay in der Serengeti im Norden Tansanias das Leben der Großkatzen. Wie schon zuvor an den Virungavulkanen lebte der Forscher dort jahrelang in der Natur. Im Herbst 1973 zog es ihn in den Himalaja, wo er Großkatzen suchte, die vor ihm kaum ein Amerikaner oder Europäer jemals mit eigenen Augen gesehen hatte: Tatsächlich spürte Schaller in einer abgelegenen Region Nepals Schneeleoparden auf.

In den späten 1970er-Jahren beobachtete Schaller in Brasilien Jaguare, aber auch Alligatoren und andere Tiere. 1988 durfte er gemeinsam mit seiner Frau als erster westlicher Forscher das Leben der Pandabären in den Wäldern Chinas studieren. Auch in dieser Region engagierte sich Schaller stark für den Schutz der Natur und ihrer Tiere. Weltweit entstanden zwischen Alaska, dem Himalaja und den Regenwäldern Amazoniens wegen der Arbeiten des Wildbiologen weit mehr als 20 sehr bedeutende Schutzgebiete.

Eine aus politischen Gründen gefährliche Expedition zu den Marco-Polo-Schafen (Argali) führte Schaller 2004 nach Afghanistan.

Wenn die Löwinnen ihre Jungen nicht ausreichend versorgten, adoptierte George Adamson sie und zog sie mit der Flasche auf.

machte. Er bemerkte, dass bei Maya eine Mähne wuchs. Der junge Löwe wechselte eindeutig das Geschlecht und fing an, männliche Geschlechtsteile zu entwickeln. Ich hatte dieses Phänomen einmal vorher in der Serengeti beobachtet, wo auch bei einer jungen Löwin eine Mähne wuchs.

Ich genoss Schallers Besuch und lernte viel aus seinen Erzählungen und seinem Buch „The Serengeti Lion" (dt.: Unter Löwen in der Serengeti), in dem er endlich seine Erkenntnisse veröffentlichte. Wir unterhielten uns lange über die Persönlichkeiten der Löwen und ihre unterschiedliche Art sich auszudrücken.

Girl und ihre Jungen wurden ständig in der Gesellschaft der drei Bisletti-Löwinnen gesehen, blieben aber unter sich. Suswa, der männliche Bisletti-Löwe dagegen, hielt sich in der Nähe von Boy und Ugas auf, die ständig unterwegs und auf der Suche nach Liebesaffären waren.

1969 begann verdächtig ruhig. Jonny Baxendale hatte sich gut bei uns eingelebt. Manchmal half er Joy mit ihren Geparden. Ihr Wissensdurst und ihre Kenntnisse faszinierten ihn, wenn sie sich abends in ihrem Camp unterhielten. Er kam auch ausgezeichnet mit den Löwen zurecht und mit dem neuen Parkaufseher, Peter Jenkins. Peter muss von dem Streit um die Löwen gewusst haben und hatte selbst wahrscheinlich auch seine Zweifel. Dennoch kam er ein oder zwei Mal Jonny und mich im Camp besuchen. Er brachte seine Frau Sara, den siebenjährigen Sohn Mark und seine Tochter mit, die noch ein Baby war. Wie alle Löwen waren Boy und Girl sehr an den Kindern interessiert. Einmal war Girl so aufgeregt, dass Jonny darum bat, die Kinder lieber in der Hütte spielen zu lassen.

Suki war die erste der Bisletti-Löwinnen, die sich paarte. Ich traf sie plötzlich mit einem wilden Löwen im hohen Gras. Sie waren nicht viel weiter als zehn bis dreizehn Meter von mir entfernt und so miteinander beschäftigt, dass ich das Auto ausmachte und sie beobachtete. Das einzige Problem war, dass sich – als ich weiterfahren wollte – die Autobatterie entladen hatte und der Wagen nicht ansprang. Ich versuchte, an die Startkurbel zu gelangen, aber die Löwen jagten mich viermal ins Auto zurück. Beim fünften Versuch schaute ich mich ständig um, brachte den Motor in Gang und entkam.

Joy brauchte stets neue Aufgaben. Als Perez Olindo ihr zwei Leopardenbabys anbot, nahm sie die Gelegenheit sofort wahr, um einen Traum zu verwirklichen, der schon zweimal so kläglich gescheitert war. Bevor sie nach Nairobi fuhr, um die Leoparden abzuholen, kam sie bei mir vorbei und wollte, dass Jonny sie fuhr. Er lehnte das ab, weil er selbst genug in Nairobi zu tun hatte. Um ihre Missbilligung zu lindern, versprach er, bis nach Nairobi hinter ihr herzufahren – falls sie eine Reifenpanne haben sollte.

In der Nacht erreichte mich eine Nachricht. Sie kam von Jonny. Joy war um eine Kurve gefahren und musste zwei Männern, die mitten auf der Straße liefen, ausweichen. Dabei war sie mit ihrem Landrover in eine Schlucht gerast.

Wie durch ein Wunder wurde das Auto nach ungefähr fünfundsiebzig Metern durch ein paar Büsche aufgehalten. Joy wurde lebend aus dem Auto gezogen, doch ihre blutende rechte Hand war zerschmettert, die Sehnen gerissen und die Knochen gebrochen. Der Chief der Gegend kam mit einer Gruppe Leute aus einem nachfolgenden Bus, ließ seinen Erste-Hilfe-Kasten holen und goss Jod über ihre Wunden. Jonny brachte Joy in Nairobi sofort ins Krankenhaus.

Während Joy den nächsten Monat im Krankenhaus verbrachte, hatten Jonny und ich viel zu tun. Abwechselnd halfen wir Joys Angestellten Local und Stanley, Pippas Jungen Fleisch zu bringen. Dann brachte Suki zwei Junge zur Welt und wir versuchten, mit ihr Schritt zu halten, da sie wie Girl ihre Jungen ständig in ein neues Versteck in den Felsen brachte. Es war Arbeit, die mir gefiel und ich war noch mehr erfreut, als ich erfuhr, dass Perez Olindo mich ernannt hatte, Peter Jenkins ehrenamtlich gegen ein geringes Gehalt zu assistieren.

Als Joy zurückkam, war sie gerührt von der Wiedersehensfreude, die Pippa und ihre Jungen zeigten. Aber als ich sie zu Suki brachte, merkten wir, dass eines der Jungen fehlte. Es musste wohl von einem Leoparden geholt und getötet worden sein. Suki verlor fast sofort das Interesse an dem zweiten Jungen, also adoptierte ich es.

Ich konnte sehen, wie begeistert Joy von Sandie, wie wir sie nannten, war. Schnell gewann sie ihr Vertrauen, indem sie die meiste Zeit des Tages mit ihr spielte und ihr Leckerbissen und Milch brachte. Beinahe hätte ich Joy vorgeschlagen, Sandie ganz zu übernehmen, als Suki, die wieder läufig war, eines Nachts zum Camp kam, ihr Junges durch den Zaun erblickte und danach rief. Am Morgen gab ich ihr daher Sandie zurück und die Löwen verschwanden, um sich Sukis Schwestern und Girl anzuschließen. Diese waren auch in der Paarungszeit, Suki hatte jedoch jetzt, wo Sandie wieder da war, kein Interesse mehr an den wilden Löwen.

Nachdem Joy einen Monat in Meru gewesen war, musste sie erneut ins Krankenhaus. Diesmal sollte sie am Fuß operiert werden. Während ihrer Abwesenheit kam es zu einem sehr beängstigenden Vorfall.

Jonny Baxendale war morgens losgefahren, um außerhalb des Reservats ein Zebra für Suki und Sandie zu schießen. Bis zum späten Abend war er erfolglos geblieben und schaute bei Peter Jenkins im Hauptquartier vorbei, um unsere Post abzuholen. Peter war nicht da, hatte aber die Post mitgenommen. Kurz vor der Straßenkreuzung, wo sich die Straße zu Joys Camp und die zu meinem gabelte, entdeckte Jonny Boy, der hier weit von seinem üblichen Revier

Trotz ihrer vielfältigen Aktivitäten begeisterte sich Joy immer wieder für die Löwen und baute schnell eine Beziehung zu ihnen auf.

Die Löwen – Boy, Girl und die Bisletti-Jungen – waren begeistert von Georges Landrover und benutzten ihn gern als Hochsitz.

entfernt war. Da wir ihn einige Tage lang nicht gesehen hatten, hielt er an und natürlich sprang Boy auf das Autodach. Jonny hatte vorgehabt, bei Joy zu Abend zu essen und wusste, dass sie es gar nicht gern sah, wenn Löwen auf unseren Landrovern saßen. Nachdem es ihm nicht gelungen war, Boy herunterzulocken, setzte er sich selbst auf die Motorhaube und trank eine Flasche lauwarmes Bier.

In dem Augenblick kam Peter Jenkins in seinem neuen Toyota mit weit offenen Fenstern von Joys Camp zurückgefahren. Mit ihm im Auto waren Sara und das Baby, Mark saß auf dem Vordersitz zwischen ihnen. Peter hielt einige Meter entfernt an und stellte den Motor ab. Sie fingen an zu erzählen und als Jonny losging, um sich die Post zu holen, wurden die Kinder etwas unruhig.

Einige Minuten später kletterte Boy vom Dach auf die Motorhaube herunter und spähte in den Toyota hinein. Jonny verspürte auf einmal Unruhe und murmelte etwas von weiterfahren. Genau in dem Moment schoss Boy so leise und mühelos wie ein Lichtstrahl von der Kühlerhaube an Jonny vorbei und zwängte seinen Kopf durch die Tür des Toyotas. Obwohl er durch Boys massive Schultern gegen den Sitz gepresst wurde, gelang es Peter, den Motor anzulassen, und als Boys Tatze über Marks Kopf fuhr, ruckte der Wagen an. Jonny, der bis jetzt vergeblich in Boys Seite geschlagen und an seinem Schwanz gezogen hatte, rannte los, um sein Gewehr zu holen. Er sah, wie das Auto in einer Staubwolke einen Satz vorwärts machte und Boys Hinterbeine nebenhergezogen wurden. Als Boy Sekunden später aus dem Toyota herausfiel, erwartete Jonny, dass Mark mit herausgezerrt werden würde. Sein Zielfernrohr war schon auf den Löwen in zwanzig Meter Entfernung gerichtet. Als Peters Auto in Richtung Leopard-Rock davonraste, zögerte Jonny, Boy zu erschießen, ohne zuvor herausgefunden zu haben, welchen Schaden er angerichtet hatte. Daher ließ er Boy zurück und folgte Peter. Mark war am Kopf nur gekratzt worden, hatte aber eine tiefe Bisswunde am Arm. Als Jonny fragte, ob er Boy erschießen solle, antwortete Peter, dass er am liebsten alle meine Löwen erschossen sehen würde. Er konnte offensichtlich nur an eines denken: Mark so schnell wie möglich ins Krankenhaus zu bringen.

Am nächsten Morgen entschuldigte ich mich mit Jonny bei Peter und Sara, erkundigte mich nach Mark und fragte Peter nochmals, ob ich Boy erschießen sollte. Peter antwortete, dass die Entscheidung nicht bei ihm läge. Er würde das ganze Ereignis und das Ergebnis meiner Löwen-Rehabilitation mit seinen besten Empfehlungen an die Parkverwaltung weiterleiten. In allem, was den Unfall betraf, zeigten er und Sara in die-

Unfälle

sem Moment sowie später bewundernswerten Mut, Ruhe und Höflichkeit.

Mark hatte eine schlimme Bisswunde am Oberarm. Boys Zähne waren tief eingedrungen, doch zum Glück war weder eine Arterie noch eine Sehne beschädigt, auch der Knochen war nicht gebrochen. Peter hatte Mark sofort ins Missionskrankenhaus gebracht, wo die Wunde genäht und verbunden wurde. Offenbar hatte man sie nicht lange genug drainiert, denn sie entzündete sich und Brand setzte ein. Peter und Sara mussten ihn zur weiteren Behandlung nach Nairobi bringen, wo die Wunde schließlich heilte. Die schwere Zeit, die die Familie durchmachte, bekümmerte mich sehr.

Die offizielle Reaktion ließ nicht lange auf sich warten. Boy sollte erschossen werden; Girl, die zu dem Zeitpunkt sechzehn Kilometer entfernt gewesen war, und Ugas sollten auch erschossen werden. Alle Löwen sollten Meru mit mir verlassen; sie sollten in keinen anderen Nationalpark kommen, durften aber auch nicht außer Landes. Wut, Vorurteile und die Angst vor der öffentlichen Meinung bewirkten eine Reihe widersprüchlicher Anweisungen.

Mitten in dem Durcheinander musste Joy, die kurz nach dem Vorfall zurückgekommen war, wieder ins Krankenhaus und sich der dritten und wichtigsten Operation unterziehen: Eine Sehne aus ihrem Bein sollte in ihre Hand verpflanzt werden. Fünf Monate würde sie in London sein. Naiv wie ich war, hatte ich nicht gemerkt, welch ein Widerstand sich in den Nationalparks gegen mich zusammengebraut hatte. Mein Vorschlag, die Löwen in weit entlegene Teile Merus oder in andere Parks zu bringen, wurde nicht angenommen: Sie entschieden, das Gebiet in der Nähe von Mugwongo, das noch im Jagdrevier der Löwen lag, den Safariunternehmen zuzuweisen, was die Krise mit Sicherheit nur verschlimmern würde, und sie versuchten, mich in meiner ehrenamtlichen Stellung nach Marsabit zu versetzen, das dreihundertzwanzig Kilometer entfernt lag.

Außerdem verkauften sie Sandie, ohne mir ein Wort davon zu sagen, für fünfundachtzig Pfund an John Seago, einen bekannten und allseits geachteten Tierfänger in Nairobi. Dies geschah nur wenige Tage, nachdem ich Sandie mit einer Kopfwunde aufgefunden hatte, die ihr ein wilder Löwe zugefügt hatte. Ich weigerte mich, sie in einem solchen Zustand wegzugeben, und als sie kräftig genug war, allein zu überleben, verschwand sie im passenden Moment und entkam so einem Leben im Zoo. John war nett und verständnisvoll, als er die Geschichte hörte.

Während dieser ganzen Aufregung hatte ich einige heftige Unterredungen mit Peter Jenkins und Perez Olindo. Ich sah ein, dass Löwen im Allgemeinen nicht so bedroht

Trotz erheblicher Differenzen standen sich Joy und George immer sehr nahe. Das Foto zeigt die gealterten Tierforscher im Jahr 1976 in Kora.

waren wie zum Beispiel Nashörner und dass es bei ihrer Rehabilitation nicht um Leben und Tod der ganzen Art ging. Auch musste ich zugeben, dass sich meine Löwen im Gegensatz zu wilden Löwen weniger vor Menschen fürchteten und daher nicht von Touristen eingeschüchtert wurden. Ferner war mir bewusst, dass meine Tätigkeit das natürliche Leben im Reservat durcheinanderbrachte.

Andererseits war ich davon überzeugt, dass die Parks mit all ihren Tieren bedroht waren, sobald keine Leute mehr kämen, die Eintritt zahlten, um sie zu sehen.

Es gab keinen Beweis dafür, dass meine Löwen eine besondere Gefahr für Menschen darstellten, außer vielleicht für meine Angestellten und mich, die wir vierundzwanzig Stunden mit ihnen zusammen waren. Löwen zeigen immer ein bedrohliches Interesse an Kindern, aber auch Mark Jenkins wäre sicher gewesen, hätte der Toyota nicht in so großer Nähe von Boy gehalten.

Wahr ist, dass sich die Anwesenheit meiner Löwen mit dem natürlichen Lebensraum der wilden überschnitt. Dafür lebten aber sieben Löwen, die sonst zu einem Dasein in Käfigen verdammt gewesen wären, in völliger Freiheit.

Keines meiner Argumente beeindruckte den Direktor oder den Wildhüter. Ich war mehrmals unnötigerweise darauf hingewiesen worden, dass die Löwen nicht mir gehörten. Sie gehörten aber auch nicht den Nationalparks, sie waren Eigentum des Staates. Das führte zu Perez Olindos einzigem Zugeständnis, einem politischen. Die Löwen zu erschießen würde Kenia und die Parks in ein sehr schlechtes Licht setzen. Ich brauchte sie nicht zu töten. Aber ihr Vertrauen zu den Menschen sollte ich zerstören und danach sofort Meru verlassen. Da Joy aber im Krankenhaus war und ich in der Zeit für das genehmigte Gepardenprojekt die Verantwortung übernommen hatte, durfte ich bis zu ihrer Rückkehr bleiben. Es war jetzt September; Joy sollte Meru Endes des Jahres verlassen.

Nach ihrer Rückkehr aus London war Joys Freude über das Wiedersehen mit den Geparden von kurzer Dauer. Eine Woche später wurde Pippa mit gebrochenem Bein gefunden, und drei Wochen später starb sie nach chirurgischer Behandlung in der Klinik des *Nairobi Orphanage*, dem Waisenhaus für Tiere. Joy beerdigte sie in Meru neben einem ihrer Jungen.

Als erster Schritt für die Trennung von den Löwen wurde mir befohlen, das Camp aufzugeben. Joy, die nie damit einverstanden gewesen war, hieß mich bei sich herzlich willkommen. Von ihrem Camp aus sahen wir eine Rauchwolke zum Himmel steigen und wussten, dass sie dabei waren, meine Hütten abzubrennen, die mehr als vier Jahre lang mein Zuhause gewesen waren. Still beobachteten wir es.

Ein paar Tage später war ich im Büro von Peter Jenkins und besprach die Zukunft der Löwen. Plötzlich stürmte Joy herein, um mir mitzuteilen, dass sie einen der Löwen – sie wusste nicht welchen – unter einem Busch liegend gefunden hätte. Er sähe furchtbar mager aus und habe die Nadel eines Stachelschweins unter einem Auge stecken.

Zu dritt machten wir uns auf den Weg, und ich wusste sofort, dass es Boy war. Er versuchte sich wegzuschleppen, kam aber nur wenige Schritte voran. Dann ließ er mich den fünfzehn Zentimeter langen Stachel herausziehen. Peter sagte, dass die meisten Löwen, denen er Gnadenschüsse hatte geben müssen, an den Folgen von Stachelschweinverletzungen gelitten hätten: Entzündungen und Hunger. Bei Boy war das

Unfälle

Problem eindeutig sein rechtes Vorderbein, es war schlaff und nicht zu gebrauchen. Peter und ich schauten uns einige Momente lang in beinahe unerträglicher Spannung an. Dann sagte Peter leise, dass Boy erschossen oder aus dem Park entfernt werden müsse. Er schlug vor, einen Tierarzt kommen zu lassen, der Boys Überlebenschance abschätzen sollte, falls man ihn woanders hinbrachte. Es war ein großzügiges und zweifellos kostspieliges Urteil.

In dieser Nacht schlief ich draußen bei Boy, da er sich nicht fortbewegen konnte. Am nächsten Tag kamen Toni und Sue Harthoorn, um Boy zu untersuchen, den ich kurz vorher in Narkose versetzt hatte. Sein rechtes oberes Vorderbein war gebrochen, außerdem hatte er einen Leistenbruch. Dennoch meinten sie, Boy hätte gute Aussichten auf Genesung, wenn er nur die Zeit dazu hätte. Peter Jenkins gab uns drei Wochen, um dies zu beweisen.

Es dauerte einige Tage, bis die Harthoorns die Operation vorbereitet hatten, so brachte ich Boy in das alte Gehege in Mugwongo, baute einen behelfsmäßigen Tisch, bereitete allerlei Geräte vor, mit denen die Knochenenden auseinandergehalten werden sollten und spannte eine Plane als Sonnenschutz auf. Sue hatte inzwischen in Nairobi erfolgreich nach einem zweiunddreißig Zentimeter langen Stahlstab gesucht, um das Bein zu verstärken. Leider hatte sie aber keine unbeschädigte Löwenschulter gefunden, nach der sie modellieren konnte. Die Harthoorns mussten also anhand der Röntgenaufnahme einer Löwin aus Bristol in England arbeiten.

Während wir uns bei Tagesanbruch auf die Operation vorbereiteten, hofften wir auf einen kühlen, bedeckten Tag mit wenig Wind, damit kein Staub in der Luft war. Wir waren ein bunt zusammengewürfeltes Operationsteam. Der Pilot, der die Harthoorns gebracht hatte, führte vortrefflich die Narkose durch; Joy und ihr Assistent kümmerten sich um Antibiotika und Desinfektionsmittel, ich betätigte den Flaschenzug und zwei Parkaufseher halfen wo immer nötig.

Nachdem Boys Haut glatt rasiert und seine Schulter freigelegt war, sah Toni, dass die Knochenenden in den vergangenen zwei bis drei Wochen seit dem Unfall zu wachsen angefangen hatten. Der Eingriff war nicht nur eine nervliche Belastung, sondern auch eine harte körperliche Arbeit. Nach einiger Zeit wurde eine weitere Bruchstelle gefunden. Erst nach sechs Stunden war die Operation beendet.

Es dauerte eine Woche, ehe Toni und Sue ihren Patienten wiedersehen konnten. Er fraß inzwischen pro Tag eine Ziege und obwohl er seine Pfote nur ungern aufsetzte, konnte er sich auf die Hinterbeine stellen, sich mit der rechten Vorderpfote abstützen und das Fleisch vom Ast herunterholen. Ich musste auch gestehen, dass er schon wieder auf Autodächer kletterte und dann heruntersprang. Das sorgte die Harthoorns sehr, obwohl es mich viel mehr beunruhigte, dass

Abgemagert und hinkend bietet der Löwe Boy nach seiner Operation ein Bild des Jammers. Doch er war zäh ...

Obwohl Boy nach der Operation wohl furchtbare Schmerzen hatte, fürchtete sich George nie vor ihm.

Boy angefangen hatte, nachts an meinen Zehen zu knabbern.

Toni und Sue schätzten die Chancen für Boys völlige Genesung auf neunzig Prozent; wir mussten ihn also schnell von Meru wegbringen. Jonny Baxendale, der nicht mehr bei mir war, nahm sich freundlicherweise einige Zeit frei, um mir im Garten in Naivasha eine Holzhütte zu bauen; daneben errichtete er ein Gehege für Boy.

Bill Travers wollte Boys Behandlung und Genesung so weit wie möglich filmen. So waren ein Kameramann und Mike Richmond, ein Tontechniker, zusammen mit den Harthoorns und dem Piloten Paul Pearson bei deren letzten Besuch mit eingeflogen.

An dem letzten Tag in Meru war Joy genauso traurig wie ich. Obwohl Girl sich seit einem Jahr von Boy distanziert hatte, schien sie zu merken, dass sie ihn nie wiedersehen würde. Als wir seinen betäubten Körper, der in eine Decke gewickelt war, in meinen Landrover hoben, sprang sie auf das Autodach und ließ sich nicht mehr herunterlocken. Es blieb uns nichts anderes übrig, als auch sie mit zur Landepiste zu nehmen. Dort brauchten wir alle Hilfe, um Boy mit seinem Gewicht von gut zweihundert Kilo in das Flugzeug zu wuchten. Unterwegs entdeckte Girl zum Glück eine junge Giraffe. Wie ein Blitz sprang sie vom Auto, schlich sich an, warf die Giraffe zu Boden und verbiss sich in ihren Hals. Als sie mit Fressen beschäftigt war, hievten wir den schlaffen Körper ihres Bruders in das Flugzeug.

Am Naivashasee

Als wir abflogen, war ich zu verwirrt durch meinen letzten Blick auf Meru und auf Joys winzige Gestalt, die immer noch winkend am Rand des Landestreifens stand, um mir um Boy Sorgen zu machen.

Sue saß neben dem Piloten und beugte sich immer wieder über Boys riesigen Kopf. Ich saß hinten auf dem Boden der kleinen Kabine neben Boys Schwanz. Ich fragte mich, was wohl passieren würde, wenn seine Betäubung nachließe und fühlte mich etwas unbehaglich. Sue sah auch unruhig aus, und ich fragte sie, was los sei.

„Boys Gaumen ist blau angelaufen, und er fängt an zu hecheln. Ich weiß nicht, ob sein Herz das aushält, nach der Betäubung und all dem Blut, das er verloren hat. Wie hoch sind wir, Paul?", fragte sie den Piloten.

„Ungefähr viertausendzweihundert Meter. Ich werde runtergehen so weit ich kann", antwortete Paul, „aber ich fürchte, wir müssen noch eine Weile durchhalten." Sue gab Boy einen Schuss Adrenalin, während wir über den Wald glitten.

Wir hatten ausgemacht, Elsamere niedrig zu überfliegen: das Signal für Mike Richmond, uns abzuholen. Nachdem er mit uns allen beim Dokumentarfilm „Die Löwen sind frei" zusammengearbeitet hatte, war er mehr oder weniger gewöhnt an die persönlichen Eigenarten von Löwen und den mit ihnen lebenden Menschen. Als wir über die Anhöhe flogen, auf der das Haus stand, konnte ich meine eigene kleine Hütte unter den Bäumen erkennen und direkt daneben das Gehege, das für Boy errichtet worden war.

Als wir den Landestreifen umkreisten, fragte ich mich, wie wir Boy jemals aus dem Flugzeug bekommen würden, da er immer noch benebelt war und man keine improvisierte Bahre durch die kleine Tür zwängen konnte.

Als wir den Landestreifen umkreisten, fragte ich mich, wie wir Boy jemals aus dem Flugzeug bekommen würden, da er immer noch benebelt war und man keine improvisierte Bahre durch die kleine Tür zwängen konnte. Ein vorbeikommender Afrikaner, der in den nahegelegenen Nelkenfeldern arbeitete, erklärte sich zum Glück sofort dazu bereit, uns zu helfen. Bill hatte seinen Kameramann Dick Thompsett gebeten da zu sein, um das Ganze zu filmen. Er war zu sehr mit seinen Kameras beschäftigt und konnte uns nicht helfen. Ich kletterte durch die Schiebetür in den VW-Bus und hielt Boys Kopf, während die anderen seine Schultern und sein Hinterteil hineinschoben. Mike fuhr uns die fünf Kilometer auf der weißen Sandpiste nach Elsamere, genau vor Boys Gehege. Er stellte den Wagen so, dass sich die Schiebetür zum Tor hin öffnete. Boy rührte sich noch immer nicht, und da es anfing, dunkel zu werden, beschloss ich, die Nacht mit ihm im VW zu verbringen.

Mike und Sue brachten mir eine Decke, belegte Brote und eine Flasche Whisky, für

Der Naivashasee liegt etwa 70 km nordwestlich von Nairobi entfernt, der Hauptstadt Kenias.

die ich sehr dankbar war. Kurz darauf lag ich auf dem Rücksitz und schlief ein. Ich wachte aber immer wieder auf, da Boy seine Kiefer und seine Zunge bewegte, als ob etwas in seinem Hals stecken geblieben wäre. Ich war froh, dass er erste Lebenszeichen von sich gab, aber weniger dankbar, als er anfing, in dem engen Innenraum des Busses seinen Kopf hin- und herzuwerfen. Schließlich begann er, fünf Zentimeter neben mir den Sitz zu zerkauen. Die Tür war am anderen Ende, und ich wollte nicht über Boy klettern, da er doch eindeutig Schmerzen hatte und noch etwas benommen war. So machte ich es mir hinten auf der Leiste über dem Motor bequem und rollte mich klein zusammen.

Boy konnte erst nach weiteren vierundzwanzig Stunden aus dem Bus heraus. Die meiste Zeit kaute er auf einem von Mikes Kissen herum, ansonsten verwüstete er den VW. Es dauerte lange, bis Stanley und ich den Wagen wieder hergerichtet hatten.

Für die nächsten paar Nächte schlug ich ein Zelt neben dem Gehege auf, damit ich Boy beruhigen konnte, wenn er unzufrieden wurde. Ich begann auch abzuschätzen, was in Elsamere alles reparaturbedürftig war und einen Tagesablauf für Boy auszuarbeiten, um ihn in seiner ungewohnten Gefangenschaft ruhig zu halten.

Ungefähr dreißig Hektar Land erstreckten sich bis hinunter zum See. Das Haus stand in einem Streifen Wald, der bei den Rodungen für Bau- und Ackerland verschont geblieben war. Nachdem wir eingezogen waren, hatte Joy das ursprüngliche Steinhaus erweitert und gläserne Schiebetüren und Fenster entlang der gesamten Seefront angebracht. Auf der anderen Seite, zwischen dem Haus und der Straße, die durch eine Erhebung verdeckt war, befand sich ein einfacher Garten und unberührter Busch. Hier, zwischen den Bäumen, stand meine Hütte.

Jenseits der Straße, die um den See führte, lagen Farmen, Gärten und Nelkenfelder. Dahinter wiederum Weideland und daran anschließend unberührte Buschlandschaft, die bis zu der felsigen Schlucht reichte, die als „Hell's Gate" bekannt ist. Diese höher gelegene Fläche war gänzlich unberührt. Hier gab es reichlich Wild, wie Giraffen, Zebras und verschiedene Antilopen. Joy träumte davon, dieses Land als ein Reservat aufzukaufen und hatte bereits angefangen, mit der Regierung zu verhandeln.

Ich konnte Boy nicht ewig in einem dreißig mal achtzehn Meter großen Gehege halten. Deshalb schrieb ich an einige Freunde, die mir vielleicht helfen konnten, und erklärte, welche Art von Gelände für Boy infrage käme. Es musste außerhalb der Gerichtsbarkeit des Nationalparks liegen, es sollte nicht von Eingeborenen und ihren Herden durchquert werden, und es sollte trocken und abgelegen genug sein, um nicht für Landwirtschaft oder Tourismus infrage zu kommen. Andererseits sollte es auch groß genug für eine Löwenfamilie sein und genügend Wild für diese aufweisen. Darüber hinaus musste es für einen Landrover zugänglich sein, damit man die Löwen hinbringen konnte. Falls es sehr weit abgelegen sei, wäre es notwendig, einen kleinen Landestreifen zu roden. Mit anderen Worten, es war die Suche nach einem Eisberg im Rudolfsee.

Boy wurde immer kräftiger, und nachts hielt er uns durch sein unruhiges und außergewöhnliches Brüllen wach: ein dreimaliges Gebrüll, gefolgt von ungefähr dreißig Grunzlauten. Ich habe oft andere Löwen grunzen gehört, aber keiner erreichte Boys Rekord von neunzig Mal. Ein Freund, der acht Kilometer entfernt auf „Hippo Point" wohnte, erzählte, dass er nachts immer Boys Vorstellungen lauschen würde, und er konnte die Bisletti-Löwen aus noch weiteren fünf Kilometer Entfernung antworten hören. Das hieß, dass Boys Brüllen über gut dreizehn Kilometer getragen wurde. Seine hilflosen Solovorstellungen spornten mich in meinen Bemühungen an, ein neues Zuhause für ihn zu finden.

Kurz vor Weihnachten sollten die Nägel aus Boys Bein entfernt werden, aber da die Harthoorns außer Landes waren, kam ihr Freund Paul Sayer, ein ausgezeichneter Tierarzt. Als er die Wunde öffnete, fand er nur noch einen Nagel und untersuchte Boys Bein sehr lange nach dem fehlenden, der vielleicht verrutscht war. Schließlich gab er auf und nähte die Wunde zu. Erst am nächsten Tag, als Boy sich von der Narkose erholte, erinnerte ich mich daran, dass er ein paar Tage zuvor auf etwas herumgekaut hatte, das nach Metall geklungen hatte. Ich ging in sein Gehege und sah den Nagel auf dem Boden liegen. Am ersten Weihnachtsfeiertag war Boy glücklicherweise wieder wohlauf.

Das Jahr ging auf sein Ende zu, und Joy war kurz davor, ihr Camp in Meru abzubrechen. So fuhr ich nach Meru, um sie abzuholen. Als ich das Camp erreichte, war Joy in der Hoffnung unterwegs, die Geparden – Pippas Jungen – noch ein letztes Mal zu sehen.

Ich suchte den ganzen Tag lang nach Ugas, Girl und dem Rest der Löwenfamilie. Ich fand alle Löwinnen bis auf die kleine Sandie. Sie hatten einen Büffel gerissen. Obwohl ich sie seit mehr als einem Monat nicht mehr gesehen hatte, war mein plötzliches Auftauchen für sie wie selbstverständlich. Während ich bei ihnen saß, schlenderte Sally zu einem kleinen Baum, der etwa neunzig Meter entfernt war. Als sie nach zwanzig Minuten zurückkam, folgten ihr fünf kleine Löwen. Sie waren jetzt ein paar Monate alt und schauten mich zunächst schüchtern aus dem hohen Gras an. Dann, als sie Sally in meiner Nähe liegen sahen, wurden sie zutraulicher, stürmten auf sie zu und drängelten, um an ihre Milch zu kommen. Sally und Suki fütterten die Jungen abwechselnd. Ich hatte das Gefühl, dass Sally sie absichtlich aus dem Versteck geholt hatte, um sie mir zu zeigen.

Als Joy abends zum Camp zurückkehrte, sagte sie mir, dass sie die Geparden an diesem letzten Tag nicht gesehen hätte. Das machte sie außerordentlich gereizt und unglücklich, und ich wusste, dass sie auch mir die Schuld daran gab, dass sie von hier fort musste.

Obwohl ihr Pippa nie so viel bedeutet hatte wie Elsa, hing sie sehr an ihr und empfand nach ihrem Tod eine zusätzliche Verantwortung für Pippas Junge. Es war schmerzlich, sie zu verlassen.

Es gab noch weitere Gründe für Joys tiefe Unzufriedenheit. Ihre rechte Hand schmerzte noch immer, und sie konnte nicht auf ihrem Klavier spielen und noch immer keinen Pinsel führen. Daher entschied sie sich für eine dritte Operation, während ich weiter nach einem Ort suchte, an dem ich mich mit Boy niederlassen konnte. Auch das bekümmerte Joy, da sie dachte, ich würde ihn einfach zu seinem neuen Zuhause bringen und dort lassen.

Einige Tage nach Joys Ankunft in Elsamere war klar, dass Boy vorerst gar nicht umziehen würde. Anstatt sich zu verbessern, hatte sich der Zustand seines Beines entschieden verschlechtert. Paul Sayer kam zusammen mit Toni und Sue Harthoorn nach Elsamere, um Boy zu untersuchen, und sie stellten beim Öffnen der Wunde fest, dass die Knochen nicht zusammengewachsen waren. Paul entschied daraufhin, die beiden Enden des Knochens zurückzuschneiden und ein Paar Stahlplatten entlang der Bruchstelle einzusetzen, um alles an seinem Platz zu halten. Der zweite Teil der Operation dauerte fünfeinhalb Stunden, sodass der arme Boy insgesamt mehr als acht Stunden unter Narkose lag. Selbst dann hatten Toni und Paul erst eine Platte eingesetzt, aber es war zu riskant, Boy zu lange zu betäuben.

In der Nacht und am folgenden Tag war er kaum bei Bewusstsein. Am zweiten Abend verlangsamte sich sein Atem, und seine Temperatur fiel weit unter die normale. Ich redete unaufhörlich auf ihn ein, spielte Tonbänder mit Löwengebrüll, aber er reagierte einfach nicht. Also rief ich mitten in der Nacht bei den Harthoorns an, die mir rieten, es abwechselnd mit Wärmflaschen, Massagen und Cognac zu versuchen. Die Behandlung zeigte Erfolg. Am Morgen konnte Boy ohne Hilfe aufstehen und fortan ging es ihm besser.

Obwohl die Platte nur durch vier dünne Schrauben gehalten wurde, hielt sie wie durch ein Wunder Boys Gewicht stand. Was er jetzt brauchte, war offenes Gelände, um sich zu bewegen, da er nach einigen Monaten immer noch stark humpelte.

Als ich mich weigerte, die Angebote, Boy nach Botswana, Äthiopien, in die Nähe des Tsavoparks oder zum Rudolfsee zu bringen, anzunehmen, war ein entscheidender Punkt erreicht. Joy sagte, unsere Leben seien unvereinbar miteinander geworden, sie würde sich scheiden lassen, und ihr Scheidungsgrund sei seelische Grausamkeit.

Ihre Vorhaltungen und die angestrebte Lösung erschienen mir übertrieben. Es

In Meru musste Joy die beiden Geparden aus Pippas Wurf zurücklassen. Geparden leben meist als Einzelgänger, daher dürften sich die Wege der beiden wohl bald getrennt haben.

stimmte schon, dass unser Leben, nachdem wir nach Meru gezogen waren, kein Zuckerschlecken gewesen war. Ich glaube, Joy gönnte mir die Freiheit eines eigenen Camps nicht. In ihrer Wut darüber, dass ich mit Bill den Film „Die Löwen sind frei" gedreht hatte, war sie unversöhnlich. Sie machte Boy – und somit mich – dafür verantwortlich, dass sie aus Meru fort musste.

Abgesehen davon jedoch, liebten wir beide noch immer das Leben in der Wildnis und ihre Tiere. Unsere Vorstellungen vom Tierschutz waren oft identisch, wir respektierten einer des anderen Hingabe zu den Tieren, um die wir uns kümmerten, und nie hatte es auch nur eine Sekunde gegeben, in der wir uns in einem Notfall nicht bedingungslos gegenseitig geholfen hätten. Unter der Oberfläche blieb unsere Zuneigung weiterhin bestehen.

Nach langem Nachdenken sagte ich Joy, dass ich ihr nicht im Weg stehen würde. Das Leben würde vielleicht etwas einfacher werden, aber ich liebte Joy aufrichtig, und es war schade, dass unsere Ehe nach sechsundzwanzig Jahren so auseinandergehen sollte.

Jack Block, der ein Haus am See hatte und Direktor der Nelkenfarm war, richtete mich in dieser düsteren Zeit moralisch sehr auf. Er war nicht nur Vorsitzender einer der vornehmsten Hotelketten in Kenia, sondern auch eine äußerst tatkräftige Persönlichkeit beim *World Wildlife Fund*. Immer bemüht, den Tieren zu helfen, bot er an, sich an den Kosten für Boys Haltung zu beteiligen. Aber noch ehe ich das Angebot annehmen konnte, kam wieder einmal ein Brief von Bill Travers. Er war in London in einem Laden umhergeschlendert und hatte dort einen jungen Löwen entdeckt. Da er ihn nicht in einem Zoo enden lassen wollte, fragte er an, ob ich bereit sei, ihn zusammen mit Boy in die

Die Beziehung zwischen Joy und George Adamson war – trotz gelegentlich tief greifender Differenzen – immer von Respekt und Zuneigung geprägt.

Wildnis zurückzuführen. Der Löwe hieß Christian.

Zuerst hielt ich das Ganze für einen Scherz, aber als ich merkte, dass Bill es ernst meinte, erklärte ich ihm, wie viele Steine man uns in den Weg legen würde. Per Telefon räumte er von London aus nach und nach alle Hindernisse fort.

„Wir müssen positiv denken, George", sagte er, „Christian ist fast ein Jahr alt, er wird ein idealer Gefährte für Boy sein und ihm bei seinen Kämpfen um das Revier helfen. Es wird auch die Gelegenheit sein, zu beobachten, ob Löwen, die in Gefangenschaft aufgewachsen sind, alle ihre Instinkte eingebüßt haben. Wenn wir dann noch die ganze Sache filmen, bin ich sicher, dass uns die Regierung wie letztes Mal unterstützen wird, da das Projekt eine hervorragende Werbung für Kenia ist. Ich werde nächste Woche kommen. Kannst du inzwischen herausfinden, wo wir sie hinbringen könnten?"

Je mehr ich über Christian erfuhr, umso mehr gefiel mir die Idee. Er war als Zirkusbeziehungsweise Zoolöwe der vierten Generation in einem Zoo in Südengland auf die Welt gekommen. Sein Vater stammte aus dem Rotterdamer Zoo und war daher vielleicht mit Elsa verwandt. Als er noch sehr klein war, hatte man ihn in der Tierabteilung von Harrods zum Verkauf angeboten. Zu der Zeit war das noch gesetzlich erlaubt. Zwei junge Australier, die ihre Weihnachtseinkäufe erledigten, kauften ihn – Ace Bourke und John Rendall waren nach abgeschlossenem Studium nach Europa gekommen und suchten das Abenteuer.

Es war das Ende der wilden 1960er-Jahre. Als Ace und John in einem Möbelladen in Chelsea Arbeit fanden, nahmen sie Christian jeden Morgen mit. Wenn er im Schaufenster saß, drehten sich die Leute noch einmal um, und die Kundschaft wuchs. Nachts teilte er sich mit den jungen Männern die Wohnung.

Die Probleme fingen an, als Christian größer wurde. Die Kunden waren durch den halbwüchsigen Löwen, der frei zwischen den Truhen, Anrichten und Tischen herumlief, sichtlich verängstigt. Die meiste Zeit des Tages musste er deshalb im Lagerraum im Keller verbringen.

Eines Tages wanderte Bill auf der Suche nach einem Schreibtisch nichtsahnend in den Laden. Gleichzeitig erkannten Ace und John den George Adamson aus dem Film, und mit dem Versprechen, ihm „etwas Interessantes" zu zeigen, lockten sie ihn in den Keller. Bills Vorschlag, ihnen mitsamt ihrem Löwen eventuell die Ausreise nach Afrika zu ermöglichen, konnten sie nicht widerstehen. Und ich konnte der Herausforderung nicht widerstehen, einen Löwen aus London zu bekommen.

Als Bill in Nairobi ankam, hatte ich bei der Suche nach einem neuen Zuhause für die Löwen keine großen Fortschritte gemacht. Ich merkte, dass all die alten Vorurteile, dass wir aus ernstzunehmendem Tierschutz ein Schaugeschäft machen wollten, weiterhin bestanden. Mein Ruf wurde durch einen vernichtenden Zeitungsartikel weiter beschädigt, in dem der berühmte Schriftsteller und Reisende Wilfred Thesiger meine Arbeit angriff. Obwohl er mit Peter und Sara Jenkins gut befreundet war und verständlicherweise durch Marks Unfall mit Boy aufgebracht war, hielt ich seine öffentliche Beschimpfung für unnötig.

Aber ich hatte auch einige Verbündete. Monty Ruben, der viel Erfahrung bei Dreharbeiten in Kenia hatte und den ich von „Frei geboren" und Bills Dokumentarfilmen her kannte, hatte viele Freunde in der Regierung; ebenso Ken Smith, der Oberster Wildhüter der Küstenprovinz war, zu der auch Garissa und vor allem Kora gehörten.

Mit ihrer Unterstützung besuchten Bill und ich den Regierungsbeauftragten, der für Entscheidungen, die den Tierschutz und das Ansehen Kenias betrafen, zuständig war. Tony Cullen riet uns, verschiedene Gebiete anzusehen, schien aber Kora für den Ort zu halten, der den widersprüchlichen Wünschen und Anforderungen für unser ausgefallenes Vorhaben am ehesten entsprach.

Während Bill und ich ein Zuhause für die Löwen suchten, fing Joy an, ihr zweites Buch über die Geparden, „Pippas Herausforderung", zu schreiben, und die Vögel und Tiere in Elsamere bezauberten sie zunehmend.

Wenn Joy ein Buch schrieb, ein Bild malte, etwas plante oder die Welt bereiste, um ihre Arbeit zu fördern, war alles in Ordnung, und während unserer Ehe fiel mir auf, dass sie ausgeglichen war, solange sie ihre Zuneigung zu einem Tier ausdrücken konnte, und dafür Zuneigung und Vertrauen zurückbekam. Dies gab ihr die Ruhe, die sie sonst nirgends fand. Noch mehr hob sich ihre Stimmung nach einem Besuch in Meru im Juli, als sie Tatu, eines von Pippas ersten Jungen, mit vier eigenen Jungen fand.

Im Juli fing alles an, besser auszusehen. Zu meiner großen Erleichterung sprach Joy nicht mehr von Scheidung. Sie schien sich mit meinen Plänen für Christian und Boy, der jetzt vor Energie nur so strotzte, abgefunden zu haben, sie hörte auf, meine Suchaktion nach einem geeigneten Platz für die Freilassung zu untergraben und widmete ihre Gedanken den bevorstehenden Dreharbeiten von „Für immer frei". Bill, Ginny und ich hatten beschlossen, daran nicht teilzunehmen.

Dann hatte ich großes Glück. Ein Wildhüter rief mich an, um mir zu sagen, dass er eine zwei Monate alte Löwin hätte, deren Mutter erschossen worden war. Ob ich sie aufnehmen würde? Dies kam mir sehr gelegen, da Boy und Christian wenigstens eine Löwin als Gefährtin brauchen würden. Ich holte sie ab, aber da ich mich nicht traute, sie gleich zu Boy ins Gehege zu bringen, kam sie in einen Käfig nebenan. Am nächsten Morgen lagen sie Seite an Seite, so dicht beieinander, wie es der Zaun erlaubte. Als ich auftauchte, stand Boy auf und starrte mich aggressiv an. Er wurde sehr unruhig und knurrte mich sogar an, was er vorher noch nie getan hatte. Tatsächlich wollte er die kleine Katania derart beschützen, dass ich sie sofort zu ihm brachte und sie augenblicklich Freunde wurden. Normalerweise würde ein männlicher Löwe ein Junges nie auf diese Art dulden, aber wahrscheinlich hatte seine Einsamkeit Boy sanft gestimmt.

Als sich Katania in Naivasha eingelebt hatte, beschränkte sich meine Suchaktion auf die Region um Garissa. Ken Smith, der Provinzwildhüter, half mir, mit dem Distriktwildhüter, dem Provinzkommissar und dem Distriktkommissar Kontakte aufzunehmen. Der Distriktverwalter organisierte für mich ein Treffen mit dem Tana-River-Ältestenrat, der die Entscheidung treffen sollte, und hielt eine *barazza*, eine Kommunalversammlung, mit den Einwohnern ab. Diese schienen alle zuzustimmen, wahrscheinlich, weil sie sich durch die Löwen, meine Anwesenheit und das Drehen eines Dokumentarfilms, ein Einkommen und eigenen Nutzen erhofften.

Der Tana-Fluss war in Kora etwa neunzig Meter breit, an manchen Stellen sogar mehr. Die Flussufer waren von hohen, dicht belaubten Bäumen, Büschen und Gräsern gesäumt, die mit ihrem frischen Grün einen starken Kontrast zu dem trockenen braunen

Joy war fasziniert von den Blassuhus, den größten Eulen Afrikas – einen verletzten Uhu päppelte sie sogar auf. Sie verewigte ihn auf diesem Bild.

Busch bildeten, der sich endlos in wellenförmiger Bewegung über die ockerfarbene Erde bis zum Horizont hinzog. Nur eine Besonderheit hob sich ab: eine Gruppe sandfarbener Felsen, etwa vier bis fünf Kilometer vom Fluss entfernt. Der höchste war auf der Landkarte als Kora Rock vermerkt und erhob sich hundertzwanzig Meter über das restliche Gelände.

Vom Flugzeug aus sah ich weder bebautes Land noch Kamele, Rinder oder Ziegen und auch keine Eingeborenen. Es war raues Gelände, aber es erfüllte die meisten unserer Anforderungen und ich beschloss, mich sofort dafür zu bewerben.

Es war ein Glückstreffer für mich, dass Ken Smith, der ein Schreiben an den Obersten Wildhüter und an das Ministerium für Wild und Tourismus aufgesetzt hatte, in dem er sich für meine Pläne in Kora aussprach, genau zu dem Zeitpunkt in das Ministerium versetzt wurde und dort seinen eigenen Vorschlag zur Unterzeichnung auf seinem neuen Schreibtisch vorfand. Er erledigte es sofort. Ich bat Bill, Christian so schnell wie möglich zu bringen.

Terence kam, um mir bei den Vorbereitungen für Kora zu helfen. Als ehemaliger Meister im Camp- und Straßenbau war er mit einer Gruppe Männer draußen im Busch und schlug eine Fahrspur von der Hauptstraße Nairobi–Garissa zu dem Felsen von Kora frei. Danach wollte er einen Weg vom Camp, am Fuß der Felsen, bis zum Fluss schaffen.

Bald schon telegrafierte mir Bill die Daten seiner Ankunft mit Christian, Ace und John. Es wäre ziemlich unpraktisch gewesen, einen Konvoi zusammenzustellen, um alle drei Löwen gleichzeitig den langen Weg nach Kora zu bringen, so ließ ich Boy und Katania zunächst bei Joy und Stanley. Sobald sich Christian in Kora eingelebt hatte, würde ich sie nachholen.

Joy begleitete mich noch bis zum Auto. Ich müsse meine Mitgliedschaft beim „Fliegenden-Doktor-Service" erneuern und mir einen Funksender anschaffen, damit wir uns in Notfällen erreichen könnten, waren ihre letzten Worte. Damals kam mir das etwas pessimistisch vor; erst später merkte ich, wie weise sie gewesen war.

Ein Löwe aus London

Die Luftgesellschaft glaubte Bill zunächst nicht, als er Flugtickets für drei Männer und einen Löwen verlangte. Dann sagte man ihm, dass er den Heathrow-Flughafen versichern lassen müsse. Also versicherte Bill den Londoner Flughafen für die halbe Stunde, in der das Verladen Christians gefilmt werden sollte für eine Million Pfund.

Am Flugplatz in Nairobi drängten sich die Afrikaner um Christians Kiste und um den Raum, in dem er herausdurfte. Mit seinem Alter von einem Jahr hatte er eine beachtliche Schulterhöhe, war hübsch und bekam allmählich eine Mähne. Man starrte ihn mit einem Gemisch aus Neugier, Interesse und Bewunderung an. Viele in der Menge hatten noch nie in ihrem Leben einen Löwen gesehen – sie konnten es sich nicht leisten, in die Parks zu fahren.

Ich ertappte mich dabei, wie ich Ace und John mit einem Gemisch ähnlicher Gefühle anstarrte, da ihre Erscheinung ähnlich wie Christians war. Sie waren jung, groß und gut aussehend. Nur ihre Mähnen waren länger als Christians. Bill und ich beobachteten mit Respekt, wie sie Christian gut zuredeten, als er aus seiner Kiste heraustaumelte und ihn dann in einer Ecke mit Nahrung und Wasser versorgten. In den nächsten achtundvierzig Stunden fuhren wir mehrmals zum Flughafen, um ihm Gesellschaft zu leisten und sein Befinden zu überprüfen.

Am nächsten Morgen lief Christian so munter auf und ab, wie es Ace und John noch nie erlebt hatten. Sie führten ihn zu einer kleinen Anhöhe am Straßenrand, damit er seine neue Heimat betrachten konnte.

Es war rührend zu sehen, wie gern der junge Löwe die beiden Männer hatte. Manchmal schaute er Ace an, sprang dann an ihm hoch und rieb seinen Kopf an ihm. Ace ahnte das voraus und streckte seine Arme aus, um den Angriff abzuwehren.

Als Christian sich von dem Flug erholt hatte, holten wir ihn mit unserem Landrover ab. Nach Kora waren es vierhundertachtzig Kilometer. Hinter Ace und John sprang Christian ohne zu zögern in meinen Wagen. Bill und seine drei Freunde, die den Film drehten, folgten in den anderen beiden Autos. Unser kleiner Konvoi erregte immer Aufsehen, wenn wir anhielten, um zu tanken, oder damit Christian sich die Beine vertreten konnte. Auf ungefähr halber Strecke nach Kora hatte Nevil Baxendale auf meine Bitte hin freundlicherweise ein Camp mit einem kleinen Gehege für Christian aufgebaut. So konnten wir die Reise für einige Tage unterbrechen. Um diesen ersten Tag auf richtig afrikanischem Boden besonders hervorzuheben, entfernten Ace und John Christians Halsband. Dann, nach einem schnellen Abendessen, bauten sie ihre Campingbetten neben dem Gehege auf und schliefen sofort ein. Am nächsten Morgen lief Christian so munter auf und ab, wie es Ace und John noch nie erlebt hatten. Sie führten ihn zu einer kleinen Anhöhe am Straßenrand, damit er seine neue Heimat betrachten konnte.

Meine Löwen – mein Leben

Alle Löwen, die ich bis jetzt in den Busch zurückgeführt hatte, waren hier in der afrikanischen Wildnis oder zumindest in relativer Freiheit geboren. Ein Hauptgrund, warum ich Christian aufgenommen hatte, war zu sehen, ob es schwieriger sein würde, einen im Zoo geborenen Löwen zu rehabilitieren. Seine natürlichen Instinkte waren vielleicht nach Generationen in Gefangenschaft vermindert oder sogar ganz verkümmert.

Während mir dies so durch den Kopf ging, wurde Christian plötzlich angespannt und erstarrte. Er hatte eine grasende Kuh entdeckt. Langsam ging er in die Hocke und umkreiste die Kuh im Gegenwind. Dann versteckte er sich hinter ein paar Büschen und verringerte so den Abstand zwischen sich und dem Opfer. Im Bruchteil von Sekunden hatte er aufgehört, Ace und John wie ein Schoßhund zu folgen und stattdessen die Jagdtechnik eines wilden Löwen angenommen. Es tat mir leid, dass ich den Landrover zwischen ihn und sein Opfer fahren musste. Aber Christian ließ sich nicht so leicht entmutigen und fing sofort an, sich erneut an die Kuh heranzuschleichen. Ace und John packten ihn, und zum ersten Mal in seinem Leben knurrte er sie an. In dem Moment wusste ich, dass ich mit Christian keine großen Schwierigkeiten haben würde.

Nachdem wir endlich Kora erreichten, brachte uns Terence zum Fluss, wo er ein vorläufiges Camp für Christians Ankunft errichtet hatte. Es hatte sich als Problem erwiesen, die Pfosten des ständigen Camps tief genug in den Boden zu rammen, da der Untergrund am Fuß des Korafelsens sehr hart und steinig war. Die Fertigstellung sollte noch eine Woche dauern.

Der Tana ist sicherlich das bedeutendste Merkmal Koras. Er ist der größte Fluss Kenias und fließt hier, acht Kilometer südlich des Äquators, von Westen nach Osten. Er bildet die nördliche Grenze des sogenannten Koradreiecks, des Gebiets, das mir für mein neues Experiment mit einem seltsam zusammengewürfelten Rudel von drei Löwen zugeteilt worden war. Die wohl größte Besonderheit dieser Gegend war eine Gruppe von Felsen, die allgemein als „Korafelsen" bekannt war. Sie waren abgerundet, rostfarben und glatt und im Licht der untergehenden Sonne sahen sie rosa aus.

Aus verschiedenen Gründen hatten wir beschlossen, das Hauptcamp hier am Fuß der Felsen aufzubauen. Man würde es von der Luft aus leicht finden, und die Lage bot uns die Vorteile eines leicht abfallenden Geländes: eine gelegentliche Brise und den Blick auf die unterhalb liegende Ebene. Die Felsen boten den Löwen hervorragende Aussichtspunkte und sollten sie Junge haben, so konnten sie diese hier gut verstecken. Und schließlich lag das Camp etwa fünf Kilometer von der Piste entfernt, die am Fluss entlangführte und zweifellos sehr viel befahren sein würde, falls Kora jemals für den Tourismus geöffnet würde.

Christian, ein im Zoo geborener Löwe, soll in Kora von George ausgewildert werden. Seine ehemaligen Besitzer, Ace (Mitte) und John (rechts), begleiten ihn nach Kora.

Das ausgeprägteste Merkmal Koras war der dichte Dornbusch, *nyika* genannt, der das ganze Koradreieck bedeckt. Er wächst auf einem Boden, der mit einer Spur Rost durchzogen ist, weil der dürftige Niederschlag durch die Sonne rasch wieder verdunstet und somit das Eisen der Erde oxidiert.

Ein Abendspaziergang mit Christian auf die Spitze des Korafelsens sollte Bill, Ace und John all dies zeigen. Am nächsten Tag kam Monty Ruben, der Bill wieder einmal bei den Dreharbeiten half. Nachdem ich die bunte Gruppe von „Ausländern" eingeführt hatte, machte ich mich erneut auf den Weg nach Naivasha, um Boy und Katania zu holen.

Als ich zurückkehrte, hatte Terence das Hauptcamp bei den Felsen fertiggestellt. Es bestand aus zwei Teilen: Die eine Seite war für die Löwen, die andere für Terence, mich und Stanley, der mitgekommen war, um auf die Löwen aufzupassen und zu kochen. Terences Arbeit war jedoch noch lange nicht abgeschlossen. Viele Kilometer wichtiger Straßen mussten noch durch den Busch geschlagen werden.

Als Christian den riesigen Boy und die winzige Katania kennenlernte, gab es einige kritische Momente. Die Australier holten ihn vorher lieber auf unsere Seite, ehe er Boy und Katania durch den Zaun anschauen konnte. Boy blickte Christian finster an, sodass dieser sich hinter Ace und John verkroch. Katania, die Gefahr witterte, verzog sich in die hinterste Ecke des Geheges. In dem Augenblick warf sich Boy mit enormer Wucht, Geschwindigkeit und Wildheit gegen den Zaun, wobei er ein donnerndes Brüllen ausstieß. Der Zaun beulte sich dramatisch aus, hielt aber Boys Gewicht stand.

Christian wurde durch diese Vorstellung noch mehr eingeschüchtert und drückte sich Schutz suchend gegen Aces Bein. Nach Boys zweitem eindrucksvollem Angriff warf Christian bei seiner Suche nach Sicherheit John zu Boden.

Am nächsten Tag bemerkte ich, dass sich Christian und Katania anfreunden wollten. Ich schnitt also eine kleine Öffnung in den Trennungszaun, damit sie rein- und rausschlüpfen konnte. Boy gefiel das gar nicht und er machte einige Scheinangriffe auf die beiden. Es war rührend zu sehen, wie vorsichtig Christian mit Katania spielte und mit welcher Zärtlichkeit sie ihre Köpfe gegeneinander rieben.

In der Nacht wollte ich noch eine andere Freundschaft einen Schritt vorwärtsbringen. Ich ließ Katania bei Christian und holte Boy auf unsere Seite des Zauns. Er, Ace und John sollten sich kennenlernen. Es amüsierte mich, dass Boy sich entschied, die Nacht in ihrem Zelt zu verbringen und die beiden zu ängstlich oder zu geschmeichelt waren, um etwas dagegen zu unternehmen.

Der riesige Boy und die kleine Katania waren ein rührendes Paar. Dem Einfluss der Löwin war es wohl zu verdanken, dass sich Boy und Christian einander annäherten.

Meine Löwen – mein Leben

Zum Zeichen der Unterwerfung legt sich Christian auf den Rücken. Damit ist die Rangfolge klar und er kann sich gefahrlos in Boys Nähe aufhalten.

Am nächsten Abend besprachen wir nach unserem „Sundowner", wann und wie wir Christian und Boy zum ersten Mal ohne die Sicherheit des Zauns zusammenbringen sollten. Wir beschlossen, dass das Treffen außerhalb des Camps stattfinden sollte, damit Christian die Möglichkeit zur Flucht hätte. Dann arbeiteten wir einen Plan aus, wonach die beiden Löwen auf verschiedenen Wegen zu einem gemeinsamen Treffpunkt auf einem nahe gelegenen Felsen kommen sollten. Dort wollten wir Katania als winzigen Friedensstifter dazusetzen in der Hoffnung, dass sie Boys Zorn bei der ersten Begegnung mildern könnte. Bestimmt würde Boy Christian angreifen, die Frage war nur, wie heftig.

In den nächsten Tagen bereiteten wir die Begegnung vor. Abwechselnd führten wir Boy und Christian morgens zu einem offenen Felsen, von dem aus sie sich sehen würden und wo auch die Kamera gut platziert wäre. Als sich beide Löwen dort wohlfühlten, entschied ich, es nun drauf ankommen zu lassen.

Ace und John gingen mit Christian voran und ließen ihn in der Sonne sitzen, während sie sich in Sicherheit brachten. Dann führte ich Boy und Katania aus verschiedenen Richtungen heran. Zunächst legten sich die Löwen in einer Entfernung von etwa dreizehn Metern voneinander einfach nur hin, wobei Christian kein Auge von Boy und Katania ließ.

So warteten wir ungefähr zwanzig Minuten lang. Dann verließ Katania Boy, der eine günstige Stellung auf einem höher gelegenen Felsen eingenommen hatte. Sie wanderte langsam zu Christian und fing an, ihn zu necken. Christian aber, der noch immer Boy anstarrte, war heute nicht zum Spielen aufgelegt und stieß sie beiseite. Das schien der Startschuss zu sein. Boy donnerte den Abhang hinunter, brüllte dabei fürchterlich und schlug mit aller Wucht seiner gewaltigen Pranken auf Christian ein. Ich war sicher, dass Christian abhauen würde, was tödlich ausgegangen wäre, wenn Boy ihn einholte.

Doch wieder einmal halfen Christians Instinkte ihm und er verhielt sich, wie ein wilder Löwe sich verhalten hätte. Er brachte den Mut auf, nicht wegzulaufen, sondern rollte sich in der klassischen Haltung der Unterwerfung auf den Rücken. In seiner zufriedengestellten Würde knuffte ihn Boy noch ein- oder zweimal, jedoch nicht mehr so aggressiv, und legte sich in der Nähe hin. Später, als sich alle drei Löwen beruhigt hatten, untersuchten wir Christian, der aber nur eine kleine Wunde am Vorderbein hatte. Boys Hiebe waren kräftig gewesen, er hatte jedoch die Krallen eingezogen gelassen. Nach dieser Begegnung konnten sich nun alle drei Löwen frei miteinander bewegen, wann immer sie wollten.

Die Zeit war jetzt gekommen, um zu sehen, wie Christian zum ersten Mal in seinem Leben ohne Ace und John auskommen würde. Sie beschlossen, eine mehrwöchige Reise durch Kenia zu machen. Das Kamerateam reiste auch ab, nachdem sie alles Wichtige über Christian in Afrika gefilmt hatten.

Ace und John hatten für Christian die Rolle der Mutter, der Geschwister und der Rudelältesten übernommen. Wenn Ace und John ihn nun verließen, dann müsste er einen Teil seines Vertrauens und seiner Zuneigung mir zuwenden. Noch wichtiger jedoch, er müsste eine feste Beziehung zu Boy entwickeln. Wenn junge Löwen aufwachsen und – wie es oft der Fall ist – vom Rudel ausgestoßen werden, dann steigen ihre Überlebenschancen erheblich, wenn sie zu zweit sind. Bei Elsa merkte ich, dass die beste Methode, eine Beziehung zu einem Löwen aufzubauen, tägliche Spaziergänge sind.

In Kora machte ich mich jeden Morgen um halb sieben mit Boy, Christian und Katania auf den fast fünf Kilometer langen Weg zum Fluss. Es war unmöglich, durch den Busch zu gehen, weil die Büsche, Dornen und Bäume so undurchdringlich waren. So blieb ich auf den Wegen, die Terence mit seinen afrikanischen Arbeitern mit Buschmessern freigeschlagen hatte.

Christian vertraute mir jeden Tag ein bisschen mehr. Seine Beziehung zu Boy verbesserte sich auch. Er drängte sich immer heran, um so nah wie möglich bei ihm und Katania zu sitzen. Auf unseren Spaziergängen lief er stets ein paar Schritte hinter uns und machte ständig Boy samt all seinen Eigenarten nach. Als Gegenleistung wurde Boy immer toleranter.

Wenn es so gegen elf Uhr heiß wurde, setzte ich mich hin, zündete meine Pfeife an und nahm einen kühlen Schluck aus meiner Thermosflasche. Die Löwen durchforschten das Ufer nach interessanten Dingen, Geräuschen oder Gerüchen. Zunächst folgten sie mir mittags zurück ins Camp, später ließ ich sie den ganzen Tag am Fluss und fuhr so gegen siebzehn Uhr wieder zu ihnen. Lagen sie nicht mehr dort, wo ich sie verlassen hatte, kamen sie auf meinen Ruf hin.

Kora liegt fast auf dem Äquator, daher wird es immer gegen neunzehn Uhr dunkel. In der Dämmerung bereitete ich das Fleisch vor, das ich für sie geschossen hatte. Wilde Löwen jagen nur alle paar Tage, daher achtete ich darauf, diese Mahlzeiten nicht zu häufig auszuteilen. Nur weil Kora kein offizielles Reservat war, konnte ich mir dies erlauben. Dennoch kritisierte man mich in Kora und anderswo, dass ich Antilopen und Zebras schoss, um meine angeblich freien Löwen damit zu füttern. Ich hatte jedoch mehrere Gründe. Zu Beginn ihrer Erziehung konnten die Löwen noch nicht allein jagen – sie waren zu jung, zu unerfahren, oder sie waren zu wenige. Wurden sie älter, war es mir wichtig, dass sie nicht abwanderten, um sich auf der anderen Seite des Flusses Vieh zu holen, wenn sie kein Wild erbeuten konnten.

Wesentlich war auch, um meine Beobachtungen bis zum Schluss des Experiments

In Kora wurde George mit seinen Löwen schnell heimisch. Für den Autor war es zunächst ein „Ort des Friedens".

durchführen zu können, dass sie eine territoriale Bindung an das Gebiet um das Camp herum entwickelten. Alle wilden Löwen erobern und verteidigen, wenn sie können, ein Revier, das dann der Jagd, dem Fressen und der Paarung dient.

Ich achtete besonders darauf, den Löwen nur wenig Fleisch zu geben, damit die Zahl der von mir geschossenen Tiere nicht höher lag als das, was die Löwen allein gejagt hätten.

Obwohl Christian und Katania noch lange nicht allein jagten, erlebten wir auf unseren Spaziergängen so manches Abenteuer, wenn sie ungewöhnliche oder aufregende Gerüche auffingen. Einmal hielten alle drei Löwen inne, um einige Büsche zu untersuchen, in denen sich offenbar interessante Beute verbarg. Boy blieb auf dem Weg, während Christian und Katania sich von hinten anschlichen. Schließlich steckte Christian seine Nase ins Gebüsch. Wie von einer Feder geschleudert flog Christian plötzlich zweieinhalb Meter hoch in die Luft, während unter ihm ein Nashorn mit dem Schnauben eines Drachen aus dem Busch donnerte. Als Christian landete, griff es ihn sofort an, und er raste flink wie ein Windhund zum Camp zurück.

Nachts hielt ich Christian, Katania und manchmal auch Boy aus Sicherheitsgründen im Gehege. Obwohl wir noch keine nähere Begegnung mit den eingeborenen Löwen gemacht hatten, sahen wir ihre Spuren und hörten sie nachts brüllen. Es war mir lieber, sie erst einmal abzuschätzen, ehe sie meinen beiden jüngeren Löwen gegenübertraten.

In meinem eigenen Interesse war es jedoch nicht gut, Christian die ganze Nacht lang eingesperrt zu halten. Löwen sind in Sachen Toilette peinlich genau und halten sich streng an die Orte, die sie sich für diesen Zweck aussuchen. Sie haben jedoch keine solchen Hemmungen beim Wasserlassen. Christian, der sich immer noch nach menschlicher Nähe sehnte, durchnässte unaufhörlich mein Bett. Da sich wilde Löwen genauso verhalten, konnte ich ihm nicht allzu böse sein. Ich erinnerte mich an Elsa und ihre Geschwister, bei denen dieser Harnfluss eine desinfizierende Wirkung auf ihr Lager hatte. Dies war zunächst mit Ungeziefer verseucht gewesen, doch nach einer Weile war in den Decken und dem Stroh kein Floh oder Parasit mehr zu finden.

Ein Grund für Christians nächtliche Ruhelosigkeit war ohne Zweifel, dass Löwen Nachttiere sind. Boy führte lebhafte Dialoge mit den Löwen, die drohend, wenn auch unsichtbar, auf den umliegenden Felsen lauerten.

Nach einer Woche beschloss ich, Christian nicht länger zu verhätscheln. Es war

Bis die Löwen selbstständig sind, muss die Betreuungsperson für Nahrung und Trinken sorgen. Auch dürfen die neuen Löwen den alten nicht die Nahrung streitig machen.

jedoch interessant zu sehen, dass er nachts immer die Richtung wählte, in der er nicht auf die wilden Löwen treffen würde.

Er war einige Tage und Nächte lang weg gewesen, als Ace und John von ihrer Safari durch Kenia und die Serengeti zurückkamen. Sie fingen gerade an, von ihren Abenteuern und von dem Besuch bei Joy zu erzählen, als Christian aus den Büschen auftauchte. Von seinen Spuren wusste ich, dass er die Zeit einige Kilometer entfernt verbracht hatte, aber irgendwie schien er die Rückkehr der Australier gespürt zu haben. Ich erlebte sechs Wochen später genau das Gleiche, nachdem ich Boy und Christian ein paar Tage lang alleingelassen hatte. Sie hielten sich fern vom Camp bis zu dem Moment meiner Rückkehr.

Christians Stunden mit Ace und John waren gezählt und zwei oder drei Tage später verabschiedeten sie sich. Ich fühlte einen Kloß in meinem Hals, als Christian zum letzten Mal ein, zwei, drei Schritte machte, in Aces offene Arme sprang und ihm beide Wangen ableckte. Aus ihren Gesichtsausdrücken konnte ich erahnen, welchen Preis sie für Christians Freiheit zahlten.

Anfang Dezember fingen die Löwen an, sich richtig einzuleben. Sie waren jetzt vier Monate hier und kannten sich aus. Manchmal blieben sie einige Tage lang weg. Am elften Dezember tauchte Christian um vier Uhr morgens allein auf. Das war beunruhigend, denn Katania verbrachte neuerdings die meiste Zeit mit ihm.

Als es hell wurde, folgte ich ihm, verlor aber bald seine Spur. Erst am Abend fand ich ihn auf dem Korafelsen – und er war allein. Um zwei Uhr morgens weckte mich Boys Brüllen. Auch er war allein. Jetzt war ich ernsthaft um Katania besorgt.

Am nächsten Nachmittag fand ich die Spuren aller drei Löwen am Flussufer. Sie waren ungefähr drei oder vier Tage alt. Ich konnte erkennen, dass Katania mit den anderen gespielt hatte. Boys Spuren hörten am Wasserrand auf und setzten sich am gegenüberliegenden Ufer fort. Als ich die Spuren noch einmal gründlich überprüfte, entdeckte ich auch Christians Abdrücke, die am nahen Ufer auftauchten. Er war allein gewesen. Es sah so aus, als ob Katania Boy oder Christian ins Wasser gefolgt war und versucht hatte, den Fluss zu überqueren. Da sie aber viel leichter war, hatte die Strömung sie wohl mitgerissen und ein Krokodil sie gefressen, ehe sie das Ufer erreicht hatte. Selbst in ihrem Alter sind Löwen ausgezeichnete Schwimmer und ich glaube nicht, dass sie ertrunken ist. Krokodile waren die ersten Feinde meiner Löwen in Kora.

Nicht nur für mich war dies ein harter Schlag. Ich hatte sie sehr lieb gewonnen und brauchte sie als Weibchen im Rudel. Auch Boy und Christian fühlten sich eindeutig unbehaglich. Alle Fröhlichkeit war gewichen. Christian vor allem fehlte ein Spielkamerad.

Joy wollte über Weihnachten ein paar Tage kommen. Als ich sie in Naivasha abholte, fand ich die Nachricht eines Kollegen, Rodney Elliot, der mir zwei junge Löwen für Kora anbot. Zu Heiligabend schickte ich ein Telegramm, in dem ich akzeptierte.

Schatten des Todes

Der Friede in Kora war von kurzer Dauer. Das nächtliche Löwengebrüll ließ darauf schließen, dass die Gefahr aus den Bergen näherrückte. Manchmal stellte sich Boy der Herausforderung der einheimischen Löwen. Andere Male hatte sein Brüllen einen anderen Tonfall und ich wusste, dass er sich mit einer der Löwinnen paarte. Neuerdings war er, wenn er zurückkam, angespannt und nervös; so hatte ich ihn sonst nur erlebt, wenn Girl läufig war. Anfang Januar drängte sich Boy, als Stanley ihn füttern wollte, zu meinem großen Erstaunen durch das Tor und biss ihn in den Arm – nicht sehr heftig, aber tief genug, dass Terence, der jetzt sein eigenes Camp am Fluss aufgeschlagen hatte, ihn zur Behandlung ins nächste Krankenhaus bringen musste. Während ihrer Abwesenheit war ich nicht allein im Camp. Die Arbeit ging weiter, und Bill Travers hatte arrangiert, dass der Kameramann Simon Trevor einen zweiten Film über Christian in Afrika drehen sollte.

Eines Morgens saßen Simon und ich gegen halb sechs Uhr beim Frühstück, ehe wir uns auf den Weg machen wollten, um die zwei jungen Löwen von Rodney Elliot aus Maralal zu holen. Wir waren fast fertig, als unser Mitbewohner Hamisi herbeistürzte und uns berichtete, dass Boy Muga, einen von Terences Arbeitern, vor dem Camp gepackt hätte. Am Tor war ein großes Geschrei, so griff ich meine Taschenlampe und einen elektrischen „Viehtreiber", den man mir geschenkt hatte, und zog los. Erst sah ich in der Dunkelheit gar nichts, dann hörte ich in ungefähr fünfundvierzig Metern Entfernung einen Schrei. Als ich mich in die Richtung drehte, sah ich im Schein der Taschenlampe Muga und Boy. Boy schreckte zurück, als ich ihn anbrüllte, kauerte aber extrem gefährlich aussehend in den Büschen.

In dem Moment fuhr Simon mit voll aufgeblendeten Scheinwerfern zwischen Boy und mich, sprang aus dem Auto und schrie Muga zu, einzusteigen. Der benommene Mann, der am Kopf und an den Schultern blutete, reagierte instinktiv auf Simons Befehl, der ihn dann ins Camp fuhr. Zum Glück war Simons Frau gelernte Krankenschwester und obwohl Muga sofort ohnmächtig wurde, reinigte sie seine Wunden. Seine Schultern waren nur oberflächlich zerkratzt, doch sein Kopf hatte drei Bissstellen und seine Wange ein Loch.

Als sich Muga genügend erholt hatte, fuhr ihn Terence nach Garissa ins Krankenhaus.

Ich konnte nicht verstehen, was Muga um diese Tageszeit draußen gesucht hatte, aber man sagte mir, dass er dringend gemusst hätte. Alle anderen hatten ihn für verrückt

Boy kam kurz vor der Dunkelheit mit Bissen oder Rissen auf dem Kopf, an den Hinterbeinen und Hoden und mit einer tiefen Wunde auf dem Rücken zurück – ein Biss durch die Wirbelsäule ist eine der wirksamsten Methoden der Löwen, den Gegner zu lähmen oder zu verkrüppeln.

Schatten des Todes

erklärt. Der Zaun war noch nicht fertig, Löwen streiften jede Nacht um das Camp und allen Männern war wiederholt gesagt worden, nicht ohne Begleitung hinauszugehen.

Die zwei Löwen, die Simon und ich aus Maralal geholt hatten, waren zunächst sehr wild. Seit sie einen Monat zuvor gefangen worden waren, hatte man sie in getrennten Käfigen gehalten. Das Männchen hieß Juma und das Weibchen nannte ich Monalisa. Nach den ersten paar Tagen in Kora wurden sie ruhiger und kamen aus ihren Kisten, um zu fressen; doch vor allem Juma blieb sehr zurückhaltend.

Fast jede Nacht weckte uns das Gebrüll der wilden Löwen und morgens konnten wir ihre Spuren verfolgen. Sie liefen meistens zu zweit oder zu dritt umher. In diesem dichten Busch, wo es schwer war, Wild zu erbeuten, waren die Rudel klein und junge Männchen jagten, nachdem sie ihre Familie verlassen hatten, oft gemeinsam. Löwen passen sich fast überall den vorherrschenden Bedingungen an.

Obwohl Christian erstaunlichen Mut zeigte, wenn er mit Boy unterwegs war, war er zu jung, um eine wirkliche Hilfe für ihn zu sein, sollte es zu ernsthaften Kämpfen kommen – was bald geschah. Boy kam kurz vor der Dunkelheit mit Bissen oder Rissen auf dem Kopf, an den Hinterbeinen und Hoden und mit einer tiefen Wunde auf dem Rücken zurück – ein Biss durch die Wirbelsäule ist eine der wirksamsten Methoden der Löwen, den Gegner zu lähmen oder zu verkrüppeln.

Ich streute Sulfonamidpuder auf die Wunde, bedeckte sie mit Enzianwurzel und versuchte, Boy nach Einbruch der Dunkelheit im Gehege zu halten. In der zweiten Nacht weigerte er sich hereinzukommen, daher stellte ich meinen Landrover in seine Nähe und schlief auf dem Autodach. Ich wachte eine Stunde später mit einem furchtbaren Schrecken auf. Das Auto schwankte plötzlich unter dem Gewicht eines Löwen, der neben mich gesprungen war. Als ich endlich meine Taschenlampe fand und sie anmachte, sah ich, dass es Christian war, der darauf bestand, die ganze Nacht bei mir zu bleiben. Von jetzt an gelang es mir, Boy nachts einzusperren, aber ich ließ Juma und Monalisa frei umherstreifen. Dies, obwohl die beiden Löwen, die Boy angegriffen hatten, nachts zum Camp gekommen waren und ihn im Gehege erneut anfallen wollten. Ich verscheuchte sie, aber kurz darauf hörte ich in der Nähe einen Schmerzensschrei aus dem Busch. Ich eilte mit meinem Gewehr in die Richtung, aber jetzt herrschte völlige Stille und im Licht meiner Taschenlampe leuchteten auch keine Katzenaugen. Als ich zum Camp zurückkam, war ich erleichtert, Christian zu sehen, doch von Juma und Monalisa fehlte jede Spur.

In der Morgendämmerung zogen Christian und ich los, um sie zu suchen. Etwa zweihundertsiebzig Meter vom Zaun entfernt fand

Die Begegnung zwischen halbwilden und wilden Löwen ist sehr heikel, da keine natürliche Rang- und Revierordnung besteht. Boy trug schwere Wunden davon.

ich Monalisa: Sie war tot, durch den Nacken gebissen. Mit Mordgedanken folgte ich den beiden wilden Löwen. Vielleicht war es gut, dass sich ihre Spuren im Sand verliefen, ehe ich sie fand. Einer der beiden hatte eine deutlich erkennbare Stimme und war als der „Killer" bekannt.

Christian und ich brauchten noch drei Tage, ehe wir den jungen Juma fanden, der sich oben auf dem Korahügel versteckt hielt. Er war unverletzt und folgte uns – obwohl er sehr ängstlich war – willig zum Camp zurück. Von jetzt an waren Christian und Juma beste Freunde und trotz der ständigen Bedrohung durch ihre Rivalen, die uns unser Dasein in Kora bitter übelnahmen, waren die beiden immer gut gelaunt. Boy hingegen ging es sehr schlecht. Die Bisswunde auf seinem Rücken war zu einer dauernden Schwellung geworden. Er brauchte eindeutig gezielte Behandlung, und als der Tierarzt Paul Sayer die Wunde untersuchte, sah er, dass sich ein Knochensplitter von der Wirbelsäule gelöst hatte und entfernt werden musste. Die Operation dauerte zweieinhalb Stunden, bis alle Wunden, einschließlich der anderen Risse, behandelt und zugenäht worden waren. Boy protestierte ein paarmal laut brüllend, weil das Wasser des Tupfers zu heiß war, starrte aber sonst ohne mit der Wimper zu zucken in die Ferne. Paul erklärte mir, ich solle nie wieder eine tiefe Wunde mit antibiotischem Puder behandeln, da die Oberfläche heilen würde, während darunter ein septischer Herd bliebe.

Simon Trevor hatte unseren Alltag ausgiebig gefilmt, und Bill wollte jetzt kommen, um zu sehen, wie Simon zurechtkam. Simon holte ihn in Nairobi ab. Einige Tage später holten sie zwei weitere Löwen aus dem Tierwaisenhaus des Nairobi-Nationalparks und flogen dann alle nach Kora. Die Neuankömmlinge waren ungefähr in Christians Alter von achtzehn Monaten und ich nannte sie Mona und Lisa. Wie Juma waren sie in der Wildnis geboren und durch die vielen Menschen in Nairobi sehr verängstigt. Ich versuchte, ihr Vertrauen zu gewinnen, indem ich mein Feldbett neben ihr Gehege stellte.

Christian wuchs schnell zu einem großen und vertrauensvollen Kumpel heran, während Mona und Lisa schöne Löwinnen werden würden. In ungefähr einem Jahr würden sie jagen und sich paaren können. Als Zugabe erhielt ich einen weiteren, zwei Monate alten kleinen Löwen. Er wurde in einem *Supercub*-Flugzeug gebracht, daher nannten wir ihn Supercub. Mona und Lisa hatten länger als Christian gebraucht, sich an die Wildnis zu gewöhnen, doch Supercub schien sich sofort zu Hause zu fühlen.

Es war eine schwere Aufgabe, das ganze Rudel zu beaufsichtigen und oft hatte ich keine Zeit, ihnen Wild für das „Abendessen" zu schießen, damit sie mit dem Camp in Ver-

Im Busch war so schnell kein Tierarzt erreichbar, daher musste George bei Boys Behandlung zunächst improvisieren.

Die beiden achtzehn Monate alten Löwinnen Mona und Lisa waren bei der Ankunft sehr scheu. Bald aber vertrauten sie George.

bindung blieben. Stattdessen rumpelte ich einmal die Woche vierzig Kilometer flussabwärts nach Balambala, dem nächsten Dorf, und kaufte einen Ochsen. Eine weitere Aufgabe war es, Boys Rücken zu verbinden und die Wunde regelmäßig mit Bittersalzkompressen zu behandeln, um den Eiter herauszuziehen und die Schwellung zu lindern.

Nach sechs Monaten in Kora hielten sich Erfolge und Rückschläge in etwa die Waage. Sich im Busch niederzulassen, wie entlegen auch immer, bedeutet, sich an eine neue Nachbarschaft zu gewöhnen, genauso wie anderswo.

Vom Standpunkt meiner Löwen aus gesehen gab es eine angemessene Auswahl an Beute, und der Fluss führte ständig Wasser.

Von meinem Standpunkt aus war die Unterkunft hervorragend. Hinter dem uns umgebenden dreieinhalb Meter hohen Drahtzaun hatten wir eine große Aufenthalts- und Speisehütte, die mit Palmblättern gedeckt und zum Felsen hin offen war. Die anderen drei Seiten waren durch eine Patentlösung von Terence abgedichtet: Maschendraht wurde mit Sackleinen verkleidet und dann mehrfach mit Zementbrühe gestrichen. Es gab auch Fensteröffnungen, um die seltenen Brisen auszukosten.

Wir hatten ähnliche Hütten für Terence, mich, unsere Vorräte und eventuelle Besucher. Terence baute gleich neben dem Doppeltor zur Straße hin einen Schuppen für die Autos und Werkzeuge.

Gekocht wurde unter einem Strohdach auf einer traditionellen Feuerstelle aus drei Steinen. Es gab unbegrenzte Mengen an Feuerholz. Die einheimische Nahrung, die wir hier kaufen konnten, war einfach: Ziegenfleisch, ein bisschen Gemüse, Eier, Reis und Tee. Da wir kein Wild aßen, bot uns die Umgebung wenig. Für anständiges Fleisch, Obst und Butter mussten wir uns auf die Großzügigkeit von Freunden, die uns besuchen kamen, verlassen.

Terence, Stanley und Kimani, der gekommen war, um Stanley beim Kochen, Wasserholen, Holzsammeln und anderen Arbeiten im Camp zu helfen, teilten mit mir dieses

Riesige Hornträger: Nashörner

Mit seiner fingerförmigen Oberlippe greift das Spitzmaulnashorn seine Nahrung.

Wenn die Löwen Afrikas einem massigen Nachbarn mit zwei Hörnern auf der Nase gegenüberstehen, kann es sich entweder um ein Breitmaul- oder um ein Spitzmaulnashorn handeln. Beide Arten trotten durch Savannen und Buschland südlich der Sahara, während die drei übrigen Nashornarten in Asien zu Hause sind.

Mit der eindrucksvollsten Figur in seiner Verwandtschaft kann das Breitmaulnashorn aufwarten, das nach dem Elefanten größte Landsäugetier der Erde. Bei einer Länge von bis zu 4 m erreichen die Männchen ein Gewicht bis zu 3,6 t. Weibchen sind deutlich kleiner, sie bringen nicht einmal halb so viel Gewicht auf die Waage. Ein so großer Körper braucht viel Nahrung, daher verbringen Breitmaulnashörner einen großen Teil des Tages mit Fressen und weiden mit ihren breiten Lippen das Gras ab.

Spitzmaulnashörner dagegen fressen lieber die Blätter von Akazien und Wolfsmilchgewächsen. Mit der kräftigen, spitz zu laufenden Oberlippe, der sie ihren Namen verdanken, können sie diese Nahrung besonders gut pflücken. Die Blätterfans unter Afrikas Nashörnern sind kleiner, leichter und agiler als ihre grasfressenden Verwandten. Ein männliches Spitzmaulnashorn begnügt sich mit einer Länge von bis zu 3,5 m und einem Gewicht von 1,4 t. Dafür sind diese Tiere deutlich aggressiver als Breitmaulnashörner. Die Bullen markieren ihr Revier mit Kothaufen. Lässt sich ein Rivale von diesem klaren Signal nicht von Grenzüberschreitungen abhalten, versteht der Hausherr keinen Spaß. Die beiden Hörner werden nach oben gerichtet und schon stürmt der zornige Bulle auf seinen Nebenbuhler los. Dabei reißen sich männliche Spitzmaulnashörner oft tiefe Wunden, an denen viele Tiere sogar sterben.

Beide Nashornarten – im Bild Breitmaulnashörner – tragen zwei hintereinander liegende Hörner, die lebenslang wachsen. Das vordere wird bis zu 1 m lang, das hintere bis zu 50 cm.

Schatten des Todes

einfache Quartier, dessen inoffizielle Adresse jetzt *Kampi ya Simba* – Löwencamp, wurde.

Wenn auch unsere Unterkunft von Anfang an vorzüglich war, so dauerte es doch seine Zeit, bis wir uns wirklich auf unser Kommunikations- und Nachschubsystem verlassen konnten. In den ersten Jahren war die zweiunddreißig Kilometer lange Fahrt zur nächsten Landepiste in Notfällen ein einziger Albtraum. Die Post kam, gelinde gesagt, unregelmäßig und musste in Garissa abgeholt werden, das hundertsechzig Kilometer entfernt lag und eine fünfstündige Autofahrt bedeutete. Wir waren daher für das neu installierte Funkgerät dankbar, auf dessen Anschaffung Joy bestanden hatte. Es bedeutete, dass man morgens und abends bereitstehen musste, falls man gerufen wurde oder jemanden sprechen wollte. In Notfällen konnten wir jedoch die Zentrale jederzeit benachrichtigen.

Im Allgemeinen bereiteten uns die Tiere – abgesehen von den einheimischen Löwen – wenig Schwierigkeiten. Unsere größten Nachbarn waren die Elefanten, die wir manchmal in Familiengruppen von zehn oder zwölf sahen. Nachts kamen sie an den Fluss, um dort zu trinken. Obwohl die Löwen es liebten, sie zu ärgern, zogen sie ihre Angriffe niemals bis zum Schluss durch. Die Löwen respektierten auch die Nashörner. Mehr als einmal wurden Löwen mit zerquetschtem Brustkorb gefunden: Opfer von Nashörnern.

Flusspferden können Löwen schlecht widerstehen, und ich fand das Gerippe von einem, das die wilden Löwen gerissen hatten. Dennoch ist es besser, Flusspferde nicht zu belästigen, wenn sie beim Grasen sind, denn dann sind sie am gefährlichsten.

Die Löwen konzentrierten sich normalerweise auf herkömmlichere Beute: Büffel, junge Giraffen, Wasserböcke, Antilopen und Gazellen. Diese Beute bescherte jenes Maß an Abenteuer mit Aufspüren, Jagd und Riss, das die Löwen brauchten. Genau diese Art der Aufregung suchten wir auf unseren täglichen Spaziergängen.

Der 6. Juni 1971 fing wie jeder normale Tag an. Boy war mehrere Nächte vom Camp ferngeblieben und so brach ich mit Christian, Juma, Mona, Lisa und Supercub im ersten Licht des Tages zu einem Spaziergang auf. Sie hatten ihren Spaß daran, ein Dikdik, eine Zwergantilope, zu jagen, dann kletterten wir auf „Boys Felsen", wo ich sie zurückließ. Als ich ins Camp zurückkehrte, war es gegen zehn Uhr und ich setzte mich, um allein zu frühstücken, weil Terence in Malindi war. Draußen vom Wassertrog hörte ich das Geräusch eines laut trinkenden Löwen und Kimani, der mir mein Rührei brachte, sagte, dass Boy eben aufgetaucht sei.

Nicht viel später kam Kimani, um den Tisch abzuräumen, und während er das tat, hörten wir beide schreckliche Schreie aus dem Busch hinter dem Camp. Ich packte ein Gewehr und rannte zu den großen Toren. Von da aus sah ich Boy in gut zweihundert

Afrikanische Elefanten sind den Löwen überlegen – hier vertreiben sie die Raubkatzen vom Wasserloch. Einzelne, noch nicht ausgewachsene Elefanten können Löwen allerdings erbeuten.

Meter Entfernung mit Stanley in den Fängen. Als ich schreiend auf ihn zustürmte, ließ er Stanley fallen und verzog sich seitlich in den Busch, der etwa zwanzig Meter weg war. Stanley saß auf dem Boden, Blut strömte aus seiner Schulter. Ich raste an Stanley vorbei, legte mein Gewehr an und schoss Boy durchs Herz. Dann wandte ich mich Stanley zu und rief Kimani zu Hilfe.

Zusammen halfen wir ihm, einige Schritte zum Tor zu wanken, ehe er zusammenbrach. Ich rannte, um meinen Wagen zu holen und fuhr ihn dann die kurze Strecke zu meiner Hütte, wo ich ihn hinlegte. Als ich anfing, die Wunde in seinem Nacken und die tiefere an dessen Ansatz zu untersuchen, starb Stanley. Seine Halsschlagader musste schwer verletzt worden sein, und weniger als zehn Minuten nachdem er aufgeschrien hatte, war er verblutet. Er war erst achtundzwanzig.

Den ganzen Vormittag versuchte ich die Polizei in Garissa per Funk zu erreichen, doch die Zentrale sagte mir, dass Sonntag sei und ich höchstwahrscheinlich keine Antwort erhalten würde.

Ich wollte nicht, dass die anderen Löwen zurückkehrten und den toten Boy neben der Straße liegen sahen. Ich beschloss, ihn zu beerdigen. Mit Kimanis Hilfe hob ich ihn hinten in meinen Landrover und fuhr allein zu einem sandigen Flussbett. Ich nahm einen Flaschenzug und Seile mit. Unter einem schattigen Baum schaufelte ich ein Grab, und mithilfe des Flaschenzugs ließ ich Boy langsam hinunter. Nach allem, was wir miteinander durchgemacht hatten, war dies ein trauriger Moment. Ich hatte ihn mehr als acht Jahre lang gekannt.

Am nächsten Morgen schaufelte ich im ersten Tageslicht mit Kimani ein Grab für den armen Stanley. Ich war entschlossen, ihn zu begraben, falls ich die Polizei nicht erreichen konnte. Aber um zehn Uhr – volle vierundzwanzig Stunden nach dem Unfall – kam ich durch. Sie waren unnachgiebig in ihrer Forderung, dass ich Stanley nicht beerdigen sollte und schickten sofort ein Fahrzeug los, um seinen Leichnam abzuholen. Um halb sechs Uhr abends kamen sie mit sechs Polizisten an.

Trotz des Zustands, in dem sich der Leichnam in dieser Hitze befand, fingen sie an, Aussagen zu protokollieren. Dann bestanden sie darauf, Boys Grab zu sehen, es zu öffnen und zu überprüfen, ob ich ihn tatsächlich erschossen hatte. Sie blieben bis abends um neun Uhr. Zu dem Zeitpunkt kehrten die Löwen, die den ganzen Tag weg gewesen waren, plötzlich zum Camp zurück und sorgten für weitere bange Momente.

Worte können die Reue, die ich verspürte, nicht beschreiben. Stanley war wieder und wieder ermahnt worden, das Camp nicht zu verlassen, wenn die Löwen auf freiem Fuß waren. Er hatte erlebt, wie Boy vor ein paar

Der erfahrene Wildpfleger Stanley erlitt tödliche Verletzungen durch den Löwen Boy, als er das Camp zu einem Ausflug in den Busch verließ.

Monaten erst Muga und dann ihn selbst angegriffen hatte, und er hatte lange genug bei Joy und mir gelebt, um die Gefahren des Busches einschätzen zu können. Er war nett und zuverlässig gewesen, und wie hart die Arbeit auch sein mochte, er war stets geduldig und fröhlich. Er hatte sich aufopfernd um Boy gekümmert, vor allem in der Zeit, als sich dieser in Naivasha und Kora von seinen Operationen erholte. Vielleicht hatte er sich zu sehr auf das Vertrauen verlassen, das in diesen schweren Zeiten zwischen ihnen gewachsen war.

Als ich – teils von Kimani und teils aus den Spuren am Boden – den Hergang des Unglücks zusammenstückelte, schien es, als ob sich Stanley in den Kopf gesetzt hatte, Honig zu suchen. Boy war zum Camp zurückgekehrt und hatte getrunken, als er plötzlich sah, wie sich auf der anderen Seite des Camps etwas bewegte, was er dann erkundete. Vielleicht erkannte er Stanley nicht, oder vielleicht erkannte Stanley Boy nicht. Auf jeden Fall war Stanley, anstatt still zu stehen – was Boy aufgehalten hätte – in Richtung Tor und Sicherheit gerannt. Rennende Gestalten sind für Löwen unwiderstehlich.

Zu meinem Bedauern nahm die Polizei Stanleys Leichnam nach Garissa mit und beerdigte ihn in einem anonymen Grab. Er hatte keine Frau, und ich hätte ihn gern in Kora oder Meru in der Nähe seiner Familie begraben, die jetzt das Geld aus seiner Lebensversicherung erhielt.

In den nächsten paar Tagen konnte ich an nichts anderes denken. Von all den Löwen, die ich kannte, wusste ich, dass Boy ein äußerst gleichmütiges Temperament hatte. Er hatte seine Verletzungen, die Spritzen, die Operationen und seine Reisen mit unveränderter Geduld hingenommen, wie er auch die Gegenwart so vieler Menschen toleriert und akzeptiert hatte, zum Beispiel Bill, Ginny, die Tierärzte, Ace, John, die Kamerateams, Stanley und mich. Mich hatte das so sehr beeindruckt, dass ich blind für die Warnsignale geworden war: die Verletzungen, die er dem jungen Arun Sharma und Mark Jenkins in Meru und Muga Anfang des Jahres in Kora zugefügt hatte.

Jetzt erinnerte ich mich an einen Brief, den mir Bill achtzehn Monate zuvor nach Naivasha geschrieben hatte. Er fragte, ob die Stahlstifte in Boys Bein seine Bewegungsfreiheit nicht beeinträchtigen würden oder ihm Schmerzen bereiteten, was ihn zu einem Menschenfresser machen könnte.

Als Erstes schickte ich eine genaue Schilderung des Vorgangs an die Behörden, die verständnisvoll reagierten. Die lokalen Zeitungen und der *Daily Express* druckten ausführliche Berichte über den Unfall, die unvermeidlich einen kritischen Unterton hatten. Aber in den nächsten zwei Monaten kam es zu keinen extremen Reaktionen gegen mich oder meine Arbeit.

Wir sahen uns jedoch einer anderen Art Gewalt gegenüber. Anfang August verschwanden Mona, Lisa und Supercub im Busch und es war mir unmöglich, sie zu finden. Nach einigen Tagen Suche stieß ich auf drei junge Wakamba, die acht Kilometer entfernt ihr Vieh zum Brunnen gebracht hatten. Als Antwort auf meine Frage sagten sie mir, dass sie vor einer Woche drei Löwen am Wasser gesehen hätten, von denen der eine etwas kleiner gewesen sei. Als sie hinzufügten, dass die Löwen drei ihrer Kühe gerissen hätten, bat ich sie, mich zu den Überresten zu führen. Das Vieh war mit Sicherheit von Löwen getötet worden, aber nach gründlichen Untersuchungen kam ich zu dem Schluss, dass es nicht meine gewesen waren.

Nach vier Tagen erschienen Lisa und Supercub beim Camp, aber Mona – die immer schon am wenigsten selbstständig gewesen war – sah ich nie wieder. Ich bin mir sicher, dass die Wakamba sie fälschlicherweise für einen der Löwen hielten, die ihre Kühe geholt hatten und sie daher töteten. Da die Wakamba ohnehin kein Recht hatten, sich in Kora aufzuhalten, bat ich den Stammesältesten in Balambala, sie fortzuschicken, was er auch tat.

Nach Monas Verschwinden verbrachten Christian, Juma, Lisa und Supercub die meiste Zeit des Tages miteinander. Oft jagten sie Elefanten, die plötzlich in großen Herden erschienen waren. Wenn ich sie so zusammen sah, bestätigte sich die Antwort auf die quälende Frage in meinem Kopf. Kurz vor seinem Tod schien Boy sich unnatürlich zu verhalten: Wann immer er konnte, jagte er Juma. Mir wurde jetzt klar, dass es nicht Boy war, der „unnatürlich" war, sondern dass sich Juma anders als andere junge Löwen entwickelte. Ich hatte mich bei seinem Geschlecht geirrt, und jeden Tag wurde deutlicher, dass Juma eine Löwin war.

Als das Rudel kein Interesse mehr an der Elefantenjagd hatte, spürte ich für sie einen Wasserbock auf, den die wilden Löwen frisch gerissen hatten. Diese hatten sich murrend zurückgezogen und trauten sich bestimmt nur meinetwegen nicht heran.

In der Nacht hörte ich das typische Brüllen des „Killers", der Monalisa getötet hatte. Es folgte ein fürchterlicher Kampf, bei dem eine Reihe von Löwen am Camp vorbeischoss. Unmöglich konnte man feststellen, wer wen jagte. Später wachte ich durch das gequälte Rufen eines Löwen auf. Als ich nachschaute, traf ich Christian und Juma, die mich vorsichtig in den Busch führten. In der Morgendämmerung humpelte Lisa auf mich zu. Blut strömte aus ihrer Schulter und ihrem Hinterlauf. Sie war schlimm zerbissen worden, auch wenn sie keine bleibenden Verletzungen hatte. Dann machte ich mich auf die Suche nach Supercub und fand die Spuren einer Löwin mit einem Jungen. Später stießen die Abdrücke eines männlichen Löwen dazu. Nicht weit entfernt sah ich dann unter einem Baum etwas liegen, das wie eine junge schlafende Löwin aussah. Als ich näherkam, merkte ich, dass das Tier tot war und dass es Supercub war. Er war genau wie Monalisa in das Genick gebissen worden.

Die Folge all dieser plötzlichen Todesfälle war, dass Christian auf einmal nicht mehr brüllte. Er schien zu merken, dass Zurückhaltung die bessere Seite der Tapferkeit war. Außerdem markierten die drei Löwen ihr Revier nicht mehr. Eine weitere Folge war, dass Bill mir schrieb, dass er und einige meiner Freunde in England die Reaktion der ansässigen Löwen als zu negativ empfanden und ich lieber einen anderen Ort für die Fortsetzung meiner Arbeit finden solle. Obwohl ich fünf der acht Löwen, die ich nach Kora gebracht hatte, verloren hatte, antwortete ich, dass ich zuversichtlich sei, mit etwas mehr Zeit und durch die Verstärkung einiger Löwen das Experiment aufgrund meiner Erfahrung auch in dieser rauen Umgebung erfolgreich durchführen zu können. Aber gerade dann, als ich jedes bisschen Glück dringend brauchte, schlug das Schicksal aus einer anderen Richtung zu.

Wilfred Thesiger, der auf Safari gewesen war, als der Unfall mit Stanley passierte, veröffentlichte im *East African Standard* einen weiteren Artikel. Darin griff er meine gesamte Tätigkeit in Kora an, mit der Be-

Der bekannte Forscher und Reiseschriftsteller Wilfred Thesiger (1910–2003) verurteilte öffentlich die Arbeit Adamsons in Kora.

gründung, dass die Rehabilitierung zahmer Löwen außerordentlich gefährlich sei und die Tiere immer eine Bedrohung für Menschen darstellen würden.

Sein Artikel war hauptsächlich eine Aufstellung von Vorurteilen und Unwissenheit. Die Ignoranz des Artikels ging aus seinen vielen Ungenauigkeiten hervor. Syd Downey, der ein alter Freund von mir und einer der am meisten respektierten Berufsjäger und später Naturschützer in Kenia war, wurde von der Zeitung gebeten, sich dazu zu äußern. Er machte darauf aufmerksam, dass Thesiger, der keinerlei Erfahrung mit der Rehabilitierung von Löwen hatte, diese als unfähige Mörder bezeichnete, denen es nicht möglich sei, sich bei den wilden Löwen zu integrieren, was nicht stimmte. Downey korrigierte auch zwei andere irreführende Eindrücke – dass wilde Löwen während der Jagd keine Wunden erleiden und dass sie nur zu Menschenfressern werden, wenn sie irgendein Gebrechen haben.

Schließlich unterstellte der Artikel, dass ich wohl Hunderte von Tieren in der Steppe geschossen hätte, um meine Löwen zu füttern und dass es in Kora bald kein Wild mehr geben würde. Ich hatte nie in solchem Ausmaß geschossen und längst damit begonnen, Vieh für die Löwen zu kaufen. Im Lauf der Jahre hatte unsere Anwesenheit nicht zu einer Verminderung des Wildbestands, sondern vielmehr zu dessen Anwachsen beigetragen. Die einzige Ausnahme bildeten die Nashörner, die überall in Kenia fast bis zur Ausrottung gewildert wurden.

Wenn ein Mann wie Wilfred Thesiger, der gute Freunde im Ministerium für Wildschutz hatte und selbst ehrenamtlicher Wildhüter war, so viele falsche Auffassungen über meine Tätigkeit hegte, dann musste ich den Behörden und der allgemeinen Öffentlichkeit schnell die wahren Tatsachen über meine Arbeit unterbreiten. Sollte mir dies nicht gelingen, wären meine Tage in Kora gezählt.

Christians Pyramide

Das Koradreieck liegt wie eine umgedrehte Pyramide am südlichen Ufer des Tana. Genau zwei Jahre nachdem er das Londoner Pflaster verlassen hatte, bewegte sich Christian in diesem Gebiet am Tana in einem Umkreis von sechzehn bis vierundzwanzig Kilometern flussaufwärts und flussabwärts. Christian war ein großer, schöner Löwe geworden. Juma war eine schöne Löwin, aber immer noch scheu und unnahbar. Lisa war kleiner, sanfter und liebevoller.

Eine Zeitlang waren die drei Löwen unzertrennlich. Christian kam oft zerkratzt, aber unerschrocken von den Kämpfen mit den wilden Löwen zurück.

Anfang 1972, als alle drei Löwen ungefähr zweieinhalb Jahre alt waren, reiften Juma und Lisa heran: Als männlicher Löwe war Christian ihnen etwa sechs Monate hinterher. Die Weibchen zogen oft zwei bis drei Wochen allein los und ließen den einsamen Christian zurück. Bald riss er sich zusammen; erhöhte die Häufigkeit und die Lautstärke seines Brüllens und fing an, im Stil eines ausgewachsenen Löwen sein Revier zu markieren, wobei er auf dem Boden scharrte. Wenn Juma und Lisa dann zehn Tage später zurückkehrten, führte Christian das ganze Ritual auf, dem normalerweise die eigentliche Paarung folgt, aber es zeigte sich, dass er dafür noch nicht reif genug war. Juma und Lisa paarten sich beide mit einem zerfetzten und fast mähnenlosen Löwen, den wir Scruffy nannten. Ihrem Alter entsprechend waren Juma und Lisa noch sehr ortsgebunden. Man geht davon aus, dass eine Löwin in ihrem Revier bleibt, und diese beiden fühlten sich in dem Gebiet ums Camp zu Hause. Gegen weibliche Eindringlinge hätten sie die größeren Chancen – sie kannten die besten Stellen für ihre Jungen und die Erfolg versprechensten Jagdgebiete, wenn sie ihre Partner und die Jungen versorgen mussten.

Die Weibchen zogen oft zwei bis drei Wochen allein los und ließen den einsamen Christian zurück. Bald riss er sich zusammen; erhöhte die Häufigkeit und die Lautstärke seines Brüllens und fing an, im Stil eines ausgewachsenen Löwen sein Revier zu markieren.

Die Trächtigkeit von Löwen beträgt hundertacht Tage, und meiner Rechnung nach konnten wir irgendwann im November 1972 Jumas und Lisas Junge erwarten. Während dieser Zeit brüllte Scruffy in der Nähe des Camps und lungerte hier herum, bis ich eines Morgens loszog und ihn und Christian freundschaftlich zusammen auf dem Korafelsen sitzen sah. Auf gewisse Weise war dies bis jetzt einer der wichtigsten Erfolge in Kora – die Eingliederung meiner Löwen in die Rudel der wilden.

Nichtsdestoweniger hatte ich bei Christian das Gefühl, dass eine Einstellung der Feindseligkeiten sich mehr als Waffenstillstand denn als Frieden herausstellen würde.

Die Löwen wuchsen heran und gewannen an Selbstvertrauen; in Garissa versuchte Ken Smith, mich offiziell zu unterstützen; und dann zog Joy ein Ass, obwohl ich es manchmal einen Joker nenne. Vor Kurzem hatte sie nach einem Assistenten inseriert, der ihr bei dem geplanten Leopardenprojekt helfen sollte, aber der ständige Ärger mit ihrer Hand zwang sie, alles abzublasen. Daher leitete sie die Bewerbung eines jungen Mannes namens Tony Fitzjohn an mich weiter. Er war in England aufgewachsen und nach Abschluss der Schule hatte er sich nach und nach als Fotograf qualifiziert, war Aufseher von Nachtklubs und Lehrer bei „Outward Bound"-Trainingskursen (dt.: Erlebnispädagogik) gewesen. Im Alter von sechsundzwanzig hatte er Höhen und Tiefen durchlebt und war in Lastwagen und Schiffen durch das südliche Afrika geschaukelt.

In Aussehen und Temperament war er Christians Gegenstück. Er hatte eine ausgezeichnete Kondition und sah gut aus, und im Umgang mit Löwen zeigte er keinerlei Furcht. Weder seine Energie noch sein Sinn für Unfug ließen sich leicht bändigen. Wie Christian hatte er die nervtötende Angewohnheit, ohne Vorwarnung wochenlang aus dem Camp zu verschwinden und genauso unerwartet wieder aufzutauchen.

Um unseren Wagen einsatzfähig zu erhalten, konnte Tony den Angestellten der Wildverwaltung einen Reifen abluchsen, der Armee einen Kanister Benzin, und er konnte einen kränklichen Motor zum Leben erwecken, wenn Terence oder ich es schon längst aufgegeben hatten. Ich weiß nicht, wie ich es ohne ihn geschafft hätte, in Kora zu bleiben; und doch war alles, was ich ihm bieten konnte, lediglich unsere Art des Lebens, Grundnahrung, ein paar Flaschen Bier und ein Dach über dem Kopf. Ich konnte es mir nicht leisten, ihm auch nur einen Cent zu zahlen.

Jetzt fällt mir ein, dass er doch noch einen gemeinsamen Wesenszug mit Christian hatte. Wenn ihnen zu lange die Gesellschaft – vor allem weibliche – entzogen wurde, neigten beide dazu, ihren Frust abzulassen. Unter normalen Umständen wäre Christian mit anderen Löwen des Rudels umhergezogen und hätte die Löwinnen sich selbst überlassen. Aber in Kora gab es keine anderen Löwen, die seine Gesellschaft wollten. Er brüllte nachts, was ihm aber weder Freunde noch Freundinnen bescherte. Zeitig wurde ich eines Morgens durch sein einsames Rufen

George Adamson hielt große Stücke auf seinen furchtlosen Assistenten Tony Fitzjohn, der ihn bei der Arbeit mit den Löwen unterstützte.

Da ihm die Gesellschaft in der Wildnis fehlt, liebt es der Löwe Christian, die Menschen stürmisch zu begrüßen. George, Tony und hier seine ehemaligen Herren, Ace und John, spielen mit.

geweckt und zog los, um ihm meine Gesellschaft anzubieten. Schon bald fand ich ihn – zum Angriff geduckt.

Das war eines seiner Lieblingsspiele: Er sprang dann auf und begrüßte mich, ohne jedoch grob zu werden. Heute aber stürzte er sich auf mich, warf mich um und „nagelte" mich auf den Boden: Ich war völlig hilflos. Mit seinem großen Gewicht auf dem Rücken konnte ich nichts tun, als er mich mit seinen Pranken packte und meinen Kopf und Nacken in seinen Fängen hielt. Eine seiner Krallen versank in meinem Arm. Plötzlich ließ er mich los.

Ich war so unglaublich zornig, dass ich einen Stock nahm und damit auf ihn losging. Wie der Blitz war er verschwunden. Er hatte gemerkt, dass er die Spielregeln verletzt hatte. Aber gleich danach brach er sie erneut, diesmal bei Tony. Während ich fort war, um mit der Kreisverwaltung unsere Zukunft zu besprechen, schlug Christian mit seinen Pranken nach ihm, warf ihn mehrmals um und zerrte ihn am Kopf über den Boden. Tony sah rot, ballte die Faust und schlug Christian mit all seiner beträchtlichen Kraft auf die Nase. Wieder machte Christian keine Anstalten, sich zu wehren, sondern setzte sich unter die Büsche und starrte einen arg gebeutelten Tony an, der im Landrover saß und ein Taschenbuch las, während sich beide beruhigten. Als wir den Vorfall später durchsprachen, wurde uns klar, dass Christian lediglich seiner Einsamkeit und seinem Frust Luft gemacht hatte.

Das Alter verändert menschliche Interessen und Verhaltensweisen auf mancherlei Art. In den ersten Jahren in Kora wurde mir das zunehmend bewusst. Zunächst merkte ich, dass – so viel man auch in seinem Leben umhergereist sein mag – es immer befriedigender wurde, sesshaft zu sein. In Kora war ich zufrieden. Mit Christian, Juma und Lisa, die sich jetzt vermehrten, hatte ich hier einen Ort gefunden, an dem ich mich glücklich niederlassen und sterben konnte.

Leider bestand wieder die Gefahr, ausgewiesen zu werden. Wenn ich hier wirklich bleiben wollte, musste ich jetzt all meine Überzeugungskraft aufbringen. Ich wandte mich daher an meine Freunde und bat um Unterstützung. Wir luden den Wildhüter aus Hola und einige Mitglieder der Tana-Ratsversammlung zu uns nach Kora ein. Die meisten von ihnen hatten die wunderschöne Flusslandschaft des Tana, die Terence mit neuen Straßen erschlossen hatte, noch nie gesehen und waren tief beeindruckt. Sie brauchten meine Pacht, und meine Löwen sahen sie als zukünftige Attraktion für Touristen und somit als weitere Einnahmequelle.

Wie auf ein Stichwort hin stellte Bill Travers jetzt seinen dritten Dokumentarfilm „Christian der Löwe" fertig, in dem ich Stanleys Tod schilderte, aber auch versuchte, die Erfolge darzustellen. Der Film machte offenbar einen guten Eindruck auf den Staatssekretär und den Obersten Wildhüter, der einen großen Einfluss auf unser Schicksal hatte; gleichzeitig machte Tony sich die Mühe, Schulkindern, deren Eltern und dem Polizeiposten in Garissa die Filme zu zeigen. Ken Smith verfolgte inzwischen einen eigenen Plan: Er wollte uns nicht nur erlauben, weiterhin in Kora zu bleiben, vielmehr sollte das Gebiet als offizielles Reservat klassifiziert werden; auch er nutzte die Filme, um seine Argumente zu unterstreichen.

Trotzdem war dies eine kritische Zeit für Christian, weil Juma und Lisa mit dem wilden Löwen Scruffy und seinen Freunden Kora übernommen hatten. Daher war er flussaufwärts gezogen und hatte ein besonders dichtes Hennagestrüpp zu seiner Festung erkoren. Ein Grund für seine Wahl war, dass die Orma- und Somalihirten in der augenblicklichen Dürre entgegen den Bestimmungen ihre Viehbestände in das Koradreieck gebracht hatten und die Kühe beim Trinken leichte Beute für ihn waren. Wir hatten auch Beweise dafür, dass Christian den Fluss durchquere. Direkt gegenüber lag ein großes Stück offenes Land, das ideal zum Jagen war, während er flussaufwärts in das Meru-Reservat gelangte. Wir rechneten immer mit dem Schlimmsten, wenn Christian längere Zeit verschwunden blieb und tatsächlich fanden Tony und ich ihn – nachdem wir kreisende Geier gesehen hatten – stolz auf einer frisch gerissenen Kuh sitzen.

Um der Rache des Besitzers zu entgehen, zerrten wir sie unauffällig außer Sichtweite.

Vom Korafelsen war Christian vertrieben worden, doch dieses Gebiet am Fluss hatte er sich zu eigen gemacht, er hatte hier gejagt und endlich hatte er auch Erfolg bei den ansässigen Löwinnen. Auf eigene Faust hätte er in seinem Alter nie ein Rudel übernehmen können, aber es gibt oft läufige Löwinnen, die bereit sind, nach einem Männchen zu suchen. Ich sah seine Gemahlinnen nie, aber ich weiß, dass er sich zweimal erfolgreich gepaart hatte.

Obwohl wir Christians Kuh sorgfältig versteckt hatten, kam er mit seinen Diebstählen nicht davon. Binnen Kurzem erschienen eines Morgens zwei Orma-Stammesangehörige aus dem Busch und hielten mich an. Sie beschwerten sich über Christian, der erneut ihr Vieh angegriffen hatte. Unserer Verantwortung bewusst, verbrachten Tony und ich in der Nähe des Orma-Viehkrals eine abscheuliche Nacht in unseren Wagen. Ab und zu feuerten wir einen Schuss ab, um Christians Aufmerksamkeit auf uns zu lenken und warteten auf eine Reaktion, die aber nie kam. In den frühen Morgenstunden, als ich gerade eingedöst war, wurde ich durch das Klappen einer Tür und erdbebenartiges Wackeln geweckt. Christian hatte seinen Kopf durch das Fenster gezwängt und rüttelte ungeduldig am Auto. Er war wieder in einen Kampf verwickelt gewesen und mit Schrammen bedeckt. Gierig schlang er in wenigen Minuten acht Kilo Fleisch hinunter. Als er auf die Ladefläche des Landrovers sprang, wo er sich noch mehr Fleisch erhoffte, schlug ich die Tür zu und brachte ihn schnell ins Camp zurück. Tony folgte uns.

Es ging jetzt auf Weihnachten zu, und als Joy sich mit uns wegen der Planung in Verbindung setzte, erzählte ich ihr von Christians Missgeschick und der bevorstehenden

Geburt von Jumas und Lisas Jungen. Sie war begeistert, denn sie hatte den Schriftsteller Ralph Hammond Innes und dessen Frau Dorothy eingeladen und wollte ihnen die Jungen zeigen.

Jumas Junge kamen Anfang November zur Welt. Kurz vor Weihnachten hatten Tony und ich ein außergewöhnliches Erlebnis mit Lisa, deren Wurf Ende November geboren wurde. Wir waren losgezogen, um ihr neuestes Versteck zu suchen, als wir Christian aus dem Gebüsch stöhnen hörten und gleich danach das hohe, schwache Wimmern eines Löwenjungen. Wir krochen in den Busch und fanden Christian mit einem winzigen Löwen. Er war zu klein, um eines von Jumas zu sein, obwohl wir uns in der Nähe ihres Verstecks befanden und sie selbst nicht weit weg war. Wir hoben den Winzling aus dem Busch, aber Juma kümmerte das nicht. Da Lisa nicht zu finden war, nahmen wir ihn mit ins Camp. Wir hielten den kleinen Löwen warm und am nächsten Tag brachten wir ihn zurück zu den Felsen. Diesmal sahen wir Lisa und riefen sie, doch sie blieb völlig gleichgültig, bis sie das Mauzen des Kleinen hörte. Daraufhin kam sie sofort herunter und trug es am Genick zu einer Felsspalte.

Wie immer machte Joy mit Weihnachtsbaum, Kerzen, Geschenken, einem Kuchen und Sekt aus Heiligabend ein funkelndes Fest. Am Nachmittag wollte ich nachschauen, ob es Lisa und ihren Jungen gut ging. Die anderen blieben ein Stück zurück, und wenn alles in Ordnung wäre und ich nicht zurückkäme, würden sie mir vorsichtig folgen. Was dann geschah, berichtete Dorothy in ihrem eigenen Reisebuch:

Er kam nicht zurück, also folgte ich ihm fasziniert, wenn auch etwas ängstlich. Ich wusste nicht, wie weit er gegangen war. Plötzlich stieß ich auf ihn. Er stand sehr still und starrte auf einige Büsche. Ich stellte mich neben ihn und folgte seinem Blick. Zunächst konnte ich außer dem Gewirr von Blättern und Zweigen nichts erkennen. Dann sah ich eine Bewegung – eine rosa Zunge leckte drei sehr kleine Löwenbabys, die über ihre Vorderpfoten kletterten. Die Löwin war ungefähr fünf Meter entfernt und schaute mich aus ihren bernsteinfarbenen Augen direkt an. Ein intelligenter, wissender Blick. Mein Geruch war ihr vermutlich vom Camp her vertraut, doch es war Georges Anwesenheit, die sie beruhigte. Ab und zu sprach er zu ihr in ruhigem Ton, den sie gut kannte. „Li-sa, Li-sa, Li-sa." Er drehte sich zu mir um und ich erinnere mich, dass seine Augen vor Freude und Stolz leuchteten. „Das ist ein wunderbarer Vertrauensbeweis, findest du nicht?"

Wie vorauszusehen war, hielt Juma ihre Jungen eine lange Zeit von uns fern, obwohl ich wusste, dass Christian sie besucht hatte. Die liebevolle Lisa blieb freundlich wie immer. Jumas Junge, die ersten in Kora geborenen, nannten wir Daniel und Shyman, da

Im Jahr 1990 wurde das Schutzgebiet Kora zum Nationalpark erklärt. Auf den zahlreichen Felsen im 1700 km² großen Park fühlen sich die Löwen äußerst wohl.

der Letztere so scheu und nervös wie seine Mutter war, während Daniel vergnügt und gutartig war. Lisas drei, Oscar, Kora und Lisette, hatten nur wenige Unterscheidungsmerkmale, bloß Lisette wirkte weniger robust als die anderen beiden. Sehr bald vermischten sich die beiden Familien miteinander und wir sahen, wie vorteilhaft es für ein Rudel ist, wenn Löwinnen gleichzeitig läufig und trächtig werden. Wenn eine Mutter wenig Milch hatte oder gar getötet wurde, hatten die Jungen so eine Überlebenschance. Eine Mutter hütet immer den Nachwuchs, während die andere jagt. Dies ist der Anfang des Bündnisses zwischen Altersgenossen, das so lebensnotwendig sein kann, wenn Löwen selbstständig werden müssen. Das gemeinsame Aufziehen ist ein weiteres Beispiel für den gemeinschaftlichen Schutz, den die Löwen in ihrem genetischen Material tragen.

Christian sahen wir immer seltener. Er hatte wohl gemerkt, dass es für ihn besser war, das Gebiet um Kora dem Vater der Jungen zu überlassen und sein eigenes Revier zu suchen. Ich hatte immer die Tage gezählt, an denen wir ihn nicht sahen, doch als ich bei siebenundneunzig war, gab ich es auf. Er war so sehr ein Teil unseres Lebens gewesen und eigentlich der Hauptgrund für unser Hiersein. Ich spürte große Trauer und Verlust, doch ich war auch froh, dass er seine Freiheit auf kluge Weise wahrnahm.

Am 19. Oktober 1973 wurde Kora offiziell als Nationales Wildreservat registriert. Jetzt waren unsere Existenz und die der Löwen hier in Kora wenigstens vorläufig gesichert. Bisher hatte ich dazu geneigt, Kora für Niemandsland zu halten, in dem sich die Löwen frei bewegen konnten. Jetzt begann ich, Kora anders zu sehen, nämlich als eine Landschaft, deren Bewohner – von der kleinsten Mikrobe bis zum größten Elefanten – sich in Millionen von Jahren entwickelt und miteinander verbunden hatten, nun aber durch immer schnellere Veränderungen als je zuvor bedroht wurden.

Zehn Prozent der in Pflanzen gespeicherten Energie, die am Anfang der Nahrungskette stehen, sind um eine Stufe höher gestiegen, wenn sie von diesem vielseitigen und wechselnden Heer von Pflanzenfressern konsumiert werden. Sie verbrauchen ihrerseits neunzig Prozent dieser Energie für Bewegung, Verdauung, Kämpfe, Flucht, Partnersuche und Fortpflanzung, nur zehn Prozent davon verbleiben für die fleischfressenden Jäger, die am oberen Ende der Kette stehen. Da das Reservoir an Energie bei jeder höheren Stufe schrumpft, wird die Struktur des Lebens von manchen Wissenschaftlern als Pyramide gesehen. Die Fleischfresser stehen an der Spitze. Und die Spitze der Pyramide wird von den Löwen beherrscht.

Doch Löwen sind nicht unsterblich; wenige Momente nach seinem Tod wird das Raubtier selbst zur Beute – für eine stattliche Anzahl von Wesen, die sich auf jede übrig gebliebene Form von Energie stürzen. Die Vorgänge der Natur stellen sicher, dass die letzten Spuren der verbliebenen Energie im Umlauf bleiben. Ein Partikel Kalium, das durch Erosion langsam vom Korafelsen abgetragen wurde, wird am Fuß des Felsens in die Erde gewaschen, vom Gras durch die Wurzeln aufgenommen, von einem Zebra gefressen und geht durch den Stoffwechsel eines Löwen, bis es dem Boden schließlich wieder zugeführt wird, um den Kreislauf erneut zu beginnen.

Daniels Rudel

"Überlass es der Natur", murmelte Terence eines Abends beim Essen, "die duldet kein Vakuum. Es wird bald mehr geben."

Tony und ich besprachen unseren neuesten Verlust. Lisa war mit ihren drei Jungen, Oscar, Kora und Lisette, verschwunden. Wir hatten im letzten Monat jeden erdenklichen Trick angewandt, um sie zu finden. Wir lauschten auf ihr Rufen, suchten in immer größer werdenden Kreisen um das Camp herum, folgten Jumas Spur in den Busch und wachten nachts oft an Lisas liebsten Aufenthaltsorten, wo wir Fleisch ausgelegt hatten. Wir fragten uns, wie wir zu Jumas Verstärkung an neue Löwen herankommen könnten, da ihr jetzt nur ihre beiden Jungen Daniel und Shyman blieben.

Es überraschte mich, dass Terence geruht hatte, an unseren Beratungen über die Löwen teilzunehmen, Tony wunderte es jedoch nicht.

"Typisch für dich, Terence", sagte er, "etwas vorzuschlagen, was zur Ausrottung aller von Georges Löwen führen wird. Christian ist verschwunden und Scruffy sieht man neuerdings kaum noch. Was wird passieren? Der ,Killer' wird zurückkehren und Daniel und Shyman umlegen, um sich dann mit Juma zu paaren. Wenn er aber mit Löwinnen zusammen ist, die ihren eigenen Willen haben, dann finden sie schnell einen Weg, Juma loszuwerden. Unser Gewinn wäre gleich null, und wir könnten ebenso das Camp abreißen."

Tony hatte Recht. Daniel und Shyman waren sechs Monate alt und wuchsen schnell heran, aber ohne Lisa und ihre Jungen und Scruffys Unterstützung hätten sie kaum eine Möglichkeit, sich zu behaupten. Terence hatte das letzte Wort.

"Ich sag dir eines, Tony. In Kora kann es nur eine begrenzte Anzahl von Löwen geben. Ihr könnt nicht ewig neue einführen. Ihr müsst euch bald mit Kreuzungen mit den hiesigen zufrieden geben. Macht doch was anderes. Was ist mit den Leoparden, von denen George und Joy immerzu reden?"

Im Innern wussten wir, dass Terence Recht hatte. Und wir wussten auch, dass selbst Leoparden gefährdet wären, wenn wir das Eindringen der Viehherden nicht eindämmen könnten.

Am Ende des nächsten Tages, den wir mit Suchen verbrachten, waren wir in ziemlich gedrückter Stimmung. Tony hatte einen einzelnen jungen Löwen gesehen, der eine *lugga* durchquerte, das sandige Bett eines ausgetrockneten Flusslaufs. Ich war mir sicher, dass er viel größer als Lisas Junge war, doch Tony bestand darauf, ihm in ein Dickicht zu folgen und wurde sehr aufgeregt, als er Spuren von anderen jungen Löwen fand, die in die gleiche Richtung führten.

In der nächsten Sekunde ertönte das verheerendste Löwengebrüll, das ich je gehört habe, und Tony schoss mit beträchtlicher Geschwindigkeit aus dem Busch hervor. Als er mich erreicht hatte, keuchte er und schnaubte vor Wut, weil ich lachte.

Geduldig wartete ich im Landrover und beobachtete ihn, wie er sich eifrig mit dem Kopf voran ins Gebüsch zwängte. Meine Aufmerksamkeit wurde belohnt. Fast gleichzeitig ertönte in der nächsten Sekunde das verheerendste Löwengebrüll, das ich je gehört habe, und Tony schoss mit beträchtlicher Geschwindigkeit aus dem Busch hervor. Als er mich erreicht hatte, keuchte er und schnaubte vor Wut, weil ich lachte. Was er noch nicht gemerkt hatte, war, dass der Löwe, der ihm den Schreck seines Lebens eingejagt hatte, Juma war. Das besänftigte ihn nur wenig, denn als sie ihn anbrüllte, war er so dicht gewesen, dass er die volle Wucht ihres süß riechenden Atems ins Gesicht bekam.

Da es dunkel wurde, einigten wir uns, ihr trotzdem den Kadaver, den wir hinten im Auto hatten, zu überlassen. Gerade als Daniel und Shyman in die Ziege reinhauten, bewegte sich am Rand der *lugga* etwas und wir trauten unseren Augen nicht: Aus dem Gras kamen Oscar, Kora und Lisette zum Vorschein. Von Lisa keine Spur.

Wir fragten uns, wie um alles in der Welt die drei jungen Löwen allein überlebt hatten, und obwohl ihre Rippen hervortraten, hatten sie noch genug Energie, die Ziege mit Genuss zu zerlegen. Aus ihren Spuren ersah ich, dass sie nicht mit Juma zusammen gewesen waren und wahrscheinlich die meiste Zeit des Monats von Lisa getrennt gelebt hatten. Vermutlich hatten sie sich von kleiner Beute oder von Aas ernährt.

Lisa sahen wir nie wieder und fanden auch nicht heraus, was aus ihr geworden war. Vielleicht war sie durch den „Killer" und dessen Gefährten verängstigt oder deren Opfer geworden. Vor Kurzem hatte der hiesige Wildhüter mit Erfolg einen Wilderer verklagt, den er mit hundertzwanzig Löwenkrallen und anderen Trophäen festgenommen hatte. Die raue Welt Koras, die uns ein Beamter der Regierung als „für den Menschen untauglich" beschrieben hatte, wurde jetzt auch für die Löwen ungeeignet.

Juma adoptierte Lisas drei Junge sofort und behandelte sie wie die eigenen. Es gelang ihr sogar, mehrere große, zweihundert Kilo schwere Wasserböcke zu reißen, um sie alle zu füttern. Ich konnte mir jedoch nicht vorstellen, wie die Jungen ohne Verstärkung aufwachsen und eine dritte Generation in Kora zur Welt bringen könnten.

Seltsamerweise waren es die Nationalparks, die zu unserer Rettung kamen und das Vakuum der Natur auffüllten. Da Kora jetzt den Status eines Nationalreservats hatte und die Parks die vielen verwaisten Tiere nicht mehr handhaben konnten, sagte Perez Olindo, dass er uns wohl helfen könne.

Das katastrophale Wildern, das jetzt in Kenia und weiten Teilen Ostafrikas überhand nahm, war Hauptanliegen des amerikanischen Paares Esmond und Chryssee Bradley Martin. Esmond trug eine Anklage aus internationalen Statistiken über den Handel mit Elfenbein und Nashornhorn zusammen, während Chryssee und ein Freund

Am Esstisch im Camp in Kora versammeln sich George Adamson, Tony Fitzjohn und Adamsons jüngerer Bruder Terence (vorn), der vor allem für den Erhalt der Hütten und Straßen sorgt.

sich einzelnen Tieren widmeten. Eines davon war ein junger Löwe namens Leakey im Tierheim des Nairobi-Nationalparks. Wie so viele verwaiste Tiere brauchte Leakey Pflege und Zuneigung, um sich nach der Gefangenschaft zu beruhigen. Perez Olindo versprach den Amerikanern, dass Leakey zur Freilassung nach Kora kommen würde.

Während wir auf die Benachrichtigung warteten, Leakey abholen zu können, erlitten wir einen weiteren Verlust. Tony bemerkte, dass Lisette fehlte, und nach langem Suchen fand er sie arg humpelnd und von der Familie abgesondert. Er versah daher eine Kiste mit einem Köder und wachte die ganze Nacht, bis er sie und ihren Bruder Oscar gefangen hatte, der auch auf die leichte Beute hereingefallen war. Wir brachten sie zurück ins Camp und hielten Lisette gefangen, bis es ihr etwas besser ging. Als Juma kam und mit ihr durch den Zaun sprach, klagte Lisette so sehr, dass wir sie laufen lassen mussten. Doch sie blieb immer hinter den anderen zurück, und eines Tages holte sie sie endgültig nicht mehr ein. Ich fürchte, sie hatte einen Bruch und wurde von einem Leoparden oder einer Hyäne getötet.

Als Leakey abgeholt werden konnte, erfuhren wir, dass man ihn auf der Landwirtschaftsmesse in Nairobi zur Schau gestellt hatte und dass er an den Folgen der lauten Menschenmenge litt, die gekommen war, um ihn anzustarren und zu verspotten. Nichtsdestoweniger waren sein Schwung und seine Kraft im Alter von einem Jahr ungebrochen und wir freuten uns auf ihn.

Er war der erste von fünf neuen Löwen, die wir im nächsten Jahr erhielten. Der zweite war Freddie, der aus der Nähe von Garissa kam, wo der Wildhüter seine viehfressende Mutter erschossen hatte. Als Tony davon erfuhr, besuchte er den Wildhüter und überzeugte den Mann, uns den kleinen Freddie zu überlassen. Er reagierte sofort auf den Zeitaufwand und die Zuneigung, die Tony ihm schenkte: Sie spielten endlos Spiele zusammen und Freddie liebte es, in seinem Korb geschaukelt zu werden. Er war einer der sanftesten Löwen, die wir hatten.

Als dritte kam eine junge Löwin namens Arusha aus dem Zoo in Rotterdam. Sie war der letzte in Gefangenschaft geborene Löwe, den ich aufnahm. Wir nahmen sie auf, weil wir dringend Löwinnen brauchten, um das Rudel auszugleichen. Arusha war freundlich, wenn auch stur, und gewöhnte sich schnell an den Lebensrhythmus eines Rudels.

Wie es der Zufall wollte, waren die nächsten beiden Neuankömmlinge aus dem Tier-

Ein Reifenwechsel in der Wildnis kann kritische Situationen heraufbeschwören, weil die Aufmerksamkeit nicht mehr vollständig auf die Tiere gerichtet ist.

heim von Nairobi auch Löwinnen, Growlie und Gigi. Wie bei Juma und Leakey, hatte das Erlebnis der Gefangennahme Spuren in Growlies Verhalten hinterlassen. Sie war immer sehr angespannt und hielt stets Abstand. Dennoch war sie nie aggressiv und das Knurren, das ihr ihren englischen Namen eingetragen hatte, war voller Misstrauen.

Ich erlitt einmal einen furchtbaren Schock, als ich am Fluss einen Reifen wechseln musste. Ich dachte, ich sei allein, bis ich plötzlich ein haarsträubendes Knurren an meinem Ohr hörte. Growlie hatte sich von hinten an mich herangeschlichen und stieß jetzt ihr fragendes Grummeln aus. Tony war überzeugt, dass sie sich wirklich danach sehnte, mit uns Freundschaft zu schließen und uns wie all die anderen Löwen zu begrüßen.

Als ich dann zehn Löwen in Kora hatte, wurde das Leben teuer. Einen einzigen Löwen mehr als zwei Jahre lang durchzufüttern, kostete grob gerechnet fünfhundert Pfund, und das war nur die Spitze des Eisbergs. Es musste auch jemand die laufenden Kosten übernehmen, um das Reservat zu schützen.

Die Herden der Somalis, das Vieh der Orma und die Wakambawilderer waren alle eine ernstzunehmende Bedrohung. Die einzige Hoffnung, das Reservat zu schützen, war, die Grenzen deutlich zu markieren, Wege in die entlegensten Ecken zu legen, Fahrzeuge und das Benzin für ihren Betrieb zur Verfügung zu stellen und Aufseher zu bezahlen. Die Wildschutzbehörde und die lokale Verwaltung behaupteten, die finanziellen Mittel für all dies nicht zu haben, und ich hatte sie auch nicht. Aber ich tat mein Bestes, um Geld aufzubringen.

Trotz des offiziellen Status' erlaubte Joy ihren Finanzverwaltern immer noch nicht, Gelder für Kora bereitzustellen. Aber die Ostafrikanische Wildschutzgesellschaft *(East African Wild Life Society)* leistete einen Beitrag, Dr. Grzimek bat die Frankfurter Zoologische Gesellschaft, uns einen Traktor zu stellen, eine Straßenplaniermaschine und das Geld, um beide zwei Jahre lang bedienen und unterhalten zu können. Ich steuerte meinen Anteil aus dem Film „Christian der Löwe" bei, und der Film führte zu einigen privaten Spenden von Zuschauern in Amerika, die die von Korabesuchern überstiegen.

Die Löwin Arusha wurde im Blydorp Zoo *in Rotterdam geboren.*

Esmond Bradley Martin versprach uns großzügigerweise eine Reihe von Halsbändern mit Funksendern für die Löwen und ein Empfangsgerät dafür: Die Ausrüstung sparte uns jeden Tag mehrere Stunden, da wir nun direkt zu den Löwen finden konnten, ohne erst ihren kreuz und quer verlaufenden Spuren folgen zu müssen.

Juma und Growlie waren stets zu wachsam gewesen, als dass wir sie hätten anfassen können, und wie bei Elsas Jungen achteten wir darauf, die im Busch geborenen Löwen nie zu berühren. Dagegen waren Leakey, Freddie, Arusha und Gigi alle ideale Kandidaten für die neuen Halsbänder. Doch ehe wir das erste anlegen konnten, verzögerte Arusha unser Experiment.

Eines Morgens hatte ich Tony mit ihr auf die Felsen gehen sehen. Leakey, Freddie, Growlie und Gigi waren gefolgt, die älteren Löwen waren allein unterwegs. Als ich schließlich vom Camp weg konnte, folgte ich Tony. Ich sah Arusha, die etwas zurückgeblieben war, und dachte, es wäre ganz lustig, sie anzugreifen. Nachdem wir ein bisschen Versteck gespielt hatten, drehte sie den Spieß um und griff mich an – ich rutschte aus und fiel auf einen Steinhaufen. Arusha stürzte sich fröhlich auf mich und da sie jetzt fünfzehn Monate alt war, wog sie mehr, als meine Knochen ertragen konnten. Der Schmerz war heftig.

Tony war in einer besseren Position als ich, um zu beobachten, was dann genau passierte. Die folgende Darstellung stammt aus einem seiner Briefe:

Ich stürzte laut schreiend den Felshang hinunter. Ich war außer Atem und brauchte all meine Kraft und Judokünste, die ich längst vergessen glaubte, um Arusha von George loszubekommen. Sie war etwas durchgedreht, hatte ihn aber mit Zähnen und Krallen nicht verletzt. Ich musste sie geradezu auf den Rücken werfen und dann, als sie wieder angriff, über meine Schultern schleudern.

Ich zog George hoch und Freddie und Gigi kamen und bekundeten auf ihre eigene sanfte Weise ihr Mitgefühl. Growlie blickte unsicher aus einiger Entfernung herüber und schien besorgt. Alles was George sagen konnte, war „Oh Gott, es ist meine blöde Hüfte." Aber ich musste ihn vom Felsen runterholen, und so trug ich ihn mit einigen Unterbrechungen Huckepack hinab. George war sehr schwach, hatte furchtbare Schmerzen und musste sich hinlegen. Das ermutigte Arusha erneut, doch jetzt zeigte ich es ihr – unaufhaltsam, mit Fäusten, Füßen, mit allem. Sie unterwarf sich wie einem überlegenen Löwenmännchen. Aber wenn sie sich etwas in den Kopf gesetzt hatte, war sie sehr entschlossen, trotz der rauen Hiebe, die ich ihr jetzt in echter Wut verpasste. Schließlich verjagte ich sie mit einem Stock.

Dann kam Freddie und bot an, sie zurückzuhalten. Er verstand, dass George, der jetzt gegen einen Baum gelehnt auf der Erde saß, Hilfe brauchte und teilte mir unmissverständlich mit, dass er auf ihn aufpassen würde, was er auch tat, und ich rannte zum Camp, um das Auto zu holen. In drei Minuten oder so, war ich zurück. Ehe der Schock nachließ, flößte ich George mehrere große Schluck Whisky ein, aber er hatte dennoch große Schmerzen. Am nächsten Tag rief ich den „Fliegenden Doktor".

Da mein Becken gebrochen war, musste ich eine Woche lang im Krankenhaus bleiben. Als ich entlassen wurde, fuhr ich zu Joy nach Naivasha. Nach vierzehn Tagen am See wurde ich ruhelos, warf meine Krücken weg und kehrte nach Kora zurück.

Während meiner Erholung hatte Tony gut auf alles aufgepasst, doch von Juma gab es keine Spur mehr. Ich hielt es für unwahrscheinlich, dass sie freiwillig ihr eigenes Revier verlassen hatte und fürchtete daher, dass sie von einem der afrikanischen Stämme getötet worden war. Vielleicht war sie aber auch losgezogen, um sich einen neuen Partner zu suchen. Der Zeitpunkt war gut gewählt, weil ihre Söhne und Pflegekinder jetzt zweieinhalb Jahre alt waren und auf sich selbst aufpassen konnten. Daniel war freundlich und wuchs zu einem prächtigen Löwen heran, Shyman war immer noch schüchtern und schwierig. Daniel hatte das Kommando über das Rudel übernommen.

Während meiner Abwesenheit hatte Tony die Halsbänder mit den Sendern ausprobiert und herausgefunden, dass er tatsächlich vier Löwen beobachten konnte, wenn wir zwei von ihnen, zum Beispiel Leakey und Arusha, mit Halsbändern versahen. Leakey und Freddie waren feste Verbündete geworden und unternahmen alles gemeinsam, obwohl sie im Alter ein Jahr auseinander waren. Ebenso verhielten sich Growlie und Arusha wie Schwestern, obwohl sie auf verschiedenen Kontinenten geboren waren. Es fiel mir auf, wie oft es bei Löwen zu solch engen Freundschaften kam – meist, wenn auch nicht immer, mit Löwen des gleichen Geschlechts.

Die neuen Apparate sparten uns Hunderte von Stunden und Kilometern an mühsamer Suche in der Hitze. Wir mussten beide zusammenarbeiten – einer fuhr und der andere stand mit dem Peilgerät hinten oder auf dem Dach des Landrovers, weil es wichtig war, die Antenne so hoch wie möglich zu halten. Dennoch mussten wir oft anhalten und auf Berge klettern.

Bald nachdem ich mich von meinem Zusammentreffen mit Arusha erholt hatte, fuhr Tony für einige Tage Abwechslung nach Garissa. Als er zurückkam, fand ich mich in der Situation wieder, in der er vorher gewesen war – obwohl die ganze Angelegenheit diesmal weitaus unangenehmer war. Ich berufe mich auf einen Bericht, den ich damals schrieb:

Am späten Abend des 12. Juni 1975 kam Tony von seiner Fahrt nach Garissa zurück. Als Erstes ging er in die hintere Ecke unseres Camps, um die jungen Löwen zu begrüßen, die sich um die Reste eines Perlhuhns stritten, das Arusha gefangen hatte. Plötzlich kam Haragumsa angelaufen und sagte, dass Tony von Löwen angegriffen würde. Da ich dachte, dass die Jungen ihn umgeworfen hatten und mit ihm spielten, nahm ich einen Stock und ging hinaus. Tony war in den Fängen eines großen Löwen. Laut schreiend und den Stock schwingend rannte ich auf ihn zu. Der Löwe ließ Tony fallen, schlich sich davon und hockte sich in Angriffsstellung hin. Ein weiteres Scheinmanöver scheuchte ihn schließlich in den Busch.

Tony ging es verdammt schlecht. Offenbar hatte ihn der Löwe unvermutet von hinten gepackt, als er mit den Jungen spielte. Er hatte an Hals, Kopf und Armen tiefe klaffende Wunden und blutete fürchterlich. Wegen all des Blutes war es unmöglich zu sagen, wie schlimm er verletzt war. Während Terence und Haragumsa sich um ihn kümmerten, ging ich ans Funkgerät und erreichte nach einiger Verzögerung abends um halb sechs den ‚Fliegenden Doktor'. Er sagte, dass es zu spät sei, nach Kora zu fliegen, dass er aber sofort am nächsten Morgen kommen würde. Ich spritzte Tony Antibiotika und Valium, um den Schmerz zu lindern. Es wurde eine äußerst lange Nacht. Tony hatte viel Blut verloren und klagte über Atembeschwerden. Er konnte nur zusammenhanglos stammeln. In der Morgendämmerung machten wir uns auf den dreißig Kilometer

Meine Löwen – mein Leben

Die schmale Flugpiste kann Leben retten: Hier landen die Flying Doctors (Fliegende Ärzte), eine Organisation, die Ärzte in entlegene Gebiete fliegt oder Patienten ins Krankenhaus bringt.

langen Weg zur Landepiste. Ich fuhr sehr langsam, da der kleinste Ruck Tony Schmerzen bereitete. Gegen halb neun kamen wir an und mussten bis nach zehn Uhr auf das Flugzeug warten: ohne Arzt, nur mit einer Krankenschwester an Bord. Tony hatte offenbar unwahrscheinliches Glück gehabt. Durch eine tiefe klaffende Wunde auf der rechten Seite seines Nackens konnte man seine Halsschlagader sehen, ein weiterer Bruchteil eines Zentimeters, und er wäre erledigt gewesen.

Am Tag nachdem Tony ins Krankenhaus geflogen wurde, erschien Shyman allein am Camp. Sein Verhalten war merkwürdig. Es bestand wenig Zweifel daran, dass er es gewesen war, der Tony angegriffen hatte. Er hatte noch getrocknetes Blut am Pelz und am Maul. Er saß vor dem Camp in der Nähe des Wassertrogs und knurrte drohend, was für ihn sehr untypisch war. Die Jungen, die ihn normalerweise begrüßt hätten, schienen Angst zu haben. Ich fürchtete, dass er sie angreifen würde und fuhr daher den Landrover dazwischen. Ich beobachtete ihn lange eingehend. Es stimmte mit Sicherheit etwas nicht und er sah krank aus. Nach langem Zögern entschied ich, dass er dem Projekt

zuliebe getötet werden musste. Ich schoss den armen Shyman durch den Kopf.

Es war sehr schwer festzustellen, was eigentlich passiert war. Tony war in recht sorgloser Stimmung aus Garissa zurückgekehrt und in seiner Belustigung über die jungen Löwen, die mit dem Perlhuhn spielten, war er weniger wachsam gewesen als sonst. Weder er noch ich konnten glauben, dass einer unserer Löwen ihn derart grausam angefallen hätte und wir nahmen an, dass ein wilder Löwe ins Camp gelangt war.

Rückblickend bin ich mir sicher, dass ich mich da geirrt hatte. Die Nacht vor dem Unfall waren alle anderen Löwen reingekommen, nur Shyman nicht. Am Tag nachdem Tony nach Nairobi geflogen worden war, erschien Shyman allein. Das Blut an seinem Kopf und Fell und sein ungewohntes und gereiztes Verhalten waren für mich ein aufschlussreicher Beweis dafür, dass er der Schuldige war. Ich habe es immer bedauert, dass ich seinen Körper nicht genauer untersucht hatte, aber zu dem Zeitpunkt war ich dazu viel zu betroffen.

Ich befürchtete, dass es wegen dieses Unfalls Kritik von öffentlicher Seite geben würde, aber nach einigen ruhigen Besprechungen mit Tony erhoben die Behörden keinen formellen Protest oder Beschwerde.

Tony blieb etwa einen Monat lang weg. Im Krankenhaus wurde er hervorragend gepflegt und seine Freundin Lindsay Bell passte nach seiner Entlassung mehr als gut auf ihn auf. Sie brachte Tony in sehr gutem Zustand zurück, abgesehen von den eindrucksvollen Narben rund um seinen Nacken.

Tony war so furchtlos wie immer. Wir waren mitten in einer alles ausdörrenden Trockenheit; entlang der gesamten östlichen Grenze fielen die Somalis mit ihren Herden ein und Wilderer durchkämmten den Busch. Es war anstrengend, die Löwen von dem Vieh abzuhalten, das meistens von kleineren Kindern gehütet wurde.

Ich wusste, dass die Löwen mehrere Somalikühe getötet und gefressen hatten, wobei sie nie Männer, Frauen oder Kinder angriffen. Abgesehen von Vergeltungsdrohungen waren die Löwen durch Wilderer gefährdet, von denen eine Bande auf freiem Fuß war.

Die Halsbänder waren auch ein Segen, wenn wir schnell herausfinden wollten, wohin die Löwen sich in der Nacht bewegt hatten. Sie zogen immer noch paarweise umher und Arusha und Growlie fanden wir immer zusammen. Eine große Überraschung war, dass Growlie plötzlich läufig wurde. Ein Jahr zu früh, sie war erst achtzehn Monate alt. Als Growlies Paarungszeit vorbei war, gaben Leakey und Freddie der Wanderlust nach. Immer häufiger zogen sie am anderen Ufer des Tana umher. Wie das Schicksal es wollte, war die Batterie von Leakeys Sender ein Jahr alt, und die Signale wurden schwächer und schwächer. Bis Tony die andere Seite des Flusses erreicht hatte, um nach ihm zu suchen, war die Batterie völlig erloschen, und wir mussten uns damit abfinden, Leakey und Freddie nie wieder zu sehen.

Tony war bei mir gewesen, als Christian endgültig verschwand, doch er liebte Freddie so sehr, dass er noch trauriger war, als sich die beiden auf den Weg machten, obwohl er wusste, dass junge Löwen entweder abwandern, um sich neue Partner und Reviere zu suchen oder bei der Verteidigung der alten sterben. Es gibt für wahre Geschichten aus der Wildnis nur ein Happy End, nämlich ein Fragezeichen.

Kurz nach Leakeys und Freddies Verschwinden kamen die Somalis in noch nie da gewesener Zahl zurück. Niederschläge von weniger als hundertzwanzig Millimetern in acht Monaten, die fast sofort wieder verdunsteten, bescherten uns eine Dürre, und Zehntausende von Schafen, Ziegen, Eseln, Kühen und Kamelen. Die Kühe, Esel und Schafe fraßen das bisschen Gras, das im Reservat wuchs, die Ziegen und Kamele die letzten Blätter in ihrer Reichweite. Mein instinktives Mitleid für die Menschen und ihre Tiere in dieser Notlage wurde durch das Ausmaß ihrer Zerstörungswut verringert. Die prächtigen Akazien und Tana-Pappeln wurden abgeholzt und als Futter für Ziegen und Kamele verwendet; der Schaden wurde so noch größer.

Die Somalis verbrannten das Unterholz, damit bei den nächsten paar Regentropfen frische Sprosse sprießen würden. Auch wurden mutwillig Hunderte von Palmen entlang der trockenen Flussbetten durch Feuer zerstört für den Fall, dass das Dickicht Löwen, Leoparden oder Hyänen verbarg. Zusätzlich legten die Hirten skrupellos in *Coopertox* getränkte Kadaver aus. Das ist ein Tauchbad gegen Zecken, von dem bekannt ist, dass es für Fleischfresser tödlich ist. Viele starben daran eines furchtbaren Todes.

Es gab keinen Quadratkilometer, durch den die Viehherden nicht getrampelt waren und der Gestank von Dung hing kilometerweit über dem Busch. Dies ist die klassische Methode, mit der die Menschheit auf der ganzen Welt Wüsten schafft.

Meine Löwen nutzten diese Hemmungslosigkeit schnell aus. Wir taten alles, um auf sie aufzupassen, indem wir ständig nach ihnen Ausschau hielten und ihre Fleischrationen am Camp vergrößerten. Trotzdem verhalfen sie sich selbst großzügig zu Fleisch.

Dringende Bitten an die Behörden, die Reservatbestimmungen doch durchzusetzen,

Meine Löwen – mein Leben

Georges Assistent Tony war völlig furchtlos und vertraute den Löwen so sehr, dass er auch den sehr engen Körperkontakt wagte.

blieben vergeblich, da sie formal noch nicht durch das Gesetz ratifiziert waren. Die Polizei schickte drei Tage lang zehn Mann. Wir hätten aber drei Wochen lang hundert Mann gebraucht. Ich begann, am offiziellen Schutz zu zweifeln.

Die älteren Löwen, Daniel, Oscar und Kora, ahnten, dass die Somalis eine Gefahr bedeuteten, auch wenn das Vieh sehr verlockend war. Immer längere Zeit blieben sie auf dem offenen Gelände nördlich des Flusses und jagten. Sie kamen stets in ausgezeichnetem Zustand zurück und töteten offenbar erfolgreich und regelmäßig. Daniel und Oscar beherrschten jetzt das Koragebiet und gemeinsam verjagten sie Scruffy, ihren Vater, und schützten den Rest des Rudels vor Angriffen oder Vertreibung durch wilde Eindringlinge.

Im September wurden Growlie und Arusha gleichzeitig läufig. Daniel und Oscar paarten sich abwechselnd mit ihnen. Beide Löwinnen würden ihre Jungen Ende des Jahres auf die Welt bringen. An dem Abend führten wir gerade eine recht lebhafte Unterhaltung, als Tony am Funkgerät bereitstehen musste. Als unser Gespräch durchkam, sagte er: „Ich höre Sie. Was für eine Nachricht sagten Sie, käme von Friederike Adamson?" Zwischen ihm und Joy bestand wenig Zuneigung. „Bitte sagen Sie das noch mal – over." Dann sah ich, wie sein Gesicht plötzlich ernst wurde und er winkte mir zu.

„Ich glaube, es ist besser, wenn du übernimmst, George", und er klopfte mir ermutigend auf die Schulter. Man sagte mir, dass Joy soeben mit einem gebrochenen Bein ins Krankenhaus gebracht worden war und dass ich mich am Morgen für weitere Nachrichten bereithalten sollte.

Joys Schmerz war nicht nur körperlich. Während sie auf die Wirkung des Narkosemittels wartete, wurde ihr bewusst, dass das heiß ersehnte Leopardenprojekt, an dem ihr so viel lag, wieder einmal in die Ferne gerückt war. Dann, als sie aus der Narkose erwachte, gab man ihr ein Telegramm. Sie öffnete es in der Erwartung, dass jemand ihr sein Mitgefühl ausdrückte. Stattdessen las sie, dass Billy Collins an einem Herzinfarkt gestorben war. Er konnte ihr nicht mehr helfen, das Buch fertigzustellen, das sein Geschick so dringend gebraucht hätte.

Joy erholte sich nur langsam. Dann kam eine Nachricht, die das beste Mittel gegen Joys Depressionen war. Ein Wärter von der Parkverwaltung hatte ein Leopardenbaby, das er nach Elsamere bringen würde, sobald sie es aufnehmen konnte.

Joy erzählte mir die aufregende Neuigkeit von dem Leopardenbaby über Funk und ich versuchte sie dazu zu überreden, es sofort nach Kora zu bringen. Wir waren uns immer darin einig gewesen, dass es das ideale Zuhause für Leoparden sei und hatten sogar schon die Erlaubnis, jeden Leoparden aus der Wildnis, der nicht nach Kenia importiert worden war, freizulassen. Was ich nicht hinzufügte, war, dass ich Joy ein bisschen zur

Seite stehen und ihr die schwere Arbeit abnehmen wollte. Sie konnte sich keinen weiteren Unfall leisten.

Dank Terence und Tony verbesserte sich die praktische Seite unseres Camplebens ständig. Nachrichten, Nahrungsmittel, Pakete und Leute konnten relativ einfach rein- und rausgebracht werden. Terence ebnete auch eine neue Landepiste, die nur fünf Kilometer vom Camp entfernt war.

Doch Joy behauptete wie bisher, dass das Klima zu heiß sei und dass sie näher an einem Postamt leben müsse, um all ihre Verlagsangelegenheiten und die Korrespondenz in Sachen Stiftung abwickeln zu können. Ich war damals über ihre Entscheidung sehr unglücklich und denke manchmal rückblickend, dass sie mit dem Leben dafür bezahlen musste.

Tony und ich konzentrierten uns weiterhin auf die Löwen. Nach sechs Jahren des Spurenlesens und Aufzeichnens verstand ich nun langsam, wie flexibel ihre Gebietsansprüche im Auf und Ab des Busches sein mussten. Nur dadurch, dass sie dem Druck nachgaben – sei er durch das eigene Rudel, Außenseiter, die Somalis oder Ormas verursacht – und auf äußere Einflüsse eingingen, wie neue Partner, bessere Jagdgründe oder Zufluchtsorte vor Hirten und Wilderern, bestand überhaupt Hoffnung, dass sie überleben und ihre Jungen erfolgreich aufziehen würden. Nach dem Tod von Boy war die Rolle des dominierenden Löwen kurz von Christian eingenommen worden, bevor sie an Scruffy und schließlich an Daniel überging. Dies und das allmähliche Abwandern der Löwen wie Christian, Leakey und Freddie war die Verhaltensweise, die ich von männlichen Löwen erwartet hatte. Das Leben im Busch von Kora ist so hart, dass bis jetzt keine Löwin lange genug gelebt hat, um im Besitz ihres Felsens zu bleiben, obwohl Löwinnen gewöhnlich reviergebunden sind, während die Männchen umherziehen.

Im Dezember 1976 wanderten Daniel, Oscar und Kora in die großen offenen Gebiete im Norden, auf der anderen Seite des Flusses ab. Als ich mir sicher war, dass sie nicht zurückkehren würden, stellte ich mir gern vor, dass sie sich dort drüben mit den Nachkommen von Boy, Girl, Ugas und den vier Bisletti-Löwen mischten. Doch es tat mir leid, dass Daniel nicht gewartet hatte, um die Geburt seiner Nachkommenschaft zu erleben. Ich war auch besorgt, dass er nicht da sein würde, um sie zu beschützen.

Anfang Januar 1977 brachten Growlie und Arusha die dritte Generation der Koralöwen zur Welt. Arushas Junge fanden wir nie, ihre Zitzen schrumpften nach den ersten Tagen ein; ihre Jungen waren wohl sehr bald gestorben. Growlies kamen in einer abgelegenen *lugga* auf die Welt. Neun Jahre später, während ich dabei bin, dieses Kapitel zu Ende zu schreiben, bringt eines jener Jungen – Koretta – gerade ihren fünften Wurf zum Camp, um sie Tony und mir zu zeigen.

Die letzte Wanderung

Joy nannte das Leopardenbaby Penny und brachte es in einem Käfig in der Nähe des Hauses unter. Bei einer Kost von Hühnern, Hasen und Maulwürfen wuchs Penny schnell und liebte es, mit Joy in den Bergen um das *Hell's Gate* herum spazierenzugehen.

Joy hatte sich in Shaba bei Isiolo ein geeignetes Reservat für Pennys Freilassung angeschaut, und dann fand sie heraus, dass Makedde, der alte Turkana-Fährtensucher, der dabei gewesen war, als Ken und ich Elsa fanden, sich soeben in Isiolo zur Ruhe gesetzt hatte und bereit war, ihr mit Penny zu helfen. Kurz danach überzeugte sie auch Kifosha, unseren Koch aus Elsas Zeiten, wieder für sie zu arbeiten. Ich versuchte ein letztes Mal, Joy zu überreden, mit Penny nach Kora zu kommen, aber sie blieb unnachgiebig, und als im August die Genehmigung kam, machte sie sich auf den Weg nach Shaba.

Als sich Joy und Penny in Shaba eingelebt hatten, war die Zahl der Löwen in Kora erstaunlich angestiegen. Zum einen hatten mehrere der Löwinnen Junge bekommen, zum anderen hatte man uns vier weitere Jungtiere gegeben.

Arusha brachte wieder Junge zur Welt, die diesmal überlebten, und Ende 1978 waren fast zu viele Löwen um unser Camp. Das hieß, wir mussten auf der Hut sein, und es gab noch mehr Aufregung, als sich Alan Root entschloss, einen Film über Nashornvögel zu drehen.

Überaus geistesgegenwärtig handelte er, als sich Folgendes zutrug: Terence hatte die Dächer neu gedeckt und zeitig am nächsten Morgen wollte er den Schutt vor dem Tor verbrennen. Ohne zu prüfen, ob die Luft rein ist, beugte er sich nach vorn, um den Abfall zu entzünden, der feucht war und schlecht Feuer fing.

Im nächsten Moment lag Terence flach auf dem Rücken, mit den Krallen eines Löwen im Nacken und seinem Gesicht in dessen Fängen.

Im nächsten Moment lag er flach auf dem Rücken, mit den Krallen eines Löwen im Nacken und seinem Gesicht in dessen Fängen. Seine Arbeiter sprangen hinter ihm aus dem Wagen, schrien so laut sie konnten und bewarfen den Löwen mit Steinen, bis er sich schließlich zurückzog und Terence fallen ließ. Als wir den Höllenlärm hörten, rannten Alan und ich los und sahen Shade, der sich in die Büsche verzog und Terence, dem Blut über das Gesicht strömte.

Wir wickelten ihn in Decken und desinfizierten seine Wunden, die ein furchtbarer Anblick waren. Er hatte Löcher im Nacken und durch den Riss in seiner Wange konnte man seine Zähne sehen. Alan und seine Frau Joan verbanden Terences Kopf mit Baumwollstoff, packten ihn in ihr Flugzeug und flogen nach Nairobi. Joan hielt ihn fest umschlungen, was Terence sehr romantisch fand.

Der Zustand seines Gesichts war sehr ernst. Einer von Shades Zähnen hatte haar-

Die letzte Wanderung

scharf sein Auge verfehlt und ein Eckzahn war zwischen seine Halsschlagader und die Kehle gegangen. Trotz der Geschicklichkeit des Chirurgen konnte Terence zunächst das eine Augenlid nicht mehr öffnen. Nur eine kunstvolle plastisch-chirurgische Operation würde das später wiederherstellen können.

Es waren immer die jungen Männchen im Alter zwischen zwei und drei Jahren, die auf diese Weise angriffen und unmittelbar danach war es stets schwer, sie in der richtigen Perspektive zu sehen. Ich nehme an, dass es in den letzten fünfzehn Jahren, in denen wir engen Kontakt zu den Löwen hatten, sechs ernste Unfälle gegeben hatte. In derselben Zeitspanne hatte es buchstäblich Hunderte von Angriffen und Todesfällen durch wilde Löwen gegeben, obwohl von diesen nur selten berichtet wurde. Ich erschoss Shade nicht, da er weder krank war, wie Shyman es offensichtlich gewesen war, noch wurde ich darum gebeten. Aber der Direktor für Wildschutz sagte mir, dass ich davon absehen solle, Löwen zu rehabilitieren – und ich habe seitdem auch keinen mehr aufgenommen. Auf der anderen Seite erklärte er, dass ich die Arbeit mit Leoparden in Kora aufnehmen dürfe. Was immer auch Terences tiefste Gefühle waren, er behielt sie für sich. Da wir uns beide dem achtzigsten Lebensjahr näherten, hielten wir es für besser, zu leben und leben zu lassen.

Joys drittes Jahr in Shaba – 1979 – war aufregender als alle vorhergehenden. Abgesehen von der Zeit, die sie Penny widmete, musste sie ihre umfangreiche Korrespondenz erledigen und das Buch über Penny weiterschreiben, das mit der Geburt der Jungen enden sollte.

Das Camp in Shaba war gemütlich, schattig und malerisch, aber extrem entlegen. Ihr nächster Nachbar, Roy Wallace, leitete vierundzwanzig Kilometer entfernt ein Safaricamp mit Zelten. Joy brauchte einen Assistenten. Nach einigen Fehlschlägen entschied sie sich für den zweiundzwanzigjährigen Pieter Mawson, Sohn eines Wildhüters aus Sambia, dessen Ziel es war, selbst Wildhüter zu werden.

Ende November 1979 wurden in Joys Camp tausend Schilling aus dem Schrank in Pieters Zelt gestohlen und der Verdacht konnte nur auf einen ihrer Angestellten fallen. In der ersten Dezemberhälfte hatte Joy eine Auseinandersetzung mit dem jungen Turkana Paul Ekai über dessen Arbeit. Er war einer der Verdächtigen. Sie entließ ihn und zahlte ihn aus. Drei Nächte später, am zehnten Dezember, wurde, als das Camp leer war, eine Blechkiste in ihrem Zelt mit einem Brecheisen geöffnet und ein Teil des Inhalts gestohlen. Auch Pieter wurde bestohlen.

Zwei oder drei Nächte nach diesem Vorkommnis erklärte Joy mir über Funk, dass

Zu den Nashornvögeln, die die Tierfilmer Joan und Alan Root zum Thema eines Films machen wollten, zählen mehr als 50 Arten. Im Bild ein Gelbschnabeltoko.

sie für ein paar Tage nach Paris fliegen würde. Das französische Fernsehen hatte sie gebeten, als Gaststar in einer Serie aufzutreten, die sich einmal pro Woche berühmten Persönlichkeiten widmete.

Ich musste ihr versprechen, Weihnachten mit ihr zu verbringen. Mit dem Auto würde ich einen ganzen Tag auf den schrecklichsten Straßen zubringen, um nach Shaba zu gelangen. Daher nahm ich mir vor, an Heiligabend mit einem Flugzeug zu ihr zu fliegen, was nur eine Stunde dauern würde. Ein Pilot, der für ein österreichisches Hilfsprogramm in Kenia arbeitete, versprach, mich zu Joy zu bringen.

Am 4. Januar suchte ich nach den Löwen, als ich ein Sportflugzeug über dem Camp kreisen sah. Das kam inzwischen so oft vor, dass ich nicht weiter darüber nachdachte. Als ich mittags zurückkehrte und Terences Gesicht sah, wusste ich, dass etwas Fürchterliches passiert war.

Peter Johnson war mit dem Flugzeug von Nairobi zu uns geflogen. Er hatte in der Nacht zuvor einen Anruf von Dr. Wendel, einem deutschen Arzt in Isiolo erhalten, der ihm mitteilte, dass Joy von einem Löwen getötet worden sei, den Leichnam hätte man nach Meru gebracht. Da Terence nicht wusste, wann ich zurückkommen würde, hatte Peter beschlossen, nach Shaba weiterzufliegen, um mit dem Wärter zu besprechen, wie man Joys Habe am besten sicherstellen könnte und um mit Pieter Mawson Pläne für Pennys Zukunft zu machen.

Als sich meine Gedanken entwirrten, fühlte ich zuerst ein tiefes, schmerzliches Bedauern darüber, dass ich Joy zu Weihnachten nicht erreicht hatte – und sie nie wieder sehen würde. Der Pilot war über Weihnachten wegen eines Notfalls abberufen worden, und so konnte er mich nicht nach Shaba fliegen. Dann wuchs in mir sofort Zweifel daran, dass Joy von einem Löwen getötet worden war. Irgendwie klang die Geschichte unwirklich. Drittens war ich frustriert, in Kora gefangen zu sein – nach Shaba zu gelangen, würde einen ganzen Tag dauern. Mir blieb nichts anderes übrig, als zu warten – wie Terence es ausgemacht hatte – bis Pieter uns über Funk erreichte. Als er dies tat – allerdings erst am folgenden Tag – war klar, dass ich sofort nach Nairobi fliegen musste, wo uns die furchtbare Geschichte dargestellt wurde.

Letzte glückliche Stunden: Joy wandert mit dem Leoparden Penny durch das Shaba-Nationalreservat.

Die letzte Wanderung

Am Abend des dritten Januar war Joy gegen halb sieben Uhr auf ihre Abendwanderung gegangen. Meist war sie um sieben Uhr zurück. Gegen Viertel nach sieben, als es ziemlich dunkel war, fingen Kifosha und Pieter an, sich Sorgen zu machen, weil Joy nicht zurückgekehrt war. Pieter fuhr daher mit dem offenen Toyota los, um die übliche Strecke nach ihr abzusuchen. Hundertachtzig Meter vom Camp entfernt sah er im Scheinwerferlicht Joys Körper in einer Blutlache auf der Straße liegen.

Er versuchte sofort zurückzusetzen, aber der Wagen blieb im Schlamm neben der Straße stecken. Also rannte er zum Camp, rief nach Kifosha und sie fuhren mit Joys Kombiwagen zurück. Sie untersuchten Joys Körper, um sich zu vergewissern, dass sie tot war, und als er eine große Wunde an ihrem linken Arm sah, meinte Pieter, dass es ein Löwe gewesen sein musste. Er ließ Kifosha bei der Leiche und fuhr zurück zum Camp, um ein Laken und eine Decke, ein Gewehr und Munition zu holen. Ihm fiel auf, dass die Lampen im Camp ausgegangen waren, er dachte sich aber weiter nichts dabei. Mit Kifoshas Hilfe wickelte er Joys Körper ein, legte ihn auf den Rücksitz des Kombiwagens und fuhr nach Isiolo. Kifosha ließ er zur Bewachung des Camps mit dem Gewehr und der Munition zurück. Kifosha bemerkte dann, dass nicht nur alle Lampen aus waren, sondern auch die beiden Türen zum hinteren Tiergehege – die äußere führte in den Busch – offen standen. Joy hatte beide verriegelt, bevor sie ging. Kifosha sicherte jetzt das innere Tor ab, hatte jedoch Angst, weiterzugehen. Dann sah er, dass Joys Zelt geöffnet worden war: Eine Kiste war aufgebrochen und Papiere lagen verstreut herum.

Pieter fuhr zu Dr. Wedels Haus in Isiolo, das er gegen neun Uhr abends erreichte. Gemeinsam fuhren sie zur Polizeistation, wo der Arzt die Leiche untersuchte. Er bestätigte lediglich Joys Tod, nachdem er zwei Wunden an ihrem Arm und eine an der linken Seite ihres Brustkorbs bemerkte. Eine halbe Stunde später erschien der oberste Polizeibeamte, Oberinspektor Gichunga, und es wurde beschlossen, Joys Leichnam in die Leichenhalle des Krankenhauses in Meru zu bringen.

Am nächsten Morgen, dem 4. Januar, fuhren Pieter und Mr. Gichunga, der nicht ganz davon überzeugt war, dass Joy von einem Löwen getötet worden sein sollte, zurück nach Shaba, wo sich ihnen Oberinspektor Ngansira und andere Polizeibeamte anschlossen. Sie untersuchten die Blutlache, in der Joy gestorben war und fanden ihren Wanderstock. Der Wagen musste jedoch abgeschleppt werden, da eine Leitung abgerissen war und die Batterie fehlte. Ein Brecheisen lag in Joys Zelt und eine Metallkiste sowie der große Koffer waren aufgebrochen worden – das Brecheisen aus dem Geräteschuppen des Camps war das gleiche, das am 10. Dezember benutzt worden war. Auf dem Weg zu den Toren des Tiergeheges fanden sie Fußspuren von Schuhen oder Stiefeln, die in den Busch führten.

Die Polizei war jetzt davon überzeugt, dass es sich um einen Mord handelte und der Verdacht fiel auf Joys Angestellte, vor allem auf diejenigen, die sich oft mit ihr gestritten hatten, Pieter selbst und Paul Ekai, den jungen Turkana, den sie entlassen hatte, mit eingeschlossen.

Am folgenden Tag, dem 5. Januar, wurde die Autopsie an Joys Leichnam vorgenommen, den drei Ärzte nach Nairobi gebracht hatten. Die Ärzte waren sich einig, dass Joy mit einer scharfen Waffe getötet worden war – wie zum Beispiel einem *simi* (kurzes Schwert). An ihrem Arm waren zwei Schnitte, und ein dritter, der zwanzig Zentimeter tief in ihren Brustkasten eindrang, hatte die Bauchschlagader beschädigt. Später bestätigte Peter Jenkins, dass die Wunden unmöglich von einem Löwen stammen konnten.

Inzwischen wurden die Verdächtigen eingehend vernommen. Am nächsten Tag, dem 6. Januar, erschien Chefinspektor Giltrap aus Nairobi, um die Polizei zu verstärken. Die Gegend um das Camp herum wurde durchsucht, doch außer einem *rungu*, einem knotigen Knüppel, der im Busch bei der Straße gefunden wurde, wo die Leiche gelegen hatte, fand sich nichts. Sehr bald wurden alle Verdächtigen wieder freigelassen. Nur Paul Ekai war nirgends zu finden.

Am 2. Februar hatte die Polizei Glück und reagierte sehr geistesgegenwärtig. In Baragoi, gute dreihundert Kilometer entfernt, im Gebiet der Turkana um den Rudolfsee herum, meldeten sich in dieser Nacht bei der Polizei drei Männer, die von Banditen überfallen worden waren. Der Wachtmeister bat sie, sich auszuweisen. Als einer von ihnen einen Ausweis mit dem Namen Paul Ekai vorzeigte, erkannte der Wachtmeister den Namen aus dem Steckbrief von Isiolo wieder und verhaftete den Mann.

Am folgenden Tag, dem 3. Februar, wurde Ekai in das Büro von Mr. Ngansira gebracht, wo er gegen halb sechs Uhr nachmittags kurz befragt wurde. Er leugnete, von Joys Ermordung gewusst zu haben. Die Nacht verbrachte er in der Polizeistation. Am Morgen des 4. Februar wurde er erneut von Mr. Ngansira verhört und legte ein volles Geständnis über den Mord ab.

Ekai war aufgebracht gewesen, weil Joy ihn bei seiner Entlassung nicht voll ausbezahlt hatte. Er hatte daher in der Nähe des Camps herumgelungert mit der Absicht, auf einem Abendspaziergang mit Joy zu verhandeln. Als sie dabei ärgerlich wurde, hatte er sie in seiner Wut erstochen. Danach hatte er sein *simi* in den Sumpf geschleudert und war zum Camp zurückgegangen, um aus ihrer Blechkiste Geld und Wertgegenstände zu stehlen. Doch noch bevor er sie durchsucht hatte, erschien Pieter im Camp, um die Decke und das Gewehr zu holen. Daher versteckte er sich im Busch, bis Kifosha allein zurückkam. Dann stahl er die Batterie aus dem offenen Landrover. Auf einem Wildwechsel gelang er nach Daba Borehole. Unterwegs versteckte er die Batterie unter einem Baum.

Ekai wurde dann nach Shaba gebracht, und obwohl er und drei Polizisten in dem Sumpf nach dem *simi* suchten, konnten sie es nicht finden, aber inzwischen hätte das Messer durchaus im Schlamm versinken können. Als nächstes führte Ekai die Polizei zu der Batterie, die im Busch versteckt war. Schließlich brachte er sie zu einer *manyatta* (Siedlung) bei Daba und zeigte ihnen ein Messer, eine Scheide und einen Gürtel, die sichergestellt wurden.

Kurz vor ihrem 70. Geburtstag wurde Joy Adamson im Shaba-Nationalreservat in Kenia ermordet. Für die Tierforscherin wurde diese Gedenkstätte errichtet.

Am Morgen des 5. Februar wurde Ekai formell über seine Rechte informiert und des Mordes angeklagt. An dem Nachmittag führte er Mr. Ngansira und Mr. Giltrap zu einer zweiten *manyatta* in der Nähe des Reservats und zeigte ihnen ein Haus, das angeblich seiner Schwester gehörte. Er brachte daraus einen Rucksack mit einigen von Pieters Kleidungsstücken hervor, die am 10. Dezember gestohlen worden waren. Von dem Dach eines anderen Hauses holte er dann eine Taschenlampe herunter, die Joy in derselben Nacht gestohlen worden war.

Es dauerte unerträglich lange, bis es zum Prozess kam. Als es endlich soweit war, widerrief Ekai seine beiden Aussagen und behauptete, dass die Polizei von Isiolo ihn in der ersten Nacht aufs offene Land gebracht habe; dort sei er gefoltert worden, bis er ein Geständnis ablegte. Aus diesem oder auch aus anderen Gründen wurde der Fall noch weiter vertagt und unglaublicherweise kam es nicht vor Mitte des nächsten Jahres zu einer Gerichtsverhandlung.

Ekai wurde am 28. Oktober 1981 für schuldig an Joys Ermordung erklärt. Da es Zweifel über Ekais Alter gab – man schätzte ihn zwischen siebzehn und zwanzig – wurde er nur zu einer Haftstrafe verurteilt.

Ekais Rechtsanwalt erhob Einspruch. Aber die drei Berufungsrichter fanden keinen Beweis für Folter, vertraten die Meinung, dass die Geständnisse freiwillig gemacht worden waren und dem wahren Tatbestand entsprachen. Auch sahen sie den zweiten Raub als eindeutigen Beweis dafür an, dass Paul Ekai in der Mordnacht im Camp gewesen war. Am 14. Dezember 1981 bestätigten sie seine Verurteilung.

Es war schwer zu akzeptieren, dass Joy nicht mehr da war. So verschieden wir auch waren, die Zuneigung bestand bis zum Schluss und hatte sich im Lauf der Jahre noch vertieft. Ihre Beerdigung war schlicht und still. Das Krematorium liegt nicht weit außerhalb der Stadt auf der Straße zum Nationalpark. Keiner aus Joys Familie oder von ihren ältesten, engsten Freunden waren an dem Tag anwesend, da sie entweder gestorben waren oder in Europa lebten. Aber meine alten Freunde und Freunde aus Joys späterer Zeit, Österreicher, Engländer und Kenianer, und Freunde der wilden Tiere und deren Land, denen sie so viel gegeben hatte, waren beim Gottesdienst anwesend.

Später brachte ich Joys Asche, so wie sie es sich gewünscht hatte, nach Meru. Einen Teil verstreute ich auf Pippas Grab unter dem Baum in ihrem Camp, wo sie sich in einem Leben, das viele Höhen und Tiefen gekannt hatte, des Glückes und des Friedens in ihrem Inneren bewusst geworden war. Den Rest begrub ich bei Elsa, in der Nähe der Stelle, über die Joy geschrieben hatte: „Wenn ich hier mit Elsa in meiner Nähe saß, fühlte ich mich wie auf der Schwelle zum Paradies."

Sieben Gebote

Im Jahr 1980, zur Zeit von Joys Tod, gab es sechzehn Löwen im Umkreis unseres Camps. Diese Situation führte zu einer erheblichen Umstellung in ihrem und unserem Leben.

Zunächst schienen die drei ältesten Löwinnen zu merken, dass die Gegend zu karg war, um so viele Mäuler zu füttern, trotz der Kamele, die ich für sie kaufte. Die zwei stärksten versuchten, Gigi, die sanfteste, zu vertreiben, ebenso die vier Neuankömmlinge – die letzten Löwen, die wir von draußen hereinbrachten. Einer von ihnen, Kaunda, wurde bald von Gigi adoptiert. Wie sie war er außerordentlich gutartig, und als sich das Rudel in Gruppen aufteilte, wurden sie in Kora ruhelos und zogen auf Safari. Sie zahlten beide ihren Preis für diese gefährliche Angewohnheit.

Tony und ich hörten eines Morgens um halb sechs mit einiger Beunruhigung ein Auto kommen. Die Männer im Auto sahen eindeutig unzufrieden aus und drehten ihre Gewehre in unsere Richtung. Sie waren vom Militär und suchten Viehdiebe. Sie berichteten uns, dass ein Rudel Löwen sie in einiger Entfernung auf der Straße angegriffen hätte und dass sie einen davon erschossen hatten. Wir fuhren sofort los und fanden Gigi, die aus zwei Schusswunden im Bein blutete: Eine Kugel war direkt hindurchgegangen. Zum Glück war sie nicht ernsthaft verletzt und trug die Sache nicht nach.

Wir sahen Kaunda nicht mehr wieder. Er war wie vom Erdboden verschluckt, und wir konnten auch keine Signale von ihm empfangen – nicht einmal von den Bergen aus.

Kaunda wurde ein paar Monate später verwundet, als er und Gigi auf der Suche nach Ziegen unterwegs waren. Mir war klar, was sie vorhatten, und ich konnte ihren Spuren eine Zeitlang folgen, doch dann verlor ich sie und empfing auch keine Funksignale mehr. Zum Glück erschien in dem Moment einer von Tonys Freunden mit einem Sportflugzeug und nahm ihn mit seinem Empfangsgerät mit: Sie entdeckten die Löwen, die sich auf eine Herde Somali-Kühe zubewegten. Tony war besorgt, dass sie zwischen den Kühen Amok laufen und von den Hirten getötet werden würden. So jagte er zum Camp zurück, holte etwas Fleisch aus dem Kühlschrank und ließ es auf die erstaunten Löwen herunterfallen. Von jetzt an, da sich die Löwen über immer größere Entfernungen verteilten, waren wir zunehmend auf Suchaktionen aus der Luft angewiesen.

Als wir am nächsten Tag unterwegs waren, sahen wir, dass Kaunda mit einem Speer an der Schulter verletzt worden war. Wir lockten ihn hinten in den Landrover und fuhren ihn nach Hause zum Camp. Da für Gigi kein Platz war, trottete die liebenswürdige Löwin hinter unserem Auto her.

Obwohl aus Kaunda schnell ein lebhafter junger Löwe wurde, war er noch nicht erwachsen, und ein wilder Eindringling, den wir Blackantan nannten, bemühte sich, das Rudel im Sturm zu erobern. Im August 1977 fing er an, Gigi zu umwerben, und da sie die Affäre genoss, hielt Kaunda klugerweise Abstand. Dreieinhalb Monate später brachte Gigi zwei Junge – Glowe und Growe – zur Welt, die sie geschickt dazu benutzte, sich selbst zum ersten Mal bei den anderen Löwen zu integrieren, die bisher nur unfreundlich gewesen waren.

Im folgenden Jahr hielt ich Kaunda und einige der anderen jungen Löwen nachts im Gehege, da sie mehrmals von älteren Löwinnen und deren Familien angegriffen worden waren. Noch mehr Unruhe wurde oft durch Blackantan gestiftet. Im April 1978 drehte er durch und versuchte, Kaunda durch den Draht hindurch anzugreifen. Kaunda, der die Unternehmungslust und den Angriffsgeist eines erfolgreichen jungen Fußballers hatte, zahlte mit gleicher Münze zurück. Da ich Angst hatte, dass der Zaun nachgeben würde, stieg ich in meinen Landrover und verscheuchte ihn. Am nächsten Morgen waren Kaunda und sein Gefährte so kratzbürstig und frustriert, eingesperrt zu sein, nachdem sie einmal die Freiheit gekostet hatten, dass ich sie herauslassen musste. Wir sahen Kaunda nicht mehr wieder. Er war wie vom Erdboden verschluckt, und wir konnten auch keine Signale von ihm empfangen – nicht einmal von den Bergen aus.

Ungefähr drei Monate später flog Patrick Hamilton, der Joy mit Penny half und nebenher seine eigene Forschungsarbeit betrieb, ungefähr achtundvierzig Kilometer westlich von Kora am Tana entlang. Er lauschte auf Signale von seinen Leoparden, plötzlich empfing er jedoch das Piepen von Kaundas Frequenz. Er folgte ihm zur nördlichen Flussseite und da, auf einem Felsen, saß Kaunda, der vertrauensvoll zum Flugzeug heraufblickte – und zweifellos darauf wartete, dass Kamelfleisch vom Himmel fallen würde.

Chris Matchett, ein Freund von uns, der am anderen Flussufer ein Safarizeltcamp betrieb und eine kleine Herde Ziegen hielt, um frisches Fleisch und Milch vorrätig zu haben, berichtete uns ein paar Tage später, dass ein Löwe mit Halsband zwei seiner Tiere geholt hätte. Ich ruderte sofort hinüber, um ihn zu entschädigen und mich zu entschuldigen – Kaunda fanden wir schnell. Er war so freundlich wie immer und strotzte vor Energie. Tony und ich überlegten, ob wir ihn wieder nach Kora zurückholen sollten, aber die nächsten Brücken waren mindestens dreihundert Kilometer flussauf- oder -abwärts gelegen. Es gab keine Garantie dafür, dass er nicht erneut das Abenteuer suchen würde und so beschlossen wir, ihn zu lassen, wo er war. Einige Wochen danach wurde Tony wieder über dieses Gebiet geflogen. Diesmal fand er Kaunda unmittelbar an der Grenze zum Meru-Nationalpark. Wir waren begeistert zu wissen, dass er so lange allein überlebt hatte und fast in Sicherheit war; es gab uns auch einen Grund daran zu glauben, dass es Christian, Daniel, Leakey, Freddie und den anderen, die in der Vergangenheit losgezogen waren, ebenso gut ging.

Zwar wurde der Löwe Kaunda immer selbstständiger, doch da er Vieh gerissen hatte, musste George den Tana überqueren, um Kaunda zu suchen.

Bald gab es einen weiteren Beweis für die Berechtigung dieses Optimismus'.

Kurz nachdem er Kaunda gesehen hatte, fuhr Tony in einem Landrover zwischen Chris Matchetts Camp und der Grenze des Meru-Nationalparks entlang. Er durchquerte langsam eine *lugga*, als er einen Löwen sah und anhielt. Zu seinem maßlosen Erstaunen kam der Löwe munter auf das Auto zu, stieß seinen Kopf gegen eine Tür und verschwand in der Nacht. Tony sah ihn nur einen Moment lang, aber sein Äußeres und die flotte Art, die wir nur von einem einzigen Löwen her kannten, überzeugten ihn, dass es Leakey war. Er stellte den Motor ab, um in die Dunkelheit zu spähen und zu lauschen. In dem Moment brüllte ein Löwe ganz in der Nähe, seine Stimme hatte eine verblüffende Ähnlichkeit mit der Freddies, seinem Liebling und Leakeys ständigem Gefährten. War dies ein weiterer Beweis für die telepathischen Fähigkeiten der Löwen in Bezug auf unseren Aufenthaltsort? Tony war natürlich aufgeregt, als er zurückkam und es mir erzählte.

Ungefähr zu jenem Zeitpunkt, als Shades grundloser Angriff auf Terence zu einer Art Einfuhrsperre für Löwen nach Kora geführt hatte, und der Entdeckung, dass Kaunda und die anderen doch noch lebten und sich auf der anderen Flussseite wohlfühlten, fing ich an, über das Ergebnis all unserer Bemühungen nachzudenken.

In Meru hatte man mir sieben Löwen gegeben, darunter Boy. In Kora hatten wir sechzehn weitere Löwen aufgenommen, insgesamt also dreiundzwanzig. Das Rudel in Meru hatte während unserer Zeit elf Junge hervorgebracht, von denen zwei wahrscheinlich von Leoparden geraubt wurden und eines in der Nacht von dem wilden Löwen Black Mane getötet wurde. Die Überlebenschance in ihren ersten gefährdeten Wochen lag daher bei siebzig Prozent. In Kora hatten die siebzehn Löwen für fünfundzwanzig Nachkommen gesorgt, von denen achtzehn die gefährlichen ersten Wochen überlebt hatten – das waren wiederum ungefähr siebzig Prozent. Man sagte mir, dass die durchschnittliche Überlebensrate bei Löwen in diesem frühen Alter in der Wildnis bei ungefähr fünfundzwanzig Prozent liegt.

Nachdem ich nach Kora zog, war es mir unmöglich nachzuvollziehen, was aus den Löwen in Meru geworden war, obwohl sie in den ersten ein bis zwei Jahren gelegentlich zusammen gesehen wurden. In Kora schien ihre Lebensweise artgerecht zu sein. Sobald die Männchen ausgewachsen waren, zogen sie weiter – obwohl ein Löwe wie Daniel oder der wilde Eindringling Blackantan die Szene einige Jahre lang dominierten. Die Weibchen dagegen blieben eher sesshaft. Wenn die Jungen zu zahlreich wurden, konnten die Löwinnen bei ihren Versuchen, die schwächeren zu vertreiben, recht bösartig werden; ein- oder zweimal wurden meine naiven Versuche, den Jungen zu helfen, mit einem Biss in die Hand oder das Bein belohnt.

Zusätzlich zum *Kampi ya Chui* – dem Leopardencamp – und unserem Löwencamp *Kampi ya Simba*, wurde 1983 von der *Royal Geographical Society* aus London und dem Nationalmuseum in Nairobi ein drittes Camp errichtet. Es lag ungefähr dreißig Kilometer westlich am Fluss. Diese beiden erhabenen Institutionen hatten ein Team von mehr als zwanzig Wissenschaftlern zusammengestellt, um das Reservat zu erforschen. Sie wurden von Dr. Malcolm Coe von der Universität Oxford begleitet.

Man hatte mit ihm eine gute Wahl getroffen, um alle Vorkommen Koras zu katalogisieren – von den Mineralien und den kleinsten Organismen bis hin zu allen, außer den

Sieben Gebote

größten, Säugetieren. Auch sollte er den Behörden die Lösung jener Probleme darlegen, die er und seine Mitarbeiter als Bedrohung für die Zukunft des Reservats ansahen.

Elefanten, Büffel, Wasserböcke, Flusspferde usw. wurden von der Studie der Expedition ausgeschlossen, ebenso die Löwen. Ich bin mir nicht sicher, wer bei den täglichen Begegnungen mehr aus der Fassung gebracht wurde, die Wissenschaftler oder Glowe und Growe, Gigis ausgewachsene Töchter, die sechs Junge hatten. Richard Leakey, der Direktor des Nationalmuseums, sagte, die Löwen seien eine ständige Sorge für ihn, doch ich war bereit, ihr gutes Benehmen zu garantieren.

So locker Malcolm auch über seine Arbeit zu sprechen pflegte, er nahm sie doch äußerst ernst und seine Entdeckungen waren von großer Bedeutung – nicht nur für das Korareservat, sondern auch für die Erhaltung des Tana und der gesamten *nyika*-Wildnis Kenias. Seine Expedition überzog das Gebiet mit einem feinmaschigen Netz, wie mit einem Staubkamm, und nutze dabei alle Errungenschaften der Wissenschaft, einschließlich Satellitenbilder. Anhand dieser konnten sie das Vorrücken und das Zurückgehen der grünen Vegetation im Lauf der Jahreszeiten aufzeichnen, sie konnten sogar die Gebiete, die die Somalis geflämmt hatten, erkennen.

Die zwei Jahre, in denen sich die *R.G.S.* in Kora aufhielt, waren eine Periode ununterbrochener Dürre. Die Expedition konnte selbst die Verwüstung durch die Somalis erleben und das Problem erkennen, das ihre Wanderungen für die Regierung darstellte. Viele von ihnen haben ihr Vieh von Somalia her über die Grenze getrieben, nachdem es

Der Begriff nyika *ist ein Suaheli-Wort für die große Gras- und Buschsteppe, die sich auf dem heutigen zwischen 1800 und 2600 m hohen Nyika-Plateau erstreckt.*

sein eigenes Land wie die Heuschrecken kahl gefressen hatte.

Mir wurde gesagt, dass ein Aufgebot von vierzehn Wildhütern nach Kora entsandt worden war und neunzig Meter von uns entfernt am Felsen sein Lager aufschlagen würde. Ich fragte mich, ob sie wohl nächtlichen Eindringlingen gegenüber ebenso alarmbereit sein würden wie die Perlhühner, die oft wie Alarmanlagen losgingen, oder ob sie ein wirksameres Abschreckungsmittel als die Löwen sein würden, die allgemein bekannt waren.

Kurz bevor der Posten errichtet wurde, schickte ich meinen Fahrer Moti nach Asako, um Kamelfleisch zu kaufen. Die Fahrt dauert normalerweise in jede Richtung ein paar Stunden. Drei Tage nach seiner Abfahrt war er noch immer nicht zurück. Zum Glück war Jonny Baxendale gerade aus Meru zu uns gekommen, wo er in dem Reservat arbeitete, und er bot mir an, mit mir vom Flugzeug aus Motis Route zu folgen, in der Hoffnung, den Landrover zu entdecken. Erst als wir unmittelbar über Asako waren, sah ich den Wagen neben einer der Hütten stehen. Wir warfen eine Nachricht für Moti hinunter, in der wir ihn baten, uns am Landestreifen zu treffen, der gut dreißig Kilometer entfernt lag. Mit einiger Neugierde erwarteten wir seine Erklärung.

Als er endlich erschien, beschrieb er uns, wie er Asako gerade verlassen wollte, um im Busch ein Kamel von den Somalis zu kaufen, als ihn ein Freund warnte, dass eine Gruppe von dreizehn Shifta geplant hatte, ihn aus dem Hinterhalt zu überfallen, sich des Autos zu bemächtigen und damit zum *Kampi ya Simba* zu fahren. Da dort die Tore sofort geöffnet werden, wenn mein Landrover erscheint, hätten sie mit uns und dem Camp ohne Weiteres kurzen Prozess gemacht.

Nachdem die Parkaufseher eingetroffen waren, gab ich meine Rolle als Amateurwachmann auf. Trotzdem überquerten einige Shifta den Fluss und raubten ein Dorf aus; niemand kam dabei ums Leben, doch die Läden wurden geplündert und nicht eine Hütte blieb stehen. Da ich weitere Konfrontationen mit den Löwen vermeiden wollte, riet ich den Wächtern eindringlich, im Gebiet von Kora ihre Fahrzeuge nicht zu verlassen, aber weiter entfernt patrouillierten sie frei durch den Busch und über Terences Straßen. Es gab mehrere Schusswechsel; auf einer Patrouille wurde ein Shifta verletzt und gefangen genommen, ein anderer getötet. Ein Mitglied der Truppe wurde mit einer Kugel im Bein zurückgebracht, zum Glück war es nur eine Fleischwunde.

Abdi, mein Spurenleser, erfuhr auf einer Fahrt nach Asako, dass man mich von der Abschussliste gestrichen hatte. Ein Somalihäuptling hatte entschieden, dass ich auf keinen Fall getötet werden solle – ich gäbe so viel Geld für seine missratenen Kamele aus, dass es eine finanzielle Katastrophe wäre, dieser Einnahmequelle ein Ende zu bereiten. Sie kosteten je hundert Dollar, und zeitweilig musste ich pro Woche ein Kamel kaufen.

Georges Perlhühner fungierten als Alarmanlage im Camp – wie einst die berühmten Gänse auf dem Kapitol.

Sieben Gebote

Tony widmet sich genauso unerschrocken der Auswilderung der Leoparden wie der Löwen, hier im Leopardencamp.

Trotz all der Gegenmaßnahmen überfluteten die Somalis während des Höhepunkts der Dürre im September 1984 Kora immer noch. Mein Sehvermögen hatte sich inzwischen weiter verschlechtert und – wenn auch zögernd – akzeptierte ich den Rat eines österreichischen Chirurgen, zu einer Staroperation nach Wien zu fliegen; das Unternehmen wurde großzügig von einer Gruppe Österreicher finanziert, die als „Freunde Kenias" bekannt waren und die der Chirurg gut kannte. Mein Zögern beruhte darauf, dass mir bewusst wurde, wie viel ich Tony und Terence zumuten würde.

Als ich mich auf den Weg nach Wien machte, erwartete Tony, der seit einiger Zeit im Leopardencamp lebte, weitere Leoparden zur Freilassung, ich dagegen hinterließ ein schrumpfendes Löwenrudel in Terences Obhut. Ihre Anzahl war zurückgegangen und die vier verbleibenden Löwinnen, die alle in Kora geboren waren, wurden zunehmend unabhängig; es waren Koretta, die sieben war, Glowe und Growe, jetzt sechs, beide mit drei Jungen und Naja, die fünf war.

Von den anderen waren die vier ältesten Löwinnen allein losgezogen; drei Männchen waren von den Somalis vergiftet worden; Korettas beide Brüder hatten die Parkwächter erschossen, weil sie in der Nähe von Asako das Vieh überfielen, und einer der jüngeren Löwen war von wilden Hunden getötet worden. In so dichtem Busch und unter solch harten Bedingungen wie in Kora durchstreifen Löwen ein größeres Gebiet und sind unsichtbarer als im offenen Grasland der Ebenen der Serengeti: Es ist unmöglich, ihr ganzes Leben, ihr Tun und ihr Sterben genau zu verfolgen. Aber ich nehme an, dass die Schicksale unserer Löwen denen der wilden Löwen ähnlich waren.

Der Chirurg in Wien sagte mir, dass er zuversichtlich sei, mein Sehvermögen wiederherstellen zu können, indem er den Grauen Star entfernen und vor meiner Netzhaut eine Plastiklinse einsetzen würde. Dennoch fügte er hinzu, dass die Operation bis März verschoben werden solle, bis er die Möglichkeit hätte, aus Amerika eine verbesserte Version dieser Linse zu besorgen.

Bill Travers hielt engen Kontakt mit mir, da ihm eine ähnliche Operation an einem seiner Augen bevorstand. Als er von der Verzögerung hörte, schlug er vor, dass ich die Zeit nutzen sollte, um in England an meinem Buch zu arbeiten. Er und Ginny würden mich bei sich auf dem Land unterbringen, wo er alles, was ich zu sagen hätte, auf Tonband aufnehmen und es dann später schreiben lassen könnte. Er sagte, dass er jeden einzelnen meiner Briefe aufbewahrt habe und stellte mir seine vollständige Fotosammlung zur Verfügung.

Ich nahm sein Angebot an. Als ich mit dem fertig war, was ich zu sagen hatte, fing Bill an, Fragen zu stellen, um die Lücken zu füllen. Er war besonders neugierig zu erfahren, warum Joy und ich von Wissenschaftlern, Naturschützern, Wildverwaltern und sogar von Safariunternehmern – von denen viele ehemalige Jäger waren – kritisiert worden waren.

Recht oft wurde unsere Arbeit als Zeit- und Mittelverschwendung bezeichnet, da Leoparden, Geparden und Löwen keine bedrohten Arten sind. Augenblicklich stimmt das, als Maßstab für erforderliche Vorsorge ist es beängstigend kurzsichtig: Das Gleiche hätte man vor zehn Jahren über die Nashörner sagen können. Löwen und die anderen Großkatzen werden wie die Elefanten in eine begrenzte Anzahl von Nischen gedrängt, die jährlich weniger und kleiner werden: manche sind bedroht, andere schon verschwunden. Ermöglicht man es den Löwen, ein natürliches Leben zu führen, so schützt man gleichzeitig alles andere Leben in der Pyramide unter ihnen.

Ich gebe zu, dass Joy nicht immer sehr diplomatisch vorging, wenn sie die Angestellten der Parks um einen Gefallen oder um Hilfe bat. Ich gestehe auch, dass ich gelegentlich gegen die Regeln Wild schoss, wenn ich das Gefühl hatte, dass ein Löwe sonst verhungern oder abwandern würde, ehe er selbstständig genug dazu war. Doch wir handelten stets in bester Absicht für die Parks und ihre Tiere.

Die wohl spitzfindigste Kritik an unserer Tätigkeit ist, dass wir den Tieren, die wir freilassen, in den Übergangsmonaten von der einen Lebensweise zur anderen viel Stress auferlegen. Ich glaube nicht, dass das für Leoparden und Geparden zutraf, die – wenn sie ausgewachsen sind – mehr oder weniger als Einzelgänger leben. Löwen dagegen sind im Grunde sozial veranlagt und ich glaube sicher, dass Elsa litt, als sie versuchte, allein zu leben, und ich bedauere immer wieder, dass wir ihre Geschwister nicht behalten hatten.

Es gibt Leute, die sich aufrichtig Gedanken darüber machten, dass wir junge Tiere ermutigten, uns zu vertrauen und somit die Angst vor den Menschen zu verlieren; und dass ich, indem ich sie weiterhin fütterte, diesen Mangel an Furcht noch festigte und dadurch die Gefahr vergrößerte, dass sie andere Menschen angriffen. In Wirklichkeit war es unmöglich, die jungen Löwen, die jetzt frei waren, um mich herum zu halten, während ich sie friedlich in ein Rudel hineinführte, wenn sie nicht vorher schon eine Beziehung zu mir aufgebaut hätten.

Ich habe nichts erlebt oder gehört, was mich überzeugt hätte, dass das Füttern von Fleisch an Löwen, die gelernt hatten, selbstständig zu leben oder die wild geboren waren, sie für Menschen gefährlicher macht.

Alle Löwen sind gefährlich; es gibt jedoch keinen Beweis, dass die Löwen, die Joy, Tony und ich freigelassen hatten, gefährlicher als wilde wurden. Mit der Ausnahme von Mark Jenkins – und kein Kind sollte in einem offenen Wagen so nah an einen Löwen herangebracht werden – galten ihre Angriffe nur

Sieben Gebote

Menschen, die mit unserer Arbeit zu tun hatten.

Mehrere meiner Löwen sind vergiftet oder erschossen worden, weil sie verdächtigt wurden, Vieh angegriffen zu haben oder dies auch wirklich getan hatten. Diese Angriffe sind nicht auf die Art ihrer Fütterung zurückzuführen. Schon zur Zeit des Trojanischen Krieges griffen Löwen Vieh an. Homer spielt in seiner Erzählung über den Kampf zwischen Aeneas und Achilles darauf an.

Und ich hatte zwanzig Jahre meines Lebens damit zugebracht, Vieh vor Löwen zu schützen, denen nicht ein einziges Mal Futter dieser Art angeboten worden war.

Wahrscheinlich fürchten Löwen Menschen nur oder sind ihnen auch feindlich gesinnt, wenn sie schlechte Erfahrungen haben. Sie haben Angst vor den Massai- und Samburu-Kriegern, die ihr Vieh hüten, aber nie vor einem Touristen, der mit der Kamera Fotos schießt. Sie greifen an, wenn man in sie hineinläuft und sie gerade hungrig, bedroht, verängstigt oder sexuell erregt sind, aber sogar ein Menschenfresser würde nachts friedlich an deinem Bett vorbeilaufen, wenn er entspannt oder satt ist. Fachleute scheinen bei Löwen und Elefanten eine abnehmende Feindseligkeit dem Menschen gegenüber entdeckt zu haben, wenn sie vor Konfrontationen und Wilderei sicher sind. Wenn das so ist, warum sollte dann meine Tätigkeit ihre Gefährlichkeit steigern anstatt zu verringern?

Mit Sicherheit hat unsere Arbeit ihre Gefahren. Die Risiken betrachten wir für uns – und für diejenigen, die mit uns arbeiten und die sich der Gefahren bewusst sind – genauso, als ob wir der Armee beigetreten wären, auf einer Bohrinsel arbeiteten oder in einer Mine unter Tage. Wir haben die Mitarbeiter ständig vor allen Gefahren gewarnt und alles getan, um sie zu schützen: Sie haben nie unter dem Zwang gestanden, bleiben zu müssen. In der Zeit, in der wir in Kora waren, sind in einem Zoo in England zwei Menschen getötet worden – in beiden Fällen wurde der Zoo verklagt und beide Male freigesprochen. Glauben Menschen ernsthaft, dass es möglich oder auch klug ist, Gefahr aus dem menschlichen Leben auszuklammern?

Während ich mich diesen Überlegungen hingab, fielen die Temperaturen in England weiterhin, und es bestand wenig Verlockung, hinauszugehen. Zum ersten Mal seit Ewigkeiten las ich die Morgenzeitung und

Auch im Alter sah George keine Veranlassung, das Leben mit den Löwen aufzugeben. Respekt vor den Tieren und der Wille, sie zu schützen, trieben ihn an.

schaute mir abends die Fernsehnachrichten an; ich sah nichts, was mich davon überzeugte, mein Zuhause im Busch für ein Leben in der Stadt aufzugeben.

Als ich mich auf dem Rückflug nach Afrika im Flugzeug ohne viel Hoffnung auf Schlaf zurücklehnte, fragte ich mich, ob wohl meine schlimmsten Befürchtungen sich bewahrheitet hatten und die Somalis endgültig das Reservat ruiniert und die letzten der Löwen umgebracht hätten. Wenn ja, dann wären wir wieder beim Gesetz des Dschungels angelangt. Obwohl sich der Mensch körperlich nicht mehr weiterentwickelt, sagt man, dass er sich kulturell ständig weiter entfaltet. Doch bei all der Gewalt, die ich täglich in den Nachrichten gesehen hatte, war nicht viel von kulturellem Fortschritt zu merken – Gewalt, die meist im Namen einer Religion oder der Vernunft angewendet wurde.

Ich habe versucht herauszufinden, wann Löwen zu den Löwen wurden, die wir heute kennen. Niemand will sich festlegen. Sie haben sich wahrscheinlich erst später als der Mensch weiterentwickelt und ihr Verhaltenskodex verdient unseren Respekt. In der Tat sehen einige ihrer genetischen Gebote nicht viel anders aus als unsere aus und werden öfter befolgt: Selbstständigkeit und Mut, beharrliche und dabei realistische Verteidigung ihres Reviers, die Bereitschaft, sich um die Jungen eines anderen zu kümmern, Brüderlichkeit, Treue und Zuneigung sind sieben lobenswerte Gebote.

Ich schlief dann schließlich doch noch ein bisschen, und als ich über Kenia aufwachte, hob sich meine Stimmung – nicht nur, weil ich wieder in Afrika war, sondern auch, weil ich an der Farbe der Erde erkennen konnte, dass der Regen endlich eingesetzt hatte.

Die Verwandlung Koras war beeindruckend. Als wir uns zum Anflug in die Kurve legten, war der Busch, soweit das Auge reichte, ein üppiges Grün. Es war kein Kamel, keine Kuh, keine Ziege zu sehen – alle Somalis schienen verschwunden zu sein. Als wir landeten, sah ich hohes, leuchtendes Gras am Rand der Landepiste, die Büsche waren mit Blüten und Blättern in allen Farben übersät. Während der Fahrt zum *Kampi ya Simba* sprudelte Tony die Neuigkeiten von seinen Leoparden nur so hervor – er hatte inzwischen zwei weitere ausgewildert und ein dritter war in seinem Camp. Terence erkundigte sich ruhig nach England und schien sich davor zu scheuen, über die Löwen zu sprechen; schließlich, als Tony und ich im Camp unseren Whisky in der Hand hielten, gestand er, dass seit meiner Abreise keiner der Löwen zum Camp gekommen war. Ich fragte mich, wie weit weg sie wohl gezogen waren und in was für Gefahren sie sich begeben hatten.

Der Weihnachtsmorgen war ungewöhnlich still. Tony passte im *Kampi ya Chui* auf Adnan, den neuen jungen Leoparden auf, Terence war unterwegs, um eine neue Straße zu planen, und ich saß allein da und schaute all die Postkarten an, die sich während meiner Abwesenheit aus aller Welt gestapelt hatten. Ich dachte an die Weihnachtsfeste, die Joy mit so viel Mühe vorbereitet hatte, und an ihr letztes in Shaba. Am Tag danach hatte sie an eine Freundin geschrieben – der Brief kam nach ihrem Tod an – und berichtet, wie sehr sie auf mein Flugzeug gewartet habe. Als das Licht schwand, schob sie ihre Sorgen beiseite, legte Musik auf und ließ ihren Erinnerungen freien Lauf – wie immer kehrten ihre Gedanken zu Elsa zurück.

Ich zog an meiner Pfeife, und während ich angestrengt versuchte, das Gekritzel auf einer Karte zu entziffern, hörte ich draußen einen Knurrlaut. Ich schaute direkt in Korettas Augen: Hinter ihr standen zwei kleine Löwen, die wir noch nie gesehen hatten.

Epilog: Abend in Kora

Es war ein Wunder: Nachdem ich im März erneut nach Wien geflogen war, wo die Linse in mein Auge eingepflanzt wurde, konnte ich auch nachts den Landrover wieder fahren und ohne Brille mühelos lesen.

Koretta brachte ihre zwei Jungen – Boldie, die Neugierige und Cindie, die sich stets im Hintergrund aufhielt. Doch keine Spur von Growe und Glowe.

Im Oktober begann eine Reihe beunruhigender, merkwürdiger und bedeutsamer Ereignisse. Es fing damit an, dass Terence ins Krankenhaus gebracht wurde. Obwohl er einen Schlaganfall erlitten hatte, erholte er sich wieder. Mitte des Monats wurde er zum Camp zurückgeflogen, äußerst gebrechlich, aber zum Durchhalten entschlossen.

Dann hatten wir das erste informelle Treffen der Korastiftungsverwalter in Kenia vorzubereiten. Tony hatte ein eindrucksvolles Aufgebot sehr beschäftigter Männer davon überzeugt, der Korastiftung zu dienen, falls der Direktor der Wildschutzbehörde deren Gründung zustimmen sollte.

Ich glaubte damals wie auch heute, dass Tony und ich, trotz der Stiftungsverwalter, die uns halfen, Pläne für das Reservat durchzusetzen, die meisten Gelder würden selbst aufbringen müssen. Aber es gab auch zwei gute Nachrichten. Erstens sollten mehr Männer geschickt werden, um die Wilderei zu bekämpfen und um das rücksichtslose Eindringen von Vieh zu verhindern. Zweitens war eine neue Brücke über den Tana fast fertiggestellt; wir müssten dann nur noch ein paar zusätzliche Kilometer Straße freischlagen, um Kora mit Meru zu verbinden.

Bei dem Treffen hatte ich das Thema, das mir am meisten am Herzen lag – nämlich die Zukunft unserer Löwen und Leoparden – nicht angeschnitten. Ich hatte das ungute Gefühl, Tony und ich waren die einzigen Stiftungsverwalter, die die Tiere selbst wirklich gern hatten. Aber würden sie auch in Zukunft hier noch Raum haben? Und wenn nicht, wäre dann noch Raum für uns?

Ich hatte das ungute Gefühl, Tony und ich waren die einzigen Stiftungsverwalter, die die Tiere selbst wirklich gern hatten. Aber würden sie auch in Zukunft hier noch Raum haben? Und wenn nicht, wäre dann noch Raum für uns?

Kurz nachdem ich aus Wien zurückkam und noch bevor ich Zeit hatte, nach Koretta zu suchen, besuchten mich unerwartet die Mitglieder der Tana-Ratsversammlung, die die Löwen sehen wollten. Von Tony wusste ich, dass er hinter dem Korafelsen verwischte Spuren gesehen hatte, und so wollte ich mein Glück dort versuchen. Ich nahm mein Megafon von der Wand und rief: „Kor-ret-ta, Kor-ret-ta, Kor-ret-ta". Als nichts geschah, bedauerte ich meinen theatralischen Auftritt; wir kehrten zum Camp, zu unserem Tee und den Gesprächen über die Straßen und den Regen zurück. Plötzlich kam Abdi

George Adamsons Vermächtnis: seine Tierschutzstiftung

Gemeinsam mit seinem Assistenten Tony Fitzjohn gründete George Adamson 1979 in England eine Stiftung, über die er seine Naturschutzarbeit im Kora-Nationalpark im Norden Kenias finanzieren wollte. Seit 1988 trägt die Organisation den Namen *George Adamson Wildlife Preservation Trust*. Diese Umbenennung war die Voraussetzung dafür, dass die Stiftungsgelder auch in den Mkomazi-Nationalpark fließen durften, der bereits 1951 ganz im Norden von Tansania gegründet wurde. Seit dem Tod von George Adamson kümmert sich die Stiftung zudem überwiegend um das Mkomazi-Reservat.

Seither hat der 1945 geborene Tony Fitzjohn diesen abgelegenen und weitgehend zerstörten Nationalpark wieder aufgebaut. In der abgelegenen Landschaft, die im Norden an den Tsavo-Nationalpark in Kenia und im Süden an die Usambaraberge grenzt, in Sichtweite des Vulkans Kilimandscharo, hatten jahrelang Wilderer ihr Unwesen getrieben. Zudem hatten die Viehherden der dort lebenden Menschen die Savannen mit ihren Schirmakazien und den flachen Wiesentälern völlig überweidet. 1988 waren die Spitzmaulnashörner dort völlig ausgerottet, gerade einmal elf Elefanten hatten in dem 3234 km² großen Reservat überlebt.

Als wichtigste Maßnahme verbannte die tansanische Regierung die Hirten und ihre Herden aus dem Nationalpark. Die Stiftung in England finanzierte Antiwilderer-Brigaden, die seither das illegale Abschießen von Tieren zumindest stark eindämmen. Weitere Gelder fließen in die Dörfer am Rand des Reservats, um dort die Lebensbedingungen der Menschen zu verbessern. Der Erfolg kann sich sehen lassen: Die Spitzmaulnashörner wurden wieder eingeführt, 2011 lebten bereits 13 dieser Dickhäuter gut bewacht im Park. Zur gleichen Zeit suchten dort 1100 Elefantenrüssel nach Fressbarem.

Neben dieser Hauptarbeit im Mkomazi-Nationalpark bauen Tony Fitzjohn und die George-Adamson-Stiftung auch noch den Kora-Nationalpark wieder auf, der ähnliche Probleme wie das Schutzgebiet in Tansania hatte.

George Adamson mit einem seiner Schützlinge vor dem Korafelsen

Noch immer sind die Elefanten selbst in Kenias Nationalparks nicht sicher. Ein Wildhüter bewacht hier im Tsavo-Nationalpark einen von Wilderern angelegten Stoßzahnhaufen (Sommer 2011).

Epilog: Abend in Kora

– der die Augen eines Luchses hat – gerannt und rief: „Simba, Bwana, Simba!" Langsam und majestätisch trat Koretta aus den Büschen vor einer Felsenhöhle und schritt in unsre Richtung. Boldie war an ihrer Seite, etwas dahinter – wie immer – Cindie; doch zwischen ihnen trotteten und hüpften fünf kleine Löwenbabys. Als sich Koretta in den Schatten eines Baumes fallen ließ, fingen sie an zu nuckeln.

Obwohl ich es vorgezogen hätte, dieses Buch in heiterer Stimmung an dieser Stelle zu beenden, hatte ich mir am Anfang vorgenommen, die ganze Wahrheit zu erzählen, auch wenn sie nicht angenehm ist. Daher füge ich diese Nachschrift hinzu.

Der Direktor der Wildschutzbehörde genehmigte die Gründung der Korastiftung in Kenia: Unsere Arbeit mit den Leoparden sollte deren Hauptnutznießer sein.

Das Leben im *Kampi ya Simba* wurde hektischer. Koretta zog mit ihrer Familie immer weiter flussabwärts am Tana entlang zu den Gebieten, in denen die Somalis rechtmäßig ihr Vieh weideten. Ich versuchte sie deshalb mit geschickt platziertem Kamelfleisch zurückzulocken. Eine japanische Filmgesellschaft fragte an, ob sie einen Film über unseren Alltag in Kora drehen dürfe. Während sie hier war, erfolgte der erste von mehreren Schicksalsschlägen, die praktisch alles zu vernichten drohten, was wir in Kora zu erreichen versucht hatten.

An einem Abend fuhr ich mit den Japanern flussabwärts und suchte nach Koretta. Der Filmstar Tomoko, die die Interviews machte, fuhr mit uns. Sie war so zierlich wie ein Kind, und ihr Englisch und ihr berufliches Können waren so bemerkenswert wie ihr Mut. Wir fanden Korettas Familie, die immer noch an dem Kamel fraß – sie hatten das zufriedene Aussehen vollgefressener Lö-

wen. Nachdem wir ihnen zugeschaut hatten, zogen wir uns auf eine Anhöhe zurück. Ich gab Tomoko einen Drink und sie setzte sich neben das Auto, während ich Tony über Funk mitteilte, dass wir uns jetzt auf den Rückweg machen würden.

In dem Moment hörte ich einen Angstschrei, sah aber keine Spur mehr von Tomoko. Ich ließ das Funkgerät fallen, raste um die Motorhaube herum und sah, dass ein Löwe Tomokos Kopf in den Fängen hielt: Es war eindeutig Boldie. Aus voller Kehle brüllend lief ich auf Boldie zu, die Tomoko sofort losließ und zum Rudel zurücktrottete. Abgesehen von einem Schock, den Tomoko natürlich hatte, war nur ihre Kopfhaut verletzt worden, der Schädel zum Glück nicht.

Zeitig am nächsten Morgen brachte der „Fliegende Doktor" sie ins Krankenhaus, wo sie eine Woche lang bleiben musste. Ich war voller Bewunderung, als sie darauf bestand, zurückzukommen, um die Interviews zu beenden – diesmal mit Tony im *Kampi ya Chui*, wo er jetzt Lucifer hatte, einen kleinen wilden Löwen, der von seiner Mutter im Stich gelassen worden war. Danach lud Tony die Japaner vor ihrer Abreise zum Abendessen ein. Gegen Ende der Mahlzeit, als es schon dunkel geworden war, setzte die Leopardin Komunyu es sich in den Kopf, über den sehr hohen Drahtzaun zu klettern und Tonys Gäste zu begutachten. Anstatt diese in ihre Autos zu schicken und sie zu bitten, das Camp zu verlassen, entschied sich Tony für eine andere Methode, die bisher Komunyus Misstrauen immer erfolgreich zerstreut hatte. Er stellte seine Gäste der Leopardin vor, wie er es vielleicht mit einem Wachhund getan hätte. Aber als sich alle wieder hinsetzten, schoss Komunyu plötzlich an Tomokos Rücken und packte ihren Nacken mit ihren Zähnen. Tony brauchte all seine Kraft, um ihre Fänge auseinanderzustemmen.

Wieder verbrachte Tomoko im Herzen des afrikanischen Busches eine bange Nacht voller Schmerzen und wer weiß welcher Seelenqualen. Sie wartete auf den Tagesanbruch und das gnädige Dröhnen der Motoren des „Fliegenden Doktors". Wieder musste sie einige Tage lang im Krankenhaus bleiben. Und wieder bestand sie darauf, nach Kora zurückzukommen, dieses Mal mit einem Stützkragen um den Hals, um die letzten Szenen des Films zu drehen. Meine Bewunderung war grenzenlos.

Drei Überlegungen gehen mir durch den Kopf, während ich voller Bedauern diese unangenehmen Vorfälle analysiere. Die erste ist, dass nicht vertrauenswürdige Löwen ihren Charakter meist schon in frühem Alter offenbaren.

Meine zweite Überlegung dreht sich um das Rätsel, warum Tomoko zweimal unprovozierte Angriffe von zwei verschiedenen Spezies hervorgerufen hatte. Zum Schluss komme ich zu der Folgerung, dass sie entweder einen ganz einzigartigen Geruch besaß, oder aber dass ihre kindliche Erscheinung die gefährliche Faszination der Katzen für Kinder ausgelöst hatte.

Meine dritte Überlegung gilt der Tatsache, dass es unmöglich ist, bei der Arbeit mit Löwen und Leoparden das Risiko auszuschließen; wenn Tony und ich manchmal die Gefahren nicht richtig eingeschätzt haben, so liegt die Schuld daran bei uns und nicht bei den Tieren.

Wir stellten sicher, dass die Wildschutzbehörde über die Vorfälle unterrichtet wurde und erhöhten sofort den Zaum um beide Camps mit elektrischem Draht. Ich erwartete eine Reaktion vonseiten der Behörden, nicht aber eine so vernichtende Erklärung wie die, die uns geschickt wurde und von der ich annehmen muss, dass sie schon vor Tomokos Unfällen formuliert worden war.

Am 24. Februar schrieb der Direktor des Wildministeriums an den Wildhüter von Kora einen langen Brief über die Zukunft des Reservats. Der springende Punkt war, dass unsere gesamte Arbeit mit den Leoparden beendet werden sollte. Tony wurde nicht aufgefordert, Kora zu verlassen – er war immerhin Verwalter und Gründer der Korastiftung – aber es war eindeutig, dass er als Persona non grata angesehen wurde. Während ich noch versuchte, mit diesem Schlag fertigzuwerden, klagte Terence ein paar Tage nach Ostern über Unwohlsein. Er atmete schwer und konnte kein Abendessen zu sich nehmen. Wir nahmen Funkkontakt mit seinem Arzt auf, aber ehe er uns früh am nächsten Morgen erreichte, war Terence gestorben. Wie schon einmal, hatte sich eine Embolie oder ein Blutgerinnsel gebildet, diesmal war es tödlich. Wir beerdigten ihn in Kora. Er ruht in Frieden unter den Blumen und Bäumen, die er so geliebt hat.

Ich habe das Gefühl, dass ich keine weiteren Fragen über Kora beantworten kann. Aber ich muss einige stellen. Wer wird sich jetzt um die Tiere im Reservat kümmern, denn sie können es nicht allein. Gibt es in Kenia junge Männer und Frauen, die bereit sind, diese Aufgabe zu übernehmen? Wann endlich werden die oft versprochenen Wächter auf Terences Straßen patrouillieren und standhaft die Ufer des Tana beschützen, wenn das Reservat von einer Dürre heimgesucht wird? Wer wird seine Stimme für Kora erheben, wenn meine vom Wind davongetragen wird?

Die Tage sind gezählt. Bitte, tut etwas, sagt etwas, oder macht Euch Gedanken, um Christians Pyramide zu retten, ehe die Tragödie und Nachlässigkeit der Behörden sie zusammenstürzen lässt.

Über den Autor

„Darüber, wer die Welt erschaffen hat, lässt sich streiten. Sicher ist nur, wer sie vernichten wird." Dieser Satz von George Adamson, der fast sein gesamtes Leben in der wilden Natur Ostafrikas verbrachte, sagt viel aus über seine Erfahrungen mit seinen Mitmenschen. 1906 in Indien geboren kam er 1924 erstmals nach Kenia und war überwältigt von der Schönheit des Landes. Zunächst schlug er sich als Goldsucher und Safarijäger durch, 1938 aber ließ er sich von der kenianischen Wildschutzbehörde anstellen und arbeitete als Wildhüter und Safariführer. Das Schicksal führte ihn mit der jungen Joy zusammen. Er verliebte sich über beide Ohren in die gebürtige Österreicherin und heiratete sie 1944.

Das Jahr 1956 brachte den Adamsons ganz neue Lebensinhalte: George musste eine angreifende Löwin erschießen, bemerkte aber, dass sie drei Löwenjunge zurückließ. Diese kleinen Waisen brachte er Joy zur Aufzucht, eines davon war Elsa, die später durch das Buch und den Film „Frei geboren" berühmt wurde. Mit ihr wurden auch George und Joy weltweit bekannt und verdienten Gelder, die sie in ihre Arbeit mit den Tieren steckten.

1970 trennte sich das Paar, von nun an lebte George Adamson mit seinen Löwen in Kora. Hingebungsvoll widmete er sich der Beobachtung und dem Schutz dieser prächtigen Großkatzen. Gemeinsam mit seinem furchtlosen und treuen Assistenten Tony Fitzjohn wilderte er rund dreißig Löwen aus. Bei dieser Arbeit wurden beide mehrfach schwer verletzt, dennoch konnte sich George ein Leben ohne die Tiere nicht vorstellen. 1973 wurde Kora auf Georges Betreiben als Nationales Wildreservat registriert. 1979 gründete er mit Tony eine Stiftung, die seit 1988 den Namen George Adamson Wildlife Preservation Trust trägt. Am 20. August des folgenden Jahres wurde der 83-jährige George Adamson in Kora von somalischen Banditen ermordet, deren Wilderei der Tierfreund erbittert bekämpft hatte.

George Adamson hatte von einem Afrika geträumt, in dem die Tiere ungestört und frei in der wilden und ursprünglichen Natur leben können. Tony Fitzjohn ist heute ein anerkannter Raubtierexperte und Wildlife Manager, der Programme für bedrohte Tiere entwickelt. Er engagiert sich vor allem in Kora und im Mkomazi-Nationalpark in Tansania und kämpft dafür, dass George Adamsons Traum wahr wird.

Register

Die Umlaute ä, ö und ü werden wie a, o und u behandelt.

A
Adamson, George 157
Adamson, Joy 31, 43-47, 62, 79, 91, 103, 136, 140
Adamson, Terence 28, 36, 46, 104, 107, 112, 129, 153
Afrikanischer Wildhund 15
Amerikanischer Löwe 17, 18
Androkles 9
Angolalöwe 18
Asiatischer Löwe 9, 17
Attenborough, David 54
Auswilderung 49, 70, 73, 79, 106, 121, 122, 150

B
Bally, Peter 42, 44
Berberlöwe 18
Big Five 12
Blydorp Zoo, Rotterdam 49, 131
Breitmaulnashorn 116
Büffel 53, 81, 117

C-E
Coe, Malcolm 146
Collins, Billy 54, 62, 136
Cowie, Mervyn 39, 41, 84
Daktari 24
Der König der Löwen 24
Elefant 117
Elenantilope 74, 76
Elfenbein 129
Elsamere 88, 97, 102

F
Fährten 29, 37, 81, 137
Fitzjohn, Tony 28, 123, 129, 149, 154
Fliegender Doktor 133, 134
Flusspferd 33, 34, 35, 117
Foreman, Carl 61, 68, 72
Fossey, Dian 89
Frei geboren 53, 31, 61-73
Funksender 132

G
Garissa 103, 117
Gelbrindenakazie 57
Gelbschnabeltoko 139
George Adamson Wildlife Preservation Trust 154
Gepard 40, 68, 70, 80, 150
Goodall, Jane 31
Goss, Ted 73, 74
Großkatzen 17
Großwildjäger 24
Grzimek, Bernhard 12, 58, 78, 131
Grzimek, Michael 58

H-J
Haile Selassie 63
Hill, James 62, 71
Höhlenlöwe 17, 18
Huxley, Julian 54, 65
Hyäne 14
Indischer Löwe 8
Isiolo 31, 38, 46, 48, 51
Jagdtrophäen 25
Jaguar 17

K
Kaffernbüffel 21, 82
Kaplöwe 18
Kenia 28, 36, 39, 60, 84, 129
Klippschliefer 13, 49
Korafelsen 28, 106
Kora-Nationalpark 10, 29, 32, 33, 103-105, 109, 112, 121, 122, 126, 127, 152, 154, 156

Korastiftung 153, 155
Krokodil 111

L
Leopard 14, 40, 128, 150
Leopardenprojekt 123, 136, 138, 149
Löwe
  Abschussquoten 25
  Amerikanischer 17, 18
  Angolalöwe 18
  Angriff auf Menschen 23, 41, 48, 92, 112, 118, 134, 139, 151
  Asiatischer 8, 9, 17
  Aufzucht 21, 48, 82, 90
  Auswilderung 49, 51, 73, 77, 106, 121, 122
  Berberlöwe 18
  Beute 14-15, 20, 32, 35, 117, 136
  Brüllen 32, 112
  Ernährung 14-15
  Feinde 111, 117
  Fell 19, 20
  Filmstar 23, 24, 61-73
  Fortpflanzung 19
  Fossilien 16
  Gehör 32
  Geruchssinn 32
  Geschichte 8
  Höhlenlöwe 17, 18
  im Mittelalter 8
  Instinkte 33, 51
  Jagd 20-21, 40, 52, 75, 106, 117
  Junge 21, 48, 54
  Kaplöwe 18
  Körperbau 19
  Krankheiten 25, 56
  Lebensraum 10-12
  Mähne 18, 19
  Männchen 18
  Massailöwe 18
  Mosbacher 16, 17, 18

Löwe *(Forts.)*
  Mythologie 23
  Nemëischer 23
  Löwenterrasse 8
  Paarung 20, 53
  Panthera leo 8
  Persischer 8
  Populationen 25, 150
  Revier 110
  Rudel 20
  Schwanz 19
  Senegallöwe 18
  Tragzeit 21
  Transvaallöwe 18
  Trophäen 25
  und Mensch 22-25
  Unterarten 17
  Verhalten 31, 108, 110, 113
  Wappentier 23, 24
  Weibchen 19
  weiße Löwen 20
Löwenmensch 22

M
MacDonald, Malcolm 84
Massai 40, 151
Massailöwe 18
Masai-Mara-Nationalpark 39, 51, 57
McGowan, Tom 61, 67
McKenna, Virginia 31, 62-73
Meru-Nationalpark 10, 73, 74, 84, 85, 93, 145
Milzbrand 56
Mistkäfer 13
Mkomazi-Nationalpark 154
Mombasa 36
Mosbacher Löwe 16-18
Mount-Kenia-Massiv 85
Mugwongo 74, 85, 93
Murchison-Falls-Nationalpark 39

N

Nahrungskette 127
Nairobi 39, 41, 98
Nairobi-Nationalpark 39
Naivashasee 63, 88, 97, 98
Naro Moru 61, 63, 68, 73
Nashorn 116, 117, 121, 129, 150
Nashornvogel 139
Nationalparks 39, 41, 129
Ndoto-Berge 40, 41
Neméischer Löwe 23
Netzgiraffe 74
Ngoma 43
Ngorongoro-Schutzgebiet 16
nyika 107, 147

O

Olduvaischlucht 16
Olindo, Perez 84, 86, 90, 129
Ostafrikanische Wildschutzgesellschaft 131
Owen, John 57, 58

P/Q

Panthera (Gattung) 17
Perlhuhn 148
Persischer Löwe 8
Queen-Elizabeth-Nationalpark 39

S

Safari 37, 38
Samburu 40, 42, 151
Savanne 11, 12
Schaller, George 88–90
Schlafkrankheit 56
Senegallöwe 18
Serengeti 12, 13, 37, 39, 57, 58, 89, 149
Shaba-Nationalreservat 138, 140
sommerfeuchte Tropen 11
Sphinx 22
Spitzmaulnashorn 116, 154

T

Tana River 10, 28, 29, 33, 103, 106, 122
Thesiger, Wilfred 102, 120, 121
Transvaallöwe 18
Travers, Bill 31, 62–73, 84, 96, 101, 125
Tuberkulose 25
Typfelhyäne 14

U/V

Ura 51, 56
van Lawick, Hugo 31
Viehdiebe 81
Viehherden 135, 154
Victoriasee 36
Völzing, Otto 22

W/Z

Webervogel 75
Wilderei 38, 81, 129, 131, 135, 154
Wildhund 15
Wildschutzbehörde 37–38, 58, 84, 125, 153
Zebra 39
Zeckenfieber 56

Bildnachweis

Umschlag picture-alliance/Okapia (großes Bild), mauritius images/Alamy (kleines Bild); Vor- und Nachsatz mr-kartographie; 2/3 mauritius images/Alamy; 4 getty images/Andy Rouse; 5 mauritius images/Alamy; 6 picture-alliance/Wildlife; 8 o. getty images/Hulton Archive; 8/9 getty images/Tuul; 10 mauritius images/Alamy; 11 picture-alliance/Wildlife; 12/13 getty images/Panoramic Images; 13 o. picture-alliance/Okapia; 14 picture-alliance/Wildlife; 15 getty images/Steve Turner; 16 mauritius images/Alamy; 17 und 18 picture-alliance/Wildlife; 18/19 getty images/Fotosearch; 20 o. getty images/Michelly Rall; 20/21 mauritius images/Minden Pictures; 21 o. getty images/Frederic Coubet; 22 picture-alliance/dpa; 23 getty images/Danita Delimont; 24 picture-alliance/Judaica Samml; 24/25 Corbis/Loop Images/Lynette Thomas; 26 picture-alliance/Okapia; 33 mauritius images/Alamy; 35 mr-kartographie; 39 getty images/Peter Macdiarmid; 40 und 43 mauritius images/Alamy; 45 o. getty images/Time Live Pictures/Terrence Spencer; 45 u. AP Photo/ddp images; 46 getty images/Kenneth Rittener; 49 getty images/Comstock; 57 mauritius images/Alamy; 58 picture-alliance/Okapia; 62 o. getty images/Keystone; 62 u. und 63 getty images/Columbia Pictures; 64 Interfoto/Friedrich; 66 mauritius images/Alamy; 68 getty images/Evening Standard; 71 mauritius images/Alamy; 75 getty images/Joe McDonald; 76/77 mauritius images/Imagebroker/Martin Moxter; 79 mauritius images/Alamy; 80 o. getty images/Frank Stober; 80 u. getty images/Mike Powles; 82 mauritius images/Imagebroker/Sergio Pitamitz; 85 mauritius images/Alamy; 89 o. getty images/Time Life Pictures/Stan Wayman; 89 u. mauritius images/Alamy; 91 getty images/Express Newspapers; 93 mauritius images/Alamy; 98 getty images/Nigel Pavitt; 103 mauritius images/Alamy; 110 picture-alliance/Okapia; 116 o. getty images/Daryl Balfour; 116 u. getty images/Tier und Naturfotografie J & C Sohns; 117 getty images/Martin Harvey; 120 Corbis/Hulton-Deutsch Collection; 123, 126 und 129 mauritius images/Alamy; 130 picture-alliance/kpa; 134 und 136 mauritius images/Alamy; 139 mauritius images/Imagebroker/Martin Moxter; 142 mauritius images/Alamy; 147 Corbis/Minden Pictures/ Suzi Eszterhas; 149 Corbis/Yann Arthus Bertrand; 154 o. mauritius images/Alamy; 154 u. getty images/AFP/Tony Karumba; 157 mauritius images/Alamy; alle weiteren Fotos: privat

Autoren: Kerstin Viering, Dr. Roland Knauer
Producing: red.sign GbR, Stuttgart

Reader's Digest
Redaktion: Anne Diener-Steinherr
Grafik: Gabriele Stammer-Nowack
Bildredaktion: Sabine Schlumberger
Prepress: Frank Bodenheimer

Chefredakteurin Ressort Buch: Dr. Renate Mangold
Art Director: Susanne Hauser

Produktion
arvato print management: Beata Zajicova

Druckvorstufe
GroupFMG Print

Druck und Binden
Leo Paper Products Ltd., Hongkong

Die Kurzfassung in diesem Band erscheint mit Genehmigung der Autoren und Verleger. Dies gilt auch für Briefe, Zitate und Dokumente, die in leicht gekürzter Form wiedergegeben sein können.

Titel der Originalausgabe: George Adamson, *My Pride and Joy*, erschienen 1986 im Verlag Collins Harvill, London,
© 1986 by George Adamson
Condensed with permission from The Elsa Conservation Trust c/o Harbottle & Lewis LLP, London.

George Adamson: Meine Löwen – mein Leben. Aus dem Englischen von Sabine Griesbach

Alle Rechte an Bearbeitung und Kurzfassung sowie an den sonstigen Texten der Einleitung und der Featureseiten, insbesondere das der Übersetzung, Verfilmung und Funkbearbeitung im In- und Ausland, vorbehalten.

© 2013 Reader's Digest, Deutschland, Schweiz, Österreich
Verlag Das Beste GmbH, Stuttgart, Zürich, Wien

Das Werk einschließlich aller seiner Teile ist urheberrechtlich geschützt. Jede Verwendung außerhalb der engen Grenzen des Urheberrechtsgesetzes ist ohne Zustimmung des Verlags unzulässig und strafbar. Das gilt insbesondere für Vervielfältigungen, Übersetzungen, Mikroverfilmungen und die Verarbeitung in elektronischen Systemen.

GR 0113/G/ERS

Printed in China

ISBN 978-3-89915-877-9

Besuchen Sie uns im Internet
www.readersdigest.de | www.readersdigest.ch | www.readersdigest.at